La Bible du Feng Shui

La Bible du Feng Shui

UN GUIDE DÉTAILLÉ POUR AMÉLIORER VOTRE MAISON, VOTRE SANTÉ, VOS FINANCES ET VOTRE VIE

Neuvième édition

Simon Brown

Guy **Trédaniel** éditeur
19, rue Saint-Séverin
75005 Paris

DANS LA MÊME COLLECTION, CHEZ LE MÊME ÉDITEUR :

La bible du yoga, Christina Brown
La bible des cristaux volume i, ii, iii Judy Hall
La bible de l'homéopathie, Brenda Mallon
La bible des charmes, Ann-Marie Gallagher
La bible de la magie naturelle, A.M. Gallagher
La bible des rêves, Brenda Mallon
La bible de l'astrologie, Judy Hall
La bible du massage, S. Mumford
La bible de l'aromathérapie, G. Farrer-Halls
La bible de la chiromancie, Jane Struthers
La bible de l'au-delà, Sarah Bartlett
La bible du tarot, Sarah Bartlett
La bible de la méditation, Madonna Gauding
La bible de l'astronomie, H. Couper & N. Heubest
La bible des fées, Teresa Moorey
La bible des arts divinatoires, J. Struthers
La bible de l'astrologie chinoise, D. Walters
La bible de la médecine chinoise, J. Struthers
La bible des Anges, Hazel Raven
La bible des créatures mythiques, B. Rosen
La bible de la mythologie, Sarah Bartlett
La bible des signes et symboles, M. Gauding
La bible des chakras, Patricia Mercier
La bible de la phytothérapie, H.F. Knowles
La bible des sites sacrés, Antony Taylor
La bible des sociétés secrètes, Joel Levy
La bible des pouvoirs psychiques, J. Struthers
La bible des mandalas, Madonna Gauding
La bible de la sexualité sacrée, C. Lorius
La bible de l'Ayurvéda, A. McIntyre
La bible de la numérologie, T. Moorey
La bible du pilates, Jo Ferris
La bible du taï chi, Dan Docherty
La bible du chamanisme, John Matthews
La bible des bonsaïs, Peter Chan
La bible des herbes aromatiques, Stefan Buczacki
La bible du yoga moderne, Christina Brown
La bible du Qi Gong, Katherine Allen
La bible de l'astronomie, Heather Couper & Nigel Henbest
La bible de l'au-delà, Sarah Bartlett
La bible de la pleine conscience, Patrizia Collard

Titre orig
The Feng Shui B

Traduit de l'anglais par Antonia Leibc

Imprimé en Ch

ISBN : 978-2-8132-085

SOMMAIRE

LES BASES DU FENG SHUI

INTRODUCTION

Servez-vous du Feng shui pour créer la meilleure atmosphère propice à l'épanouissement de votre famille.

Malgré sa récente popularité, le Feng shui est un art très ancien – depuis la nuit des temps, les gens ont exploité les forces de la nature et l'énergie de la Terre pour améliorer leur environnement et leur vie. De nos jours, où la vie présente tellement de défis, il est essentiel que les forces de la nature travaillent avec vous, afin que votre potentiel plénier puisse être mis à contribution et la meilleure ambiance créée pour la réussite. Le Feng shui propose de nombreuses solutions favorisant ce processus.

Le Feng shui a conquis le monde entier. Tous les milieux sociaux, depuis les célébrités et les grandes entreprises jusqu'à vos voisins, l'utilisent. Sa réussite est logique : vous vous sentez mieux et votre potentiel est à son maximum dans l'ambiance appropriée. Encore plus important, vous constaterez rapidement que le Feng shui est efficace et contribue non seulement à l'amélioration de votre maison et de votre environnement immédiat, mais aussi de votre santé, de vos humeurs, de vos relations, de votre créativité, de vos finances, de votre vie familiale, de votre carrière et de votre vie spirituelle.

Parmi les autres avantages dont vous profiterez grâce au Feng shui, on trouve :

- Un contrôle plus considérable de votre destin
- Une meilleure compréhension de la vie
- Une atmosphère plus heureuse chez vous
- Une plus grande prise de conscience des forces de la nature
- Un environnement contribuant à votre épanouissement.

Le Feng shui ne comporte pas de solutions magiques – il favorise le développement personnel d'une manière permettant de puiser dans le pouvoir qui vous entoure et de vivre pleinement votre vie.

Comment mieux profiter de ce livre

Les idées présentées ici vous permettront de traduire à la réalité le rêve Feng shui et de vous charger en énergie en exploitant les forces environnementales. Ce guide détaillé vous présentera :

- Les **principaux concepts** à la base du Feng shui (voir pages 12 à 63). Comprenez-les, et tout le reste devient logique. Maîtrisez les principes et les façons d'agir du Feng shui, et ce sujet passionnant ne sera plus un mythe et une superstition mais science naturelle et bon sens pratique.
- Les **différents styles Feng shui**. Chaque école Feng shui est minutieusement expliquée (voir page 20), vous permettant ainsi d'identifier les divers styles, qui semblent parfois se contredire, et de comprendre d'où viennent les attitudes ou les personnes.
- Le **chi** (voir page 24), "matière" fondamentale du Feng shui, charge subtile d'énergie électromagnétique connectant votre énergie émotionnelle à l'espace environnant. L'amalgame de votre chi et du chi de votre maison caractérisera vos impressions en ce lieu.
- Les termes **yin** et **yang** (voir page 28) décrivant les façons opposées et complémentaires dont vous réagissez au chi entrant dans votre champ énergétique. Le yin et le yang établissent une connexion vitale entre vous et tout ce qui existe.

Décider du type de siège à utiliser et de l'endroit où s'asseoir fait appel à tous les concepts du Feng shui.

• Les **cinq éléments** (bois, feu, terre, métal et eau, voir page 30), cycle naturel dans lequel les cinq différents types de chi interagissent pour engendrer des solutions aux problèmes ordinaires.

• Les **cinq animaux** (phénix, tigre, tortue, dragon et serpent, voir page 34), qui montrent entre autres que s'asseoir dans une certaine partie de la pièce suscite un meilleur état d'esprit.

• Les **huit trigrammes** (voir page 36), conférant caractère aux huit types de chi. En absorbant davantage de l'une de ces énergies, vous modifiez votre état et adaptez votre perception de la vie.

• Le **carré magique** (voir page 42), système qui connecte tout ce qui existe et permet d'appliquer le Feng shui sous toutes ses formes à votre maison, à votre jardin, à l'astrologie, à vous-même.

• Les **composantes** du Feng shui (voir pages 64 à 93), facteurs qui comptent dans l'impression que donne une maison.

• Les **caractéristiques** du plan d'une maison, définissant l'énergie émotionnelle de celle-ci (voir pages 66 à 75). Avant de procéder à une redécoration ou à une rénovation, lisez ce chapitre pour faire des choix en connaissance de cause et concevoir une ambiance appropriée.

• Les **remèdes Feng shui** (voir pages 78 à 93), permettant de modifier vos sensations dans la maison sans faire des transformations radicales. Ce sont là des objets faciles à se procurer (ou que vous possédez déjà). Placés à des endroits stratégiques, ils changeront l'énergie qui vous entoure.

• Les techniques dont l'apprentissage est nécessaire pour **adapter le Feng shui de votre maison à vos exigences personnelles** : les plans de niveau, la carte Feng shui de votre demeure, l'interprétation du mouvement de l'énergie dans chaque pièce (voir pages 104 à 123).

• **L'application du Feng shui aux problèmes réels**, avec des suggestions pour améliorer votre santé (voir pages 124 à 145), vos humeurs (voir pages 146 à 169), vos relations (voir pages 170 à 197), votre créativité (voir pages 198 à 225), vos finances (voir pages 226 à 247), votre vie familiale (voir pages 276 à 307), votre carrière professionnelle (voir pages 308 à 327) et votre spiritualité (voir pages 350 à 383). Le Répertoire comporte des chapitres consacrés au déménagement ou au changement d'habitat (voir pages 248 à 275) et à une meilleure connexion avec l'environnement naturel qui vous entoure (voir pages 328 à 349).

Cette pièce flamboyante, aux motifs chauds, sera visuellement stimulante, mais peu propice à un sommeil reposant.

QU'EST-CE QUE LE FENG SHUI ?

ÉLÉMENTS ESSENTIELS

Le terme "Feng shui" se traduit littéralement par "vent et eau". L'amalgame, l'interaction, la circulation et l'interpénétration de ces deux éléments générateurs de vie décrivent l'énergie fondamentale (le "chi") du Feng shui.

Le Feng shui est surtout la façon dont vous interagissez avec votre environnement. Comme votre maison exerce l'une des plus considérables influences sur votre vie (et étant donné que vous en avez le contrôle), en pratique le Feng shui tend à se focaliser sur cet espace de vie. Bien entendu, le Feng shui s'applique aussi à votre environnement de travail, à votre jardin, à votre bistrot préféré ou à tout espace où vous aimez passer du temps. En comprenant les rapports essentiels du Feng shui, vous pourrez changer les principales influences qui jouent sur vous, et donc vos sentiments.

Les origines du Feng shui

On peut remonter les traces du Feng shui jusqu'aux civilisations anciennes de l'Égypte, de l'Inde et de la Chine. On connaît de nombreux exemples de mégalithes érigés par l'homme pour influencer ses semblables – les cercles de pierres dressées d'un bout à l'autre de l'Europe, les grands temples aztèques d'Amérique Centrale, les pyramides égyptiennes.

Les pierres servaient d'antennes collectant et distribuant l'énergie des cieux et de la Terre, stimulant une région et lui donnant vie. Les cercles de pierres tels que Stonehenge (Grande-Bretagne) étaient conçus de sorte que le rayonnement solaire à l'aube soit dirigé vers le centre, intensifiant ainsi l'effet global. La forme des grandes pyramides d'Égypte et des temples aztèques

Les pyramides sont l'un des exemples les plus anciens de maîtrise du chi.

d'Amérique Centrale permettait de concentrer les énergies terrestres naturelles et de les combiner avec les énergies du cosmos, afin d'enfermer cet amalgame dans l'espace central de ces ensembles. Les ouvertures laissaient les rayons solaires pénétrer au cœur de la structure.

Les peuples anciens connaissaient parfaitement le système solaire et étaient capables de calculer les solstices et les équinoxes. Les structures étaient conçues pour que lors de ces événements astronomiques le Soleil y concentre toute sa force.

L'influence chinoise

Les principes essentiels à la base du Feng shui moderne sont originaires de Chine. La culture chinoise comportait depuis la nuit des temps le concept prônant la connexion des individus au monde qui les entourait grâce à une charge subtile d'énergie électromagnétique (le chi) ; les concepts de yin et de yang, les cinq éléments et les trigrammes définissaient cette interaction. Ces concepts servaient les traditions chinoises – la guérison, la philosophie, l'astrologie, les arts martiaux – les unissant toutes par des éléments communs.

La Chine est considérée comme le pays d'origine du Feng shui. Le Feng shui moderne doit mettre ses concepts dans un contexte global.

Le philosophe (et ensuite empereur) Fuxi, concepteur du "carré magique" (appelé aussi "ba goua"), fut le premier à avoir appliqué ces concepts de base aux bâtiments. Il peut être tenu pour le père du Feng shui moderne.

Le développement du Feng shui

Comme beaucoup d'autres formes anciennes de manipulation énergétique, le Feng shui a été initialement utilisé pour déterminer l'emplacement des tombes. Au fil du temps, son application s'est élargie pour inclure les résidences importantes. Pratique secrète, son usage était réservé aux élites au pouvoir. Après la Seconde Guerre mondiale et l'avènement du communisme, le Feng shui a été interdit en Chine, mais il s'est épanoui dans les contrées voisines, Japon, Hong Kong, Taïwan, Singapour, Malaisie, Corée. Actuellement, sa popularité s'accroît dans le monde entier.

Commet agit le Feng shui

Le Feng shui agit en partant de l'idée qu'un champ énergétique émotionnel vous traverse et entoure votre corps. L'énergie qui vous enveloppe forme votre "aura" ; elle circule en vous à travers les "chakras" et le long des "méridiens".

Cette charge subtile d'énergie électromagnétique transmet vos pensées, vos idées et vos émotions à chaque cellule du corps. Ce processus étant à double sens, la façon dont vous utilisez votre corps influence aussi votre mental et votre cœur. Ce processus de chargement énergétique de chaque cellule unit votre être physique à votre être émotionnel.

En outre, l'énergie de la surface de votre corps s'amalgame à l'atmosphère qui vous entoure, induisant des changements subtils de vos pensées et de vos sensations. Au fil du temps, cet amalgame risque d'affecter votre corps physique. Les influences externes auxquelles est soumise votre énergie sont variées : paysages, villes, entourage, voisins, maison, lieu de travail, climat, énergie solaire, la Lune, position des planètes.

Votre énergie émotionnelle interagit constamment avec l'énergie de votre maison, au point que nombre de vos sentiments mettent en évidence l'endroit où vous vivez. Elle imprègne les pièces où vous passez du temps, imbibant leur atmosphère de vos émotions.

En bref : vos pensées, sentiments et idées interfèrent sans cesse avec le monde environnant, si bien que vous êtes toujours influencé par les différentes énergies pénétrant dans votre champ énergétique. En même temps, vous émettez une énergie qui se répand dans l'espace que vous occupez.

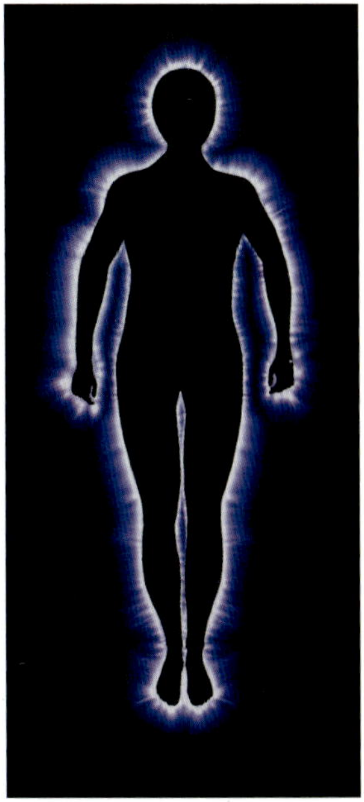

Chaque entité vivante est entourée par un champ énergétique visible sur les photographies Kirlian.

QUE PEUT FAIRE POUR VOUS LE FENG SHUI ?

APPLICATIONS DU FENG SHUI

Essayez d'appliquer le Feng shui à :

- *votre santé*
- *vos humeurs*
- *vos relations*
- *votre créativité*
- *votre talent de gestion financière*
- *votre vie familiale*
- *votre carrière professionnelle*
- *votre spiritualité*

En prenant le contrôle de la façon dont l'énergie qui vous entoure s'amalgame avec votre propre énergie, vous commencez à identifier les changements intérieurs exigés pour une meilleure réussite. Si la confiance en soi accrue est exigée pour réussir professionnellement, consolidez grâce au Feng shui ce trait de votre personnalité, au lieu d'imaginer que cet art fera des miracles sans que vous ayez à lever le petit doigt.

En vous basant sur ce raisonnement, vous pouvez appliquer le Feng shui à tout aspect contrôlable de votre vie. Par exemple, pour vous faire plus d'amis, vous devez devenir plus expressif, pour obtenir de meilleurs résultats à vos entretiens, vous devez être plus assuré, pour profiter d'une bonne relation, vous devez montrer une plus grande compréhension. Le Feng shui n'agit pas sur les événements échappant à votre contrôle. Il est donc peu probable que l'argent se déverse de nulle part, que l'amoureux parfait tombe du ciel ou que le secret de la vie éternelle soit brusquement révélé !

Un déménagement peut induire des changements depuis longtemps envisagés..

S'agit-il d'un problème Feng shui ?

Le premier indice de l'efficacité potentielle du Feng shui est donné par le moment de l'apparition de vos problèmes : ont-ils débuté après un déménagement ou après des changements effectués dans votre maison ? Pouvez-vous établir un lien entre vos émotions et le Feng shui de votre nouvelle maison ? Un second indice est apporté par l'histoire de la maison. Si plusieurs des résidants précédents ont connu des problèmes similaires (que ce soit faillite, divorce, mauvaise santé), vérifiez le Feng shui de la maison et cherchez leur cause.

S'il n'y a pas eu de déménagement ou de modification, votre maison est moins significative, mais le Feng shui peut toujours fortifier les zones de votre vie exigeant de l'attention. Parfois, il suffit d'un infime changement de votre énergie pour transformer à fond votre vie.

LISTE DE CONTRÔLE FENG SHUI

1 Vos problèmes ont-ils commencé après un déménagement ?

2 Avez-vous connu de nouvelles difficultés après des changements effectués dans votre maison ?

3 Votre maison a-t-elle une historie d'occupants précédents ayant connu des problèmes similaires ?

Si votre réponse est "oui" à l'une de ces questions, vérifiez si le Feng shui de votre maison correspond aux problèmes rencontrés.

MYTHES ET SUPERSTITIONS

Le Feng shui est basé sur une série de concepts subjectifs, qui ne sont pas la réalité. Le Feng shui n'est qu'une façon de percevoir le monde. L'important n'est pas la justesse ou l'erreur des concepts, mais quels sont ceux les plus appropriés pour vous. En choisissant d'adopter la perception Feng shui de l'univers, vous trouverez des idées intéressantes sur la meilleure façon d'interagir avec l'environnement et d'améliorer votre vie.

Comme beaucoup d'autres sujets, le Feng shui va du simple bon sens à certains aspects mettant à rude épreuve la crédulité de l'adepte le plus fanatique. Pour élaguer les mythes et les superstitions, il est important de comprendre le sujet et de vous reporter aux concepts essentiels qui vous semblent logiques. Tout objet utilisé en tant que remède Feng shui doit changer l'énergie d'un espace ou la manière dont vous absorbez celle-ci. Par exemple, en émettant sa propre énergie vivante, une plante changera l'énergie d'un espace, en mettant votre lit à un autre endroit, vous serez exposé à une énergie différente pendant votre sommeil.

Différences culturelles

Dans la culture chinoise, certains objets ont une influence symbolique – celle-ci n'a pas le même impact sur les personnes extérieures à cette culture-là. Par exemple, le crapaud à trois pattes qui vit sur la Lune a des connotations spécifiques pour les Chinois. D'autres objets du même genre ne modifient pas l'atmosphère d'un espace, mais reposent sur un système de croyances basé sur le mythe et la superstition.

MYTHE CONTRE RÉALITÉ

- ***Crapaud à trois pattes.*** *Censé apporter la chance, idée basée sur un fort symbolisme culturel.*
- ***Miroirs Ba goua.*** *Supposés défléchir l'énergie négative d'un espace, mais strictement en termes de circulation du chi. Sinon, similaires à n'importe quel miroir.*
- ***Dragons.*** *Éloignent les mauvais esprits, mais cela réussit seulement si on en est persuadé.*
- ***Peintures représentant l'eau.*** *Utilisées comme substitut de l'eau réelle, bien qu'elles ne changent pas l'ambiance comme le ferait une eau réelle.*
- ***Flûtes.*** *Font monter l'énergie, mais agissent seulement en étant étayées par une forte croyance.*
- ***Bénédictions.*** *Les objets bénis par les maîtres spirituels et placés dans un espace sont censés changer sa chance. L'objet absorbe le chi d'une autre personne et l'émet intensément durant une certaine période.*
- ***Plantes ou fleurs en soie.*** *Remplacent les plantes véritables, bien que n'émettant aucune énergie vivante.*

Un miroir ba goua est un miroir octogonal sur le bord duquel sont disposés huit trigrammes.

Les dragons chinois sont censés éloigner les mauvais esprits.

LES DIFFÉRENTES ÉCOLES FENG SHUI

Comme le Feng shui s'est développé au fil des millénaires dans des endroits divers et des civilisations distinctes, il est tout à fait normal que des manières différentes de l'appliquer aient évolué. Quel que soit le système, les concepts de base, le chi, le yin et le yang, les cinq éléments, les trigrammes et le carré magiques sont identiques, alors que la méthode utilisée pour l'analyse et la conception des solutions varie. À l'heure actuelle, on utilise principalement six écoles, décrites ci-après. Toutes se basent sur le Feng shui chinois, même si une école a été développée à New York et une autre au Japon. On considère généralement que le Feng shui est né il y a environ 6 000 ans. Les divers styles ont évolué lentement au fur et à mesure du développement de la société et de la civilisation.

École de la Boussole

Dans les régions montagneuses de la Chine, le terrain avait la plus grande influence pour l'emplacement d'une maison, alors que dans les plaines, le Soleil était la force prédominante. Les bâtiments orientés selon la position du Soleil étaient les catalyseurs d'un système Feng shui de la boussole. Ceux prenant en compte le terrain se passaient de la boussole pour orienter les différentes énergies chi.

École de la Forme

Les formes et les contours du terrain sont étudiés pour identifier quatre animaux mystiques, le phénix, le tigre, la tortue et le dragon, permettant de tracer la carte de la circulation naturelle du chi à travers un terrain, en vue d'orienter et de bâtir une résidence. La façade est une grande perspective

Ce paysage spectaculaire évoque l'image des animaux chinois utilisés pour déterminer l'orientation d'un nouveau bâtiment.

ouverte (représentée par le phénix), les montagnes, les arbres ou les collines protègent l'arrière du bâtiment (symbolisé par la tortue), à droite, il y a une protection basse solide (représentée par le tigre), à gauche, une structure légère, plus haute (le dragon).

École des Trois portes

Ce style relativement récent de Feng shui est apparu à New York vers 1970. La position de la porte d'un bâtiment ou d'une pièce détermine l'orientation du carré magique placé sur le plan au sol, permettant de créer un schéma du déplacement du chi dans la maison ou dans une pièce donnée. Chaque secteur du carré magique représente un domaine de votre vie : coin gauche éloigné = richesse ; centre éloigné = renommée ; droit éloigné = relations ; milieu droit = enfants ; droit proche = gens utiles ; centre proche = carrière ; gauche proche = savoir ; milieu proche = famille ; centre = vous.

Écoles des Huit demeures (ou Huit palais)

Cette approche chinoise basée sur la lecture de la boussole, votre date de naissance définit votre nombre koua (le chi de naissance) et votre appartenance à un groupe de vie ouest ou est. En fonction de ces éléments, les maisons faisant face à quatre des huit directions de la boussole vous sont propices, les maisons orientées vers les quatre autres directions risquent de s'avérer néfastes. De plus, une moitié de votre maison est généralement positive, l'autre potentiellement nuisible. Le groupe de vie, l'orientation du bâtiment et la position de l'entrée principale déterminent le genre de chaque moitié.

École de l'Étoile volante

Ce système chinois basé sur la boussole associe le thème astrologique de la période où à été construit un bâtiment au thème de l'année en cours. Le carré magique est orienté selon la disposition du bâtiment et de son voisinage. On utilise une

La boussole Luo Pan donne des informations utiles sur la position des diverses énergies.

boussole spéciale, le “luo pan”, formée d’un cadran de boussole placé sur un disque dont les cercles concentriques comportent des données Feng shui. Ce disque est installé dans une boîte carrée. Deux fils rouges divisent le centre de la boussole. La boîte peut être tenue contre un mur pour effectuer une lecture. Le Feng shui du bâtiment doit être revu tous les ans, car le thème de chaque année est différent.

École des Huit directions

Cette école japonaise est basée sur le Feng shui chinois de la boussole. Partant du carré magique, chaque direction transporte un type spécifique d’énergie dans la maison, susceptible d’être soit consolidée, soit apaisée, selon les besoins. En outre, la position de votre lit et l’endroit où vous vous asseyez déterminent quelle énergie vous absorbez le plus. Les énergies ne sont pas évaluées en termes de positivité ou de négativité, elles sont utilisées pour fortifier votre champ énergétique d’une façon qui vous rend plus heureux.

Combinaisons de styles

L’école des Huit demeures et l’école de l’Étoile volante sont souvent utilisées de concert, associées parfois à l’école de la Forme. Aucun style n’est meilleur qu’un autre. Utilisez le système qui vous semble le plus logique, le plus inspirant et le plus confortable pour vous. Ce livre se sert de l’école des Huit directions, incluant tous les principes du Feng shui d’une manière simple à comprendre. On y associe l’astrologie des Neuf ki (voir page 36), qui se base sur les mêmes principes pour ajouter une dimension temporelle à l’espace sur lequel se concentre le Feng shui.

CHI

Si vous vous asseyez devant cette fenêtre, vous serez exposé à de forts courants de chi – l'endroit sera stimulant pour la réflexion.

Le Chi est une charge subtile d'énergie électromagnétique circulant à travers tout ce qui existe, transportant des données d'un point à un autre. Le chi traversant votre corps véhicule surtout vos pensées, vos convictions et vos émotions.

Une partie de votre chi se dissipe simultanément à l'absorption d'un chi frais. Celui-ci apporte avec lui des éléments du monde environnant, y compris l'énergie du climat, le chi des autres, l'atmosphère de votre maison, l'énergie vivante de la nourriture consommée. À mesure que ce chi pénètre dans votre champ énergétique, il modifie celui-ci, induisant de nouvelles pensées et sensations.

Que vous le vouliez ou non, votre champ énergétique vous connecte à tout ce qui existe. Pour activer cette énergie, il faut comprendre le processus concerné et découvrir comment l'inciter à vous aider.

Le chi dans votre habitat

Les diverses zones de votre maison renferment des volumes différents de chi, de qualité variable :

• Des courants de chi particulièrement forts circulent autour des portes et des fenêtres. Quand plusieurs portes sont sur une ligne, la circulation du chi est accélérée, gênant la relaxation dans la maison.

• Plus les fenêtres de votre maison sont grandes, plus le chi se déplace rapidement, activant l'espace. Les fenêtres faisant face à une direction ensoleillée font entrer un chi plus vif, plus ardent et plus stimulant.

• Le chi pénétrant par les portes et les fenêtres génère un courant horizontal, particulièrement si les plafonds sont bas, caractéristique habituelle des appartements situés en rez-de-chaussée. Ce chi horizontal passe rapidement d'une personne à une autre – l'espace devient idéal pour des réunions sociales et interactives.

Ce plafond bas en pente comprime le chi. La réflexion devient plus difficile quand on est assis là.

• Les espaces aux plafonds hauts, situés à flanc de colline ou au sommet d'un immeuble, jouissent d'un courant de chi plus vertical. Celui-ci est typique des lofts et des espaces à plafond en ogive. En ces lieux, il est plus facile de se sentir soi-même, d'avoir des idées originales et d'oser être différent.

• Les coins étroits ouverts vers la pièce génèrent un fort courant de chi pénétrant. Si votre lit ou votre chaise sont visés par un coin, vous aurez un mauvais sommeil ou serez agité.

• Les habitants d'une maison influencent aussi son ambiance. Les disputes, la tristesse ou la violence peuvent remplir une pièce de chi négatif et, au fil du temps, l'espace véhiculera cette atmosphère-là.

CHAKRAS, MÉRIDIENS ET AURA

Dans le corps humain, un fort courant d'énergie chi spirale à travers un méridien central partant du sommet de la tête. À mesure de son déplacement dans le corps, l'énergie forme sept centres énergétiques puissants, les chakras. Le courant de chi tourbillonne là avant de se répandre dans le corps.

Si vous regardez le sommet de la tête d'un bébé (ou d'une personne aux cheveux coupés à ras), vous y verrez une sorte de tourbillon. C'est l'emplacement du chakra couronne, par où l'énergie environnementale pénètre le plus facilement dans le corps. Pendant le sommeil, vous êtes dans un état très réceptif, induisant le rechargement énergétique. Selon le Feng shui, la direction vers laquelle le sommet de votre tête est dirigé quand vous dormez détermine le type d'énergie absorbée.

Les grands canaux énergétiques (les méridiens), assez similaires aux principaux vaisseaux sanguins, partent de vos chakras et transportent l'énergie à votre torse, à vos bras et à vos jambes. Des points sensibles ("tsubos") sont situés le long de chaque méridien. En les massant avec les doigts (acupression), en les chauffant (moxibustion) ou en les piquant soigneusement avec une fine aiguille métallique (acuponcture), l'énergie sera modifiée.

Vous êtes enveloppé d'un champ énergétique externe, l'aura, appelée parfois le "sixième sens", où les interactions avec vos semblables seront facilitées. À certains moments, vous pouvez projeter cette énergie plus loin (comme une antenne), pour puiser dans l'immensité du savoir cosmique. En y parvenant, vous profiterez d'aperçus intuitifs et d'étonnantes idées inédites.

DÉCOUVRIR LE CHI DES CHAKRAS

Pour localiser les chakras, suspendez un anneau métallique à un fil de coton d'environ 1 m de longueur. Demandez à la personne de s'allonger, puis passez lentement l'anneau au-dessus de son corps pour déterminer les zones de chi tourbillonnant plus intensément.

Au niveau d'un chakra, l'anneau commence à tourner en cercle au bout de son fil. Le sens du cercle montre la direction de la spirale décrite par l'énergie – un peu comme le tourbillon créé par l'eau s'écoulant d'une baignoire.

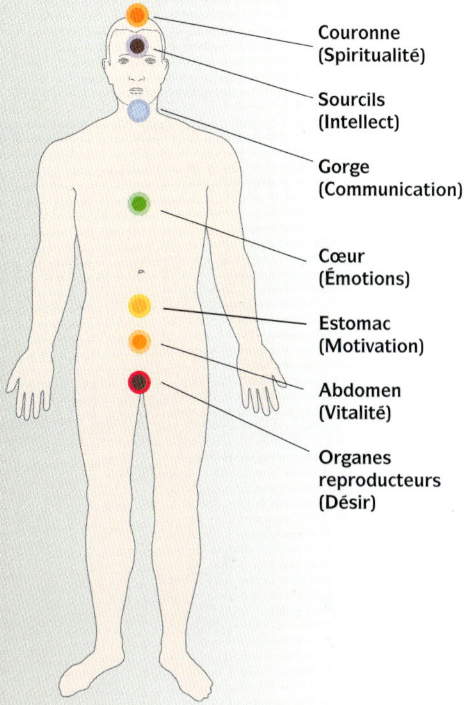

Le chi de chacun des sept chakras se rapporte à un aspect différent de votre caractère.

YIN ET YANG

"Yin" et "yang" sont des termes utilisés pour décrire les différentes formes de chi. Le chi yin est plus lent, plus dispersé et plus frais. Le chi yang est plus rapide, plus condensé et plus chaud. Le yin se réfère littéralement au flanc ombragé de la montagne et le yang, au flanc ensoleillé. Formes complémentaires et opposées, ils favorisent la connexion à l'ensemble du monde, permettant par là une prise rapide de décisions quand aux actions à entreprendre en vue de rétablir votre équilibre.

Les gens sont soit à prédominance yin, soit à prédominance yang, ce qui, la plupart du temps, est sain. Néanmoins, l'excès de yin ou de yang risque de susciter des problèmes – votre état identifié, absorbez davantage de chi du type opposé et modérez celui présent en excès.

Les encadrés ci-contre montrent ce processus. Par exemple, si vous trouvez dans la liste "trop yin" une chose qui vous affecte, essayez de mettre en pratique les idées mentionnées dans la liste "devenir plus yang" et abandonnez celles de la liste "devenir plus yin".

Qualités naturelles yin

Visage ovale, charpente maigre, doigts et orteils longs, grands yeux, lèvres pleines, joues rondes sont tous yin. Une personne qui cligne souvent des paupières et a du mal à établir un contact visuel sera yin.

Parmi les qualités yin on trouve la créativité, l'imagination, la sensibilité, la souplesse, la gentillesse. Un individu naturellement yin tendra davantage à devenir trop yin que trop yang.

Qualités naturelles yang

Visage arrondi, charpente plus trapue, apparence robuste, yeux petits, lèvres minces, mâchoire développée, sont yang. Parmi les qualités yang, on trouve la concentration, la vivacité, la précision, l'épanouissement dans une vie dynamique, le caractère actif. Ce genre de personne devient plus facilement trop yang que trop yin.

TROP YIN

- *Sensation de froid*
- *Maladies contagieuses fréquentes*
- *Peau froide, moite*
- *Diarrhée*
- *Apathie*
- *Dépression*
- *Mentalité de victime*

TROP YANG

- *Raideur*
- *Tension*
- *Peau sèche*
- *Constipation*
- *Stress*
- *Colère*
- *Besoin d'avoir le contrôle*

DEVENIR PLUS YIN

- *Méditez*
- *Mangez plus de fruits frais et de salades*
- *Buvez de l'eau et des jus*
- *Portez des vêtements pastel*
- *Mettez des vêtements larges*
- *Pratiquez l'étirement*
- *Sortez au grand air*
- *Écoutez de la musique relaxante*
- *Utilisez un éclairage voilé ou des bougies*

DEVENIR PLUS YANG

- *Pratiquez des arts martiaux*
- *Pratiquez des sports de compétition*
- *Portez des couleurs vives*
- *Mettez des vêtements élégants, une tenue de soirée*
- *Faites-vous des amis*
- *Mangez des plats cuisinés*
- *Mangez plus de racines comestibles, de grains et de poisson*
- *Rangez vos affaires*
- *Faites de l'exercice*

LES CINQ ÉLÉMENTS

Les cinq éléments définissent le modèle d'interaction mutuelle des énergies chi, capables de se nourrir, de se modérer ou de se détruire réciproquement. Chacun des cinq types de chi est similaire au contexte d'un moment donné de la journée ou d'une saison particulière. Leur nom vient des éléments de la nature : bois, feu, terre, métal, eau.

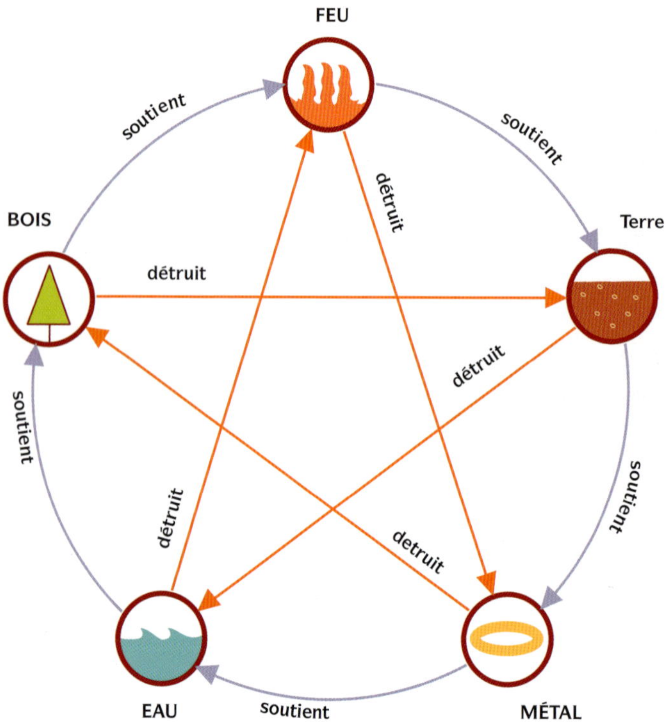

En regardant le Soleil montant sur l'horizon en septembre, vous éprouverez une sensation chi métal.

ATTRIBUTS DES ÉLÉMENTS

- *L'énergie **Bois** est montante, active et riche de nouveaux espoirs, comme un matin ensoleillé de printemps. Elle représente le Soleil montant à l'est.*
- *L'énergie **Feu** est expressive, pittoresque, dirigée vers l'extérieur – similaire au milieu d'une chaude journée d'été. C'est le Soleil du sud à midi.*
- *La **Terre** ressemble à l'énergie décroissante, stable et pure du Soleil descendant au sud-ouest. Elle symbolise la fin de l'après-midi en été.*
- *Le **Métal** décrit le chi dirigé vers l'intérieur, concentré et réservé – un superbe coucher de Soleil en automne, à l'ouest, conférant un sentiment de complétude.*
- *L'**Eau** suggère d'aller avec le courant, d'être accommodant et de se régénérer profondément – imaginez minuit au milieu de l'hiver, tourné vers le nord.*

Si vous vivez dans l'hémisphère sud, inversez le nord et le sud dans les descriptions ci-dessus, sans toucher à l'est et à l'ouest.

LES CINQ ÉLÉMENTS EN ACTION

Voici quelques exemples pratiques d'utilisation des cinq éléments :

***Êtes-vous introverti, solitaire, avez-vous l'impression de passer inaperçu ?** Des toilettes, un évier, une baignoire, une douche ou un lave-linge (eau) sont certainement installés dans la partie sud (feu) de votre maison, qui souffre d'une déficience en chi bois. Astuce : en l'absence du bois, l'eau détruit le feu. Pour compléter le cycle des cinq éléments, placez plus de chi bois dans la pièce – plantes, planchers, meubles ou objets en bois, couleur verte.*

***Vous n'arrivez pas à vous sentir romantique ou content, à économiser de l'argent ?** Une cuisinière, une cheminée, un chauffe-eau ou un four (feu) sont situés dans la partie ouest (métal) de votre maison. Astuce : en l'absence de la terre, le feu détruit le métal. Placez plus d'énergie terre à ces endroits – charbon à dessiner dans un pot en argile, fleurs jaunes dans un vase en argile, dallage léger, décorations de couleur jaune.*

***Êtes-vous isolé, silencieux, comme si vous vous cachiez ?** Votre salle de bains ou d'autres objets eau se trouvent au nord (eau). Astuce : atténuez l'excès de chi eau avec du chi bois et limitez le chi métal. Mettez beaucoup de plantes (bois) dans votre salle de bains et enlevez tout objet métallique.*

Lorsque toutes ces énergies sont présentes, elles agissent en parfaite harmonie, s'entretenant et se modèrent l'une l'autre. Regardez le schéma et vous verrez que l'eau nourrit le bois, le bois nourrit le feu, et ainsi de suite. Simultanément, le bois modère l'eau, le feu modère le bois, etc. Par exemple, l'excès de chi feu est modéré par une diminution du bois et un ajout de terre ; le chi feu affaibli est intensifié par une addition de bois et un retrait de la terre.

Quand l'un des cinq éléments est très déficient, l'énergie qui le précède dans le cycle peut détruire l'énergie qui le suit dans le cycle. Par exemple, si le chi feu est très déficient, l'énergie chi bois détruira le chi terre.

Les deux types d'énergie chi entretenant le plus habituellement une relation destructrice sont le feu ou l'eau. Dans une maison, il s'agit du chauffe-eau, des cheminées, des fourneaux, des fours (feu), des salles de bains, des toilettes, des éviers, des lave-linge et des lave-vaisselle (eau). Le remède est d'accroître l'énergie déficiente. Dans une salle de bains située dans la partie sud de la maison, ajoutez plus d'énergie bois pour rétablir une relation harmonieuse entre l'eau, le bois et le feu.

Si le chi eau n'est pas en harmonie avec le chi ambiant, les plantes placées près de l'évier l'absorberont, favorisant ainsi sa diminution.

LES CINQ ANIMAUX

Les cinq animaux – le dragon, le phénix, le tigre, la tortue et le serpent – représentent votre champ énergétique externe. Votre chi naturel s'intensifiera si vous vous trouvez dans la bonne position lorsqu'il fusionne avec le chi environnant.

Les cinq animaux sont l'image du type de chi présent dans votre environnement. Ce champ de chi externe bouge avec vous – le phénix est toujours devant vous.

Si un grand espace ouvert se trouve devant vous, le chi présent là (le phénix) s'étend et monte, plus libre de ses mouvements. À droite, votre chi est représenté par le tigre, qui vous garde et avance avec vous (le bras d'un siège, un meuble carré et solide, un mur bas conviennent). Votre dos est symboliquement protégé par la carapace dure de la tortue – ce chi cherche des structures solides (le dossier d'un siège, un mur, un arbre, une montagne). Le dragon vole à votre gauche en quête de nouvelles occasions – ce chi peut être entretenu par tout ce qui donne l'impression de légèreté (une table, une fontaine, une haie clairsemée). Le serpent placé au milieu des quatre animaux vous représente.

La place idéale pour s'asseoir

Le concept des cinq animaux est particulièrement utile lorsque vous choisissez un endroit pour vous asseoir – à la maison, dans un café ou dans un restaurant, au travail, dans les réunions. Armé de ces connaissances, vous trouverez la meilleure position soutenant votre chi. Assurez-vous d'avoir autant d'espace que possible devant vous, de préférence une vue dégagée de l'entrée et des fenêtres, pour que le phénix puisse s'y étirer. Protégez votre dos par un mur, un siège à dossier droit, un meuble haut ; si votre dos est tourné vers une zone très active (par exemple, une entrée souvent empruntée), vous serez affaibli. Si possible, placez à droite un meuble solide et bas (un coffre ou lourde table) et à gauche quelque chose de plus léger (une plante, un lampadaire).

NEUF NOMBRES

Ce concept prône que vous êtes entouré de huit types différents de chi – en vous tournant vers une nouvelle direction, vous faites face à un chi distinct, influencé par la façon dont le Soleil affecte la planète, son champ magnétique et les forces des autres planètes. Vous êtes susceptible d'absorber un volume plus considérable d'un chi particulier et d'assumer quelques autres caractéristiques de cette énergie-là si vous dormez le sommet de la tête dirigé vers la direction symbolisant l'énergie dont vous pensez avoir besoin.

Ce système partage les neuf énergies entre les quatre points cardinaux (nord, est, sud et ouest), les quatre directions intermédiaires (nord-est, nord-ouest, sud-est et sud-ouest) et le centre. Chaque type de chi se voit attribuer un nombre de 1 à 9, qui se réfère à la position de l'énergie dans le carré magique (ba goua). L'énergie de chaque direction est associée à un moment de la journée, à une saison, à un élément et à un trigramme. (Un trigramme est formé de trois lignes parallèles, soit continues, soit interrompues ; les lignes continues sont yang, les lignes interrompues, yin.) Les trigrammes sont liés à un membre de la famille (comme le fils aîné). Ceux ayant l'un des cinq éléments en commun sont représentés par un symbole de la nature (par exemple, le tonnerre).

Lisez la description de chaque direction aux pages 37 à 41 pour déterminer si vous avez besoin d'un complément de chi d'un type particulier.

Chaque direction est associée à un certain type de chi. La compréhension des différents genres de chi est essentielle à la maîtrise du Feng shui.

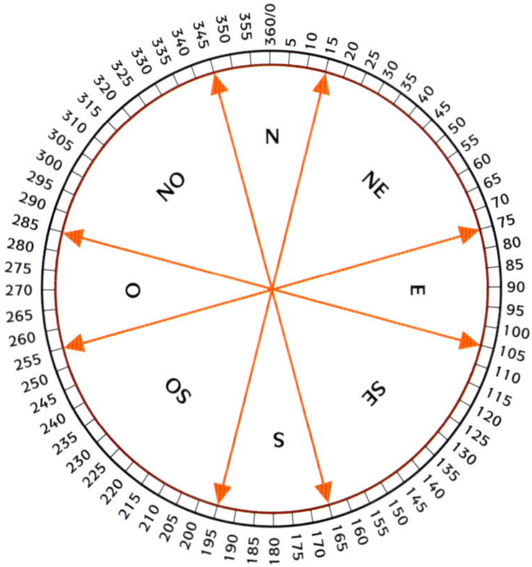

EST

Nombre du carré magique 3 — **Trigramme** Yin/yin/yang

Élément Bois — **Symbole** Tonnerre

Membre de la famille Fils aîné — **Couleur** Vert vif, comme une jeune feuille

Moment Matin – aube — **Saison** Printemps

Parfait pour se sentir enthousiaste, confiant et assuré ; fortifie l'envie de lancer de nouveaux projets, d'être attentif, de se concentrer sur les détails, de faire correctement les choses, d'analyser, de se montrer précis. Le symbole du tonnerre confère à cette énergie une tendance retentissante, puissante, encourageant à sortir et à faire en sorte que les choses se produisent. Ce chi est utile si vous voulez vous lever tôt. Accroît le risque de frustration et de colère.

SUD-EST

Nombre du carré magique 4 **Trigramme** Yang/yang/yin

Élément Bois **Symbole** Vent

Membre de la famille Fille aînée **Couleurs** Le vert foncé d'une feuille mature, le bleu ciel

Moment Milieu de la matinée – soleil montant dans le ciel

Saison Printemps se changeant en été

Utile pour se montrer persévérant, sensible et positif ; accroît l'envie d'être créatif et imaginatif, de trouver de nouvelles idées, de chercher l'harmonie et de communiquer. Idéal pour disséminer les idées, comme le vent répand les graines. Ce chi convient pour avancer dans la vie et travailler à la prospérité future, mais peut accroître le risque de se sentir irritable et impatient.

SUD

Nombre du carré magique 9 **Trigramme** Yang/yin/yang

Élément Feu **Symbole** Feu

Membre de la famille Fille du milieu **Couleur** Rouge pourpre vif

Moment Midi – le soleil à son apogée

Saison Milieu de l'été

Parfait pour se sentir passionné, excité, fier, généreux, extravagant et théâtral, mais peut aussi inciter à l'égocentrisme, au stress et à la névrose. Accroît l'envie d'être expressif, remarqué, sociable, ouvert et spontané, de créer des modes et d'avoir la repartie facile. Cette énergie ardente est vive, colorée et rayonne du chi. Vous risquez de vous sentir stressé, excessivement émotif et hystérique.

SUD-OUEST

Nombre du carré magique 2 **Trigramme** Yin/yin/yin

Élément Terre **Symbole** Terre

Membre de la famille Mère **Couleurs** Noir mat, brun, beige ou jaune, similaires au charbon ou à la terre

Moment Après-midi – soleil descendant dans le ciel

Saison Été se changeant en automne

Parfait pour se montrer gentil, patient et compatissant ; accroît l'envie de faire preuve d'esprit pratique et terre-à-terre, de consolider ses acquis et de se sentir en sécurité. C'est le chi idéal pour améliorer la qualité de vos actions. Pensez aux fruits mûrissant dans les vergers. Ce chi terre posé approfondit les relations en tous genres, mais risque cependant d'accroître la dépendance et la jalousie.

OUEST

Nombre du carré magique 7 **Trigramme** Yin/yang/yang

Élément Métal **Symbole** Lac

Membre de la famille Fille cadette **Couleurs** La couleur du coucher de soleil, rouge rouille, marron ou rose

Moment Début de soirée – coucher du soleil **Saison** Automne

Parfait pour se sentir romantique, content et badin ; accroît l'envie d'être riche, de nouer de nouvelles relations, d'être à la mode, d'achever des projets. Associé au temps des récoltes et à la fin de la journée, ce chi est idéal pour mener les choses à une conclusion profitable. Le chi de la fille cadette est associé au badinage, à l'amusement et aux plaisirs de la vie. Accroît le risque de se sentir déprimé et pessimiste.

NORD-OUEST

Nombre du carré magique 6 **Trigramme** Yang/yang/yang

Élément Métal **Symbole** Ciel

Membre de la famille Père **Couleurs** Gris argenté ou blanc cassé ; proche de la couleur du métal

Moment Tard le soir – crépuscule **Saison** Automne se changeant en hiver

Convient pour être aux commandes, digne et responsable ; accroît l'envie d'avoir le contrôle, d'organiser, de planifier, d'être respecté, d'être intègre. Le symbole du ciel signale que ce chi confère une plus grande sagesse et une intuition plus claire ; il représente l'expérience et la maturité, la capacité de gagner facilement la confiance des gens, d'imposer le respect ou de trouver un mentor. Toutefois, accroît parfois le risque de se montrer autoritaire et arrogant.

NORD

Nombre du carré magique 1 **Trigramme** Yin/yang/yin

Élément Eau **Symbole** Eau

Membre de la famille Fils du milieu **Couleurs** Crème très brillant, vernis clair ou autre finition translucide, noir laqué

Moment Nuit – obscurité **Saison** Milieu de l'hiver

Parfait pour se sentir excitant, enclin à la spiritualité et à l'indépendance ; accroît l'envie de se montrer accommodant, de trouver la paix, d'étudier, de se développer, d'améliorer la santé, d'être objectif et différent. Ce chi aide à trouver des idées originales sans se laisser distraire par les autres ; idéal pour concevoir des plans, pour l'auto-guérison et la vitalité. Paisible, ce chi est utile en cas de troubles du sommeil, mais présente le risque de se sentir isolé et distant.

NORD-EST

Nombre du carré magique 8

Trigramme Yang/yin/yin

Élément Terre

Symbole Montagne

Membre de la famille Fils cadet

Couleur Blanc éclatant, un peu comme une montagne au sommet enneigé

Moment Tôt le matin – la première lueur du jour

Saison Hiver se changeant en printemps

Parfait pour être motivé, dynamique et ouvert ; accroît l'envie de saisir les occasions, de gagner, de concourir, d'apprendre, de se montrer décidé, aventureux, lucide. Ce chi est pénétrant, perspicace et change rapidement, ce qui convient pour les affaires et le commerce. Utile pour purifier le mental, favorisant la prise de décisions et la réflexion sur une nouvelle direction dans la vie. Toutefois, il risque aussi d'intensifier la cupidité et l'obsession.

CENTRE

Nombre du carré magique 5

Trigramme Aucun

Élément Terre

Symbole Aucun

Membre de la famille Aucun

Couleur Jaune ou orange

Moment Aucun

Saison Aucune

Cette énergie réunit les huit directions. Elle n'a pas de trigramme, de moment ou de saison spécifiques, mais les représente tous. En tant que telle, c'est une énergie qui aide à devenir le centre de l'attention et qui attire les gens vers vous. Ce chi, le plus puissant de tous, doit être traité avec respect. Si possible, le centre d'une pièce ou d'un bâtiment doit rester libre pour permettre à l'énergie de la pièce de circuler.

LE CARRÉ MAGIQUE

L'unique précepte commun à tous les concepts du Feng shui est le carré magique. Il s'agit d'une grille de neuf nombres, chacun incarnant l'une des énergies des huit directions, plus l'énergie du centre. Les nombres sont disposés de façon à ce que leur somme horizontale, verticale ou en diagonale aboutisse toujours à un total de 15.

Le carré magique classique, avec le 5 au centre, est apliqué tel quel à la maison. Cependant, il peut aussi être disposé de manière que les autres huit nombres se retrouvent tour à tour au centre. La capacité du carré à passer par les neuf phases énergétiques permet de l'appliquer tant au temps qu'à l'espace – l'astrologie Feng shui et le Feng shui de votre maison.

4	9	2
3	5	7
8	1	6

Le carré magique

Lorsque le carré magique se présente sous sa forme standard, le 1 se trouve au nord. Les nombres suivent les directions de la boussole dans le sens des aiguilles d'une montre, si bien que le 8 est au nord-est, le 3 à l'est, le 4 au sud-est, le 9 au sud, le 2 au sud-ouest, le 7 à l'ouest, le 6 au nord-ouest, le 5 au centre.

Dans le système des Neuf ki ("ki" est le terme japonais pour chi), les directions cardinales (nord, est, sud, ouest) couvrent chacune 30 degrés, les directions intermédiaires (nord-est, sud-est, sud-ouest, nord-ouest) jusqu'à 60 degrés (voir page 113).

Il est important de ne pas confondre les Neuf nombres ki avec les nombres rencontrés dans la vie quotidienne : nombres de la maison, numéros de téléphone, etc. Les neuf nombres utilisés ici portent le nom du chi qu'ils représentent. Il est essentiel de garder à l'esprit le caractère du chi quand vous vous referez à ces nombres.

Les neuf modèles de chi

Chaque thème représente un modèle de chi. En utilisant ces neuf thèmes, vous pouvez déterminer la phase dans laquelle vous vous trouvez, les directions vous convenant le mieux et le bon moment pour travailler dans la maison.

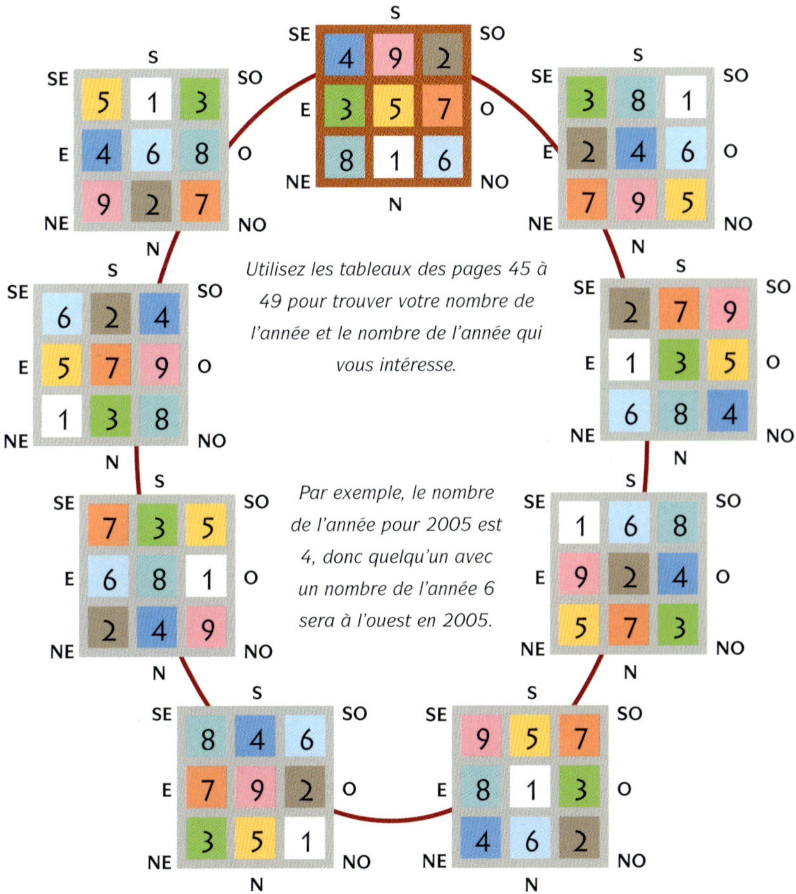

Utilisez les tableaux des pages 45 à 49 pour trouver votre nombre de l'année et le nombre de l'année qui vous intéresse.

Par exemple, le nombre de l'année pour 2005 est 4, donc quelqu'un avec un nombre de l'année 6 sera à l'ouest en 2005.

TROUVEZ VOS NOMBRES GRÂCE AU CARRÉ MAGIQUE

Dans le système des Neuf ki, chaque personne possède trois nombres la connectant au chi correspondant (voir page 36). Ce sont le nombre de l'année, le nombre du mois et le nombre de l'axe. Le nombre de l'année définit le chi le plus profond, qui se déplace à travers les chakras ; le nombre du mois décrit le chi du cœur et du mental ; le nombre de l'axe incarne le chi superficiel.

Utiliser le tableau des Neuf ki

Pour trouver vos trois nombres, utilisez le tableau pour localiser l'année et le mois de votre naissance. Le système des Neuf ki se servant d'un calendrier solaire, le début des années et des mois diffère du calendrier occidental. L'année commence le 3, le 4 ou le 5 février. Chaque mois du tableau est accompagné d'une date et d'une heure indiquant son début. Si vous êtes né avant cette date, vous devez vous reporter au mois précédent. Par exemple, si vous étiez né le 2 août 1958, utilisez le nombre pour juillet 1958 : 692.

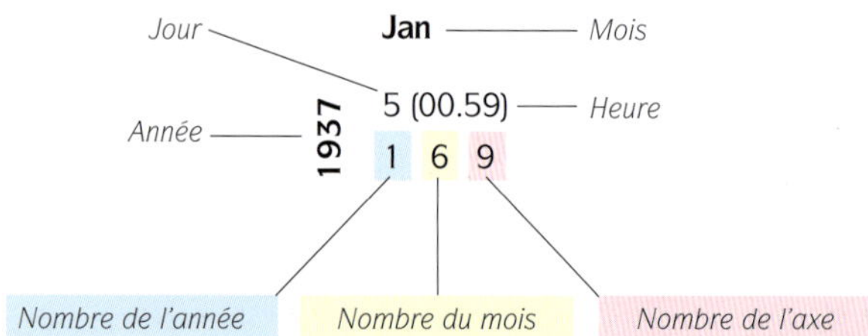

	Jan	Fév	Mars	Avril	Mai	Juin	Juillet	Août	Sept	Oct	Nov	Déc
1937	5 (00.59)	4 (14:30)	6 (10:34)	4 (17:32)	5 (13:20)	5 (19:34)	7 (08:41)	7 (19:57)	8 (00:37)	8 (18:13)	7 (23:00)	7 (17:30)
	1 6 9	9 5 9	9 4 1	9 3 2	9 2 3	9 1 4	9 9 5	9 8 6	9 7 7	9 6 8	9 5 9	9 4 1
1938	6 (06:40)	4 (20:23)	6 (16:22)	4 (23:12)	5 (18:51)	6 (01:01)	7 (14:08)	8 (01:28)	8 (06:13)	8 (23:57)	8 (04:53)	7 (23:29)
	9 3 2	8 2 2	8 1 3	8 9 4	8 8 5	8 7 6	8 6 7	8 5 8	8 4 9	8 3 1	8 2 2	8 1 3
1939	6 (12:41)	5 (02:08)	6 (22:13)	5 (05:24)	6 (00:24)	6 (07:39)	7 (19:37)	8 (07:02)	8 (12:45)	9 (05:46)	8 (10:48)	8 (05:28)
	8 9 4	7 8 4	7 7 5	7 6 6	7 5 7	7 4 8	7 3 9	7 2 1	7 1 2	7 9 3	7 8 4	7 7 5
1940	6 (18:43)	5 (08:09)	6 (04:15)	4 (11:13)	5 (07:00)	5 (13:15)	7 (01:09)	7 (13:42	7 (18:20)	8 (11:25)	7 (16:33)	7 (11:12)
	7 6 6	6 5 6	6 4 7	6 3 8	6 2 9	6 1 1	6 9 2	6 8 3	6 7 4	6 6 5	6 5 6	6 4 7
1941	6 (00:07)	4 (13:54)	6 (10:00)	4 (16:56)	5 (12:40)	5 (18:52)	7 (08:00)	7 (19:19)	8 (00:02)	8 (17:40)	7 (22:29)	6 (17:17)
	6 3 8	5 2 8	5 1 9	5 9 1	5 8 2	5 7 3	5 6 4	5 5 5	5 4 6	5 3 7	5 2 8	5 1 9
1942	6 (06:10)	4 (19:55)	6 (15:57)	4 (22:47)	5 (18:24)	6 (00:29)	7 (13:31)	8 (00:48)	8 (05:33)	8 (23:18)	8 (04:16)	7 (22:53)
	5 9 1	4 8 1	4 7 2	4 6 3	4 5 4	4 4 5	4 3 6	4 2 7	4 1 8	4 9 9	4 8 1	4 7 2
1943	6 (12:08)	5 (01:38)	6 (21:46)	5 (04:58)	5 (23:58)	6 (07:08)	7 (18:59)	8 (06:20)	8 (12:00)	9 (05:00)	8 (10:02)	8 (04:43)
	4 6 3	3 5 3	3 4 4	3 3 5	3 2 6	3 1 7	3 9 8	3 8 9	3 7 1	3 6 2	3 5 3	3 4 4
1944	6 (17:57)	5 (07:24)	6 (03:32)	4 (10:33)	5 (06:25)	5 (12:43)	7 (00:38)	7 (13:10)	7 (17:48)	8 (10:52)	7 (16:00)	7 (10:41)
	3 3 5	2 2 5	2 1 6	2 9 7	2 8 8	2 7 9	2 6 1	2 5 2	2 4 3	2 3 4	2 2 5	2 1 6
1945	5 (23:37	4 (13:23)	6 (09:28)	4 (16:24)	5 (12:08)	5 (18:21)	7 (07:25)	7 (18:41)	7 (23:19)	8 (16:52)	7 (21:40)	7 (16:25)
	2 9 7	1 8 7	1 7 8	1 6 9	1 5 1	1 4 2	1 3 3	1 2 4	1 1 5	1 9 6	1 8 7	1 7 8
1946	6 (05:24)	4 (19:11)	6 (15:13)	4 (22:04)	5 (17:40)	5 (23:47)	7 (12:52)	8 (00:11)	8 (04:56)	8 (22:38)	8 (03:32)	7 (22:06)
	1 6 9	9 5 9	9 4 1	9 3 2	9 2 3	9 1 4	9 9 5	9 8 6	9 7 7	9 6 8	9 5 9	9 4 1
1947	6 (11:19)	5 (00:48)	6 (20:55)	5 (04:08)	5 (23:09)	6 (06:23)	7 (18:18)	8 (05:43)	8 (11:27)	9 (04:28)	8 (09:29)	8 (04:06)
	9 3 2	8 2 2	8 1 3	8 9 4	8 8 5	8 7 6	8 6 7	8 5 8	8 4 9	8 3 1	8 2 2	8 1 3
1948	6 (17:18)	5 (06:43)	6 (02:50)	4 (09:50)	5 (05:39)	5 (11:55)	6 (23:49)	7 (12:21)	7 (16:59)	8 (10:05)	7 (15:13)	7 (09:51)
	8 9 4	7 8 4	7 7 5	7 6 6	7 5 7	7 4 8	7 3 9	7 2 1	7 1 2	7 9 3	7 8 4	7 7 5
1949	5 (22:43)	4 (12:26)	6 (08:30)	4 (15:25)	5 (11:11)	5 (17:25)	7 (05:18)	7 (17:52)	7 (22:36)	8 (16:15)	7 (21:05)	7 (15:50)
	7 6 6	6 5 6	6 4 7	6 3 8	6 2 9	6 1 1	6 9 2	6 8 3	6 7 4	6 6 5	6 5 6	6 4 7
1950	6 (04:46)	4 (18:27)	6 (14:24)	4 (21:10)	5 (16:46)	5 (22:52)	7 (11:57)	7 (23:17)	8 (04:04)	8 (21:49)	8 (02:49)	7 (21:28)
	6 3 8	5 2 8	5 1 9	5 9 1	5 8 2	5 7 3	5 6 4	5 5 5	5 4 6	5 3 7	5 2 8	5 1 9
1951	6 (10:43)	5 (00:11)	6 (20:15)	5 (03:21)	5 (22:18)	6 (05:27)	7 (17:20)	8 (04:43)	8 (09:36)	9 (03:28)	8 (08:31)	8 (03:11)
	5 9 1	4 8 1	4 7 2	4 6 3	4 5 4	4 4 5	4 3 6	4 2 7	4 1 8	4 9 9	4 8 1	4 7 2
1952	6 (16:26)	5 (05:53)	6 (01:59)	4 (08:56)	5 (04:43)	5 (10:58)	6 (22:52)	7 (11:28)	7 (16:09)	8 (09:17)	7 (14:25)	7 (09:08)
	4 6 3	3 5 3	3 4 4	3 3 5	3 2 6	3 1 7	3 9 8	3 8 9	3 7 1	3 6 2	3 5 3	3 4 4
1953	5 (22:04)	4 (11:49)	6 (07:53)	4 (14:46)	5 (10:28)	6 (16:36)	7 (04:25)	7 (16:55)	7 (21:37)	8 (15:15)	7 (20:07)	7 (14:53)
	3 3 5	2 2 5	2 1 6	2 9 7	2 8 8	2 7 9	2 6 1	2 5 2	2 4 3	2 3 4	2 2 5	2 1 6

	Jan	Fév	Mars	Avril	Mai	Juin	Juillet	Août	Sept	Oct	Nov	Déc
1954	6 (03:52)	4 (17:37)	6 (13:38)	4 (20:27)	5 (16:01)	5 (22:05)	7 (11:06)	7 (22:24)	8 (03:10)	8 (20:56)	8 (01:55)	7 (20:33)
	2 9 7	1 8 7	1 7 8	1 6 9	1 5 1	1 4 2	1 3 3	1 2 4	1 1 5	1 9 6	1 8 7	1 7 8
1955	6 (09:47)	4 (23:14)	6 (19:18)	5 (02:29)	5 (21:28)	6 (03:30)	7 (16:34)	8 (03:58)	8 (08:51)	9 (02:44)	8 (07:50)	8 (02:31)
	1 6 9	9 5 9	9 4 1	9 3 2	9 2 3	9 1 4	9 9 5	9 8 6	9 7 7	9 6 8	9 5 9	9 4 1
1956	6 (15:46)	5 (05:11)	6 (01:17)	4 (00:14)	5 (04:00)	5 (10:16)	6 (22:08)	7 (10:39)	7 (12:15)	8 (08:22)	7 (13:30)	7 (08:14)
	9 3 2	8 2 2	8 1 3	8 9 4	8 8 5	8 7 6	8 6 7	8 5 8	8 4 9	8 3 1	8 2 2	8 1 3
1957	5 (21:12)	4 (10:57)	6 (07:01)	4 (13:54)	5 (09:36)	5 (15:47)	7 (03:40)	7 (16:14)	7 (20:57)	8 (14:35)	7 (19:26)	7 (14:11)
	8 9 4	7 8 4	7 7 5	7 6 6	7 5 7	7 4 8	7 3 9	7 2 1	7 1 2	7 9 3	7 8 4	7 7 5
1958	6 (03:10)	4 (16:54)	6 (09:43)	4 (19:40)	5 (15:14)	5 (21:18)	7 (10:22)	7 (21:43)	8 (02:32)	8 (20:19)	8 (01:17)	7 (19:54)
	7 6 6	6 5 6	6 4 7	6 3 8	6 2 9	6 1 1	6 9 2	6 8 3	6 7 4	6 6 5	6 5 6	6 4 7
1959	6 (09:09)	2 (22:48)	6 (18:45)	5 (01:54)	5 (20:51)	6 (02:50)	7 (15:51)	8 (03:14)	8 (08:09)	9 (02:03)	8 (07:07)	8 (01:45)
	6 3 8	5 2 8	5 1 9	5 9 1	5 8 2	5 7 3	5 6 4	5 5 5	5 4 6	5 3 7	5 2 8	5 1 9
1960	6 (14:58)	5 (04:23)	6 (00:29)	4 (07:27)	5 (03:15)	5 (09:30)	6 (21:25)	7 (10:01)	7 (14:44)	8 (07:55)	7 (13:05)	7 (07:49)
	5 9 1	4 8 1	4 7 2	4 6 3	4 5 4	4 4 5	4 3 6	4 2 7	4 1 8	4 9 9	4 8 1	4 7 2
1961	5 (20:43)	4 (10:25)	6 (06:25)	4 (13:18)	5 (09:00)	5 (15:11)	7 (03:01)	7 (15:33)	7 (20:16)	8 (13:57)	7 (18:52)	7 (13:41)
	4 6 3	3 5 3	3 4 4	3 3 5	3 2 6	3 1 7	3 9 8	3 8 9	3 7 1	3 6 2	3 5 3	3 4 4
1962	6 (02:41)	4 (16:23)	6 (12:19)	4 (19:03)	5 (14:36)	5 (20:40)	7 (09:42)	7 (21:02)	8 (01:50)	8 (19:38)	8 (00:40)	7 (19:21)
	3 3 5	2 2 5	2 1 6	2 9 7	2 8 8	2 7 9	2 6 1	2 5 2	2 4 3	2 3 4	2 2 5	2 1 6
1963	6 (08:37)	4 (22:04)	6 (18:05)	5 (01:10)	5 (20:05)	6 (02:06)	7 (15:10)	8 (02:37)	8 (07:34)	9 (01:30)	8 (06:37)	8 (01:21)
	2 9 7	1 8 7	1 7 8	1 6 9	1 5 1	1 4 2	1 3 3	1 2 4	1 1 5	1 9 6	1 8 7	1 7 8
1964	6 (14:38)	5 (04:04)	6 (00:08)	4 (07:02)	5 (01:51)	5 (08:55)	6 (20:47)	7 (09:19)	7 (15:25)	8 (07:09)	7 (12:19)	7 (07:05)
	1 6 9	9 5 9	9 4 1	9 3 2	9 2 3	9 1 4	9 9 5	9 8 6	9 7 7	9 6 8	9 5 9	9 4 1
1965	5 (20:02)	4 (09:48)	6 (05:52)	4 (12:44)	5 (08:22)	5 (14:29)	7 (02:18)	7 (14:51)	7 (19:36)	8 (13:18)	7 (18:12)	7 (13:00)
	9 3 2	8 2 2	8 1 3	8 9 4	8 8 5	8 7 6	8 6 7	8 5 8	8 4 9	8 3 1	8 2 2	8 1 3
1966	6 (01:59)	4 (15:42)	6 (11:41)	4 (18:26)	5 (13:58)	5 (20:00)	7 (09:00)	7 (20:19)	8 (01:08)	8 (18:58)	8 (00:00)	7 (18:42)
	8 9 4	7 8 4	7 7 5	7 6 6	7 5 7	7 4 8	7 3 9	7 2 1	7 1 2	7 9 3	7 8 4	7 7 5
1967	6 (07:58)	4 (21:26)	6 (17:30)	5 (00:07)	5 (19:33)	6 (01:30)	7 (14:29)	8 (01:49)	8 (06:42)	9 (00:36)	8 (05:42)	8 (00:25)
	7 6 6	6 5 6	6 4 7	6 3 8	6 2 9	6 1 1	6 9 2	6 8 3	6 7 4	6 6 5	6 5 6	6 4 7
1968	6 (13:41)	5 (03:06)	5 (23:11)	4 (06:06)	5 (00:58)	5 (08:05)	6 (19:59)	7 (07:24)	7 (13:13)	8 (06:22)	7 (11:33)	7 (06:19)
	6 3 8	5 2 8	5 1 9	5 9 1	5 8 2	5 7 3	5 6 4	5 5 5	5 4 6	5 3 7	5 2 8	5 1 9
1969	5 (19:16)	4 (09:00)	6 (05:02)	4 (11:53)	5 (07:32)	5 (13:41)	7 (01:30)	7 (14:03)	7 (18:45)	8 (11:59)	7 (17:17)	7 (12:06)
	5 9 1	4 8 1	4 7 2	4 6 3	4 5 4	4 4 5	4 3 6	4 2 7	4 1 8	4 9 9	4 8 1	4 7 2
1970	6 (01:21)	4 (14:51)	6 (10:48)	4 (17:33)	5 (13:04)	5 (19:06)	7 (08:07)	7 (19:27)	8 (00:16)	8 (18:03)	7 (23:03)	7 (17:41)
	4 6 3	3 5 3	3 4 4	3 3 5	3 2 6	3 1 7	3 9 8	3 8 9	3 7 1	3 6 2	3 5 3	3 4 4

	Jan	Fév	Mars	Avril	Mai	Juin	Juillet	Août	Sept	Oct	Nov	Déc
1971	6 (06:54) 3 3 5	4 (06:02) 2 2 5	6 (16:23) 2 1 6	4 (23:00) 2 9 7	5 (18:25) 2 8 8	6 (00:26) 2 7 9	7 (13:30) 2 6 1	8 (00:56) 2 5 2	8 (05:56) 2 4 3	8 (23:54) 2 3 4	8 (05:01) 2 2 5	7 (23:43) 2 1 6
1972	6 (12:56) 2 9 7	5 (02:18) 1 8 7	5 (22:15) 1 7 8	4 (05:15) 1 6 9	5 (00:05) 1 5 1	5 (07:11) 1 4 2	6 (19:03) 1 3 3	7 (06:29) 1 2 4	7 (12:19) 1 1 5	8 (05:31) 1 9 6	7 (10:44) 1 8 7	7 (05:29) 1 7 8
1973	5 (18:45) 1 6 9	4 (08:06) 9 5 9	6 (04:04) 9 4 1	4 (10:53) 9 3 2	5 (06:31) 9 2 3	5 (12:39) 9 1 4	7 (00:30) 9 9 5	7 (13:05) 9 8 6	7 (17:51) 9 7 7	8 (11:09) 9 6 8	7 (16:33) 9 5 9	7 (11:24) 9 4 1
1974	6 (00:23) 9 3 2	4 (14:04) 8 2 2	6 (09:57) 8 1 3	4 (16:37) 8 9 4	5 (12:06) 8 8 5	5 (18:07) 8 7 6	7 (07:11) 8 6 7	7 (18:32) 8 5 8	7 (23:25) 8 4 9	8 (17:17) 8 3 1	7 (22:23) 8 2 2	7 (17:08) 8 1 3
1975	6 (06:26) 8 9 4	4 (20:07) 7 8 4	6 (15:55) 7 7 5	4 (22:26) 7 6 6	5 (17:22) 7 5 7	5 (23:41) 7 4 8	7 (12:41) 7 3 9	8 (00:05) 7 2 1	8 (05:01) 7 1 2	8 (22:59) 7 9 3	8 (04:07) 7 8 4	7 (22:53) 7 7 5
1976	6 (12:11) 7 6 6	5 (01:37) 6 5 6	5 (21:36) 6 4 7	4 (04:34) 6 3 8	4 (23:21) 6 2 9	5 (06:23) 6 1 1	6 (18:14) 6 9 2	7 (05:41) 6 8 3	7 (11:33) 6 7 4	8 (04:48) 6 6 5	7 (10:02) 6 5 6	7 (04:51) 6 4 7
1977	5 (18:09) 6 3 8	4 (07:34) 5 2 8	6 (03:36) 5 1 9	4 (10:25) 5 9 1	5 (06:02) 5 8 2	5 (12:06) 5 7 3	6 (23:52) 5 6 4	7 (12:24) 5 5 5	7 (17:09) 5 4 6	8 (10:19) 5 3 7	7 (15:52) 5 2 8	7 (10:44) 5 1 9
1978	5 (23:46) 5 9 1	4 (13:31) 4 8 1	6 (09:28) 4 7 2	4 (16:12) 4 6 3	5 (11:42) 4 5 4	5 (17:41) 4 4 5	7 (05:24) 4 3 6	7 (17:55) 4 2 7	7 (22:44) 4 1 8	8 (16:34) 4 9 9	7 (21:39) 4 8 1	7 (16:37) 4 7 2
1979	6 (05:39) 4 6 3	4 (19:19) 3 5 3	6 (15:09) 3 4 4	4 (21:44) 3 3 5	5 (17:07) 3 2 6	5 (23:06) 3 1 7	7 (12:08) 3 9 8	7 (23:32) 3 8 9	8 (04:28) 3 7 1	8 (22:27) 3 6 2	8 (03:37) 3 5 3	7 (22:24) 3 4 4
1980	6 (11:41) 3 3 5	5 (01:07) 2 2 5	5 (21:04) 2 1 6	4 (04:02) 2 9 7	4 (22:52) 2 8 8	5 (05:57) 2 7 9	6 (17:48) 2 6 1	7 (05:13) 2 5 2	7 (10:11) 2 4 3	8 (04:10) 2 3 4	7 (09:23) 2 2 5	7 (04:11) 2 1 6
1981	5 (17:31) 2 9 7	4 (06:56) 1 8 7	6 (02:57) 1 7 8	4 (09:46) 1 6 9	5 (05:22) 1 5 1	5 (11:29) 1 4 2	6 (23:18) 1 3 3	7 (11:53) 1 2 4	7 (16:38) 1 1 5	8 (09:53) 1 9 6	7 (15:14) 1 8 7	7 (10:04) 1 7 8
1982	5 (23:05) 1 6 9	4 (12:49) 9 5 9	6 (08:45) 9 4 1	4 (15:26) 9 3 2	5 (10:54) 9 2 3	5 (16:55) 9 1 4	7 (04:42) 9 9 5	7 (17:21) 9 8 6	7 (22:14) 9 7 7	8 (16:06) 9 6 8	7 (21:10) 9 5 9	7 (16:04) 9 4 1
1983	6 (05:06) 9 3 2	4 (18:46) 8 2 2	6 (14:36) 8 1 3	4 (21:11) 8 9 4	5 (16:33) 8 8 5	5 (22:28) 8 7 6	7 (11:28) 8 6 7	7 (22:53) 8 5 8	8 (03:51) 8 4 9	8 (21:49) 8 3 1	8 (02:57) 8 2 2	7 (21:40) 8 1 3
1984	6 (10:54) 8 9 4	5 (00:16) 7 8 4	5 (20:13) 7 7 5	4 (03:11) 7 6 6	5 (22:01) 7 5 7	5 (05:04) 7 4 8	6 (16:56) 7 3 9	7 (04:24) 7 2 1	7 (09:27) 7 1 2	8 (03:33) 7 9 3	7 (08:49) 7 8 4	7 (03:37) 7 7 5
1985	5 (16:52) 7 6 6	4 (06:12) 6 5 6	6 (02:08) 6 4 7	4 (08:55) 6 3 8	5 (04:32) 6 2 9	5 (10:38) 6 1 1	6 (22:27) 6 9 2	7 (11:02) 6 8 3	7 (15:49) 6 7 4	8 (09:09) 6 6 5	7 (14:33) 6 5 6	7 (09:29) 6 4 7
1986	5 (22:30) 6 3 8	4 (12:11) 5 2 8	6 (08:03) 5 1 9	4 (14:41) 5 9 1	5 (10:07) 5 8 2	5 (16:07) 5 7 3	7 (03:52) 5 6 4	7 (16:28) 5 5 5	7 (21:19) 5 4 6	8 (15:12) 5 3 7	7 (20:18) 5 2 8	7 (15:18) 5 1 9
1987	6 (04:20) 5 9 1	4 (17:58) 4 8 1	6 (13:43) 4 7 2	4 (20:12) 4 6 3	5 (15:30) 4 5 4	5 (21:25) 4 4 5	7 (10:27) 4 3 6	7 (21:54) 4 2 7	8 (02:56) 4 1 8	8 (20:58) 4 9 9	8 (02:10) 4 8 1	7 (20:57) 4 7 2

	Jan	Fév	Mars	Avril	Mai	Juin	Juillet	Août	Sept	Oct	Nov	Déc
1988	6 (10:15) 4 6 3	4 (23:40) 3 5 3	5 (19:34) 3 4 4	4 (02:29) 3 3 5	4 (21:12) 3 2 6	5 (03:03) 3 1 7	6 (16:03) 3 9 8	7 (03:29) 3 8 9	7 (08:32) 3 7 1	8 (02:37) 3 6 2	7 (07:53) 3 5 3	7 (02:43) 3 4 4
1989	5 (16:03) 3 3 5	4 (05:27) 2 2 5	6 (01:26) 2 1 6	4 (08:13) 2 9 7	5 (03:45) 2 8 8	5 (09:47) 2 7 9	6 (21:32) 2 6 1	7 (10:04) 2 5 2	7 (14:52) 2 4 3	8 (08:13) 2 3 4	7 (13:37) 2 2 5	7 (08:33) 2 1 6
1990	5 (21:34) 2 9 7	4 (11:17) 1 8 7	6 (07:10) 1 7 8	4 (13:48) 1 6 9	5 (09:14) 1 5 1	5 (15:11) 1 4 2	7 (02:55) 1 3 3	7 (15:30) 1 2 4	7 (20:24) 1 1 5	8 (14:20) 1 9 6	7 (19:29) 1 8 7	7 (14:29) 1 7 8
1991	6 (03:34) 1 6 9	7 (17:14) 9 5 9	6 (13:02) 9 4 1	4 (19:33) 9 3 2	5 (14:53) 9 2 3	5 (20:46) 9 1 4	7 (09:44) 9 9 5	7 (21:06) 9 8 6	8 (02:02) 9 7 7	8 (20:01) 9 6 8	8 (01:13) 9 5 9	7 (20:01) 9 4 1
1992	6 (09:20) 9 3 2	4 (22:45) 8 2 2	5 (18:41) 8 1 3	4 (01:36) 8 9 4	4 (20:22) 8 8 5	5 (02:14) 8 7 6	6 (15:13) 8 6 7	7 (02:39) 8 5 8	7 (07:40) 8 4 9	8 (01:44) 8 3 1	7 (07:01) 8 2 2	7 (01:52) 8 1 3
1993	5 (15:12) 8 9 4	4 (04:37) 7 8 4	6 (00:35) 7 7 5	4 (07:21) 7 6 6	5 (02:55) 7 5 7	5 (08:59) 7 4 8	6 (20:46) 7 3 9	7 (09:21) 7 2 1	7 (14:08) 7 1 2	8 (07:27) 7 9 3	7 (12:49) 7 8 4	7 (07:45) 7 7 5
1994	5 (20:49) 7 6 6	4 (10:33) 6 5 6	6 (06:29) 6 4 7	4 (13:08) 6 3 8	5 (08:34) 6 2 9	5 (14:32) 6 1 1	7 (02:16) 6 9 2	7 (14:51) 6 8 3	7 (19:43) 6 7 4	8 (13:36) 6 6 5	7 (18:41) 6 5 6	7 (13:38) 6 4 7
1995	6 (02:39) 6 3 8	4 (16:19) 5 2 8	6 (12:06) 5 1 9	4 (18:38) 5 9 1	5 (13:58) 5 8 2	5 (19:53) 5 7 3	7 (08:54) 5 6 4	7 (20:22) 5 5 5	8 (01:24) 5 4 6	8 (19:27) 5 3 7	8 (00:40) 5 2 8	7 (19:27) 5 1 9
1996	6 (08:42) 5 9 1	4 (22:04) 4 8 1	5 (17:58) 4 7 2	4 (00:54) 4 6 3	4 (19:40) 4 5 4	5 (01:34) 4 4 5	6 (14:35) 4 3 6	7 (02:02) 4 2 7	7 (07:06) 4 1 8	8 (01:12) 4 9 9	7 (06:31) 4 8 1	7 (01:22) 4 7 2
1997	5 (14:40) 4 6 3	4 (04:01) 3 5 3	5 (23:57) 3 4 4	4 (06:41) 3 3 5	5 (01:22) 3 2 6	5 (08:18) 3 1 7	6 (20:07) 3 9 8	7 (07:34) 3 8 9	7 (13:30) 3 7 1	8 (06:52) 3 6 2	7 (12:18) 3 5 3	7 (07:16) 3 4 4
1998	5 (20:18) 3 3 5	4 (09:59) 2 2 5	6 (05:48) 2 1 6	4 (12:22) 2 9 7	5 (07:45) 2 8 8	5 (13:43) 2 7 9	7 (01:29) 2 6 1	7 (14:08) 2 5 2	7 (19:05) 2 4 3	8 (12:36) 2 3 4	7 (18:14) 2 2 5	7 (13:16) 2 1 6
1999	6 (02:22) 2 9 7	4 (16:02) 1 8 7	6 (11:47) 1 7 8	4 (18:14) 1 6 9	5 (13:30) 1 5 1	5 (19:21) 1 4 2	7 (08:21) 1 3 3	7 (19:46) 1 2 4	8 (00:47) 1 1 5	8 (18:49) 1 9 6	8 (00:03) 1 8 7	7 (18:52) 1 7 8
2000	6 (08:12) 1 6 9	4 (21:36) 9 5 9	5 (17:32) 9 4 1	3 (23:57) 9 3 2	4 (19:08) 9 2 3	5 (00:56) 9 1 4	6 (13:51) 9 9 5	7 (01:19) 9 8 6	7 (06:23) 9 7 7	8 (00:33) 9 6 8	7 (05:52) 9 5 9	7 (00:45) 9 4 1
2001	5 (14:05) 9 3 2	4 (03:29) 8 2 2	5 (23:26) 8 1 3	4 (06:10) 8 9 4	5 (00:48) 8 8 5	5 (07:42) 8 7 6	6 (19:26) 8 6 7	7 (06:52) 8 5 8	7 (12:50) 8 4 9	8 (06:14) 8 3 1	7 (11:41) 8 2 2	7 (06:41) 8 1 3
2002	5 (19:45) 8 9 4	4 (09:27) 7 8 4	6 (05:20) 7 7 5	4 (11:57) 7 6 6	5 (07:21) 7 5 7	5 (13:17) 7 4 8	7 (00:59) 7 3 9	7 (13:31) 7 2 1	7 (18:23) 7 1 2	8 (11:52) 7 9 3	7 (17:29) 7 8 4	7 (12:30) 7 7 5
2003	6 (01:34) 7 6 6	4 (15:12) 6 5 6	6 (10:56) 6 4 7	4 (17:25) 6 3 8	5 (12:42) 6 2 9	5 (18:35) 6 1 1	7 (07:35) 6 9 2	7 (18:59) 6 8 3	8 (00:00) 6 7 4	8 (18:03) 6 6 5	7 (23:19) 6 5 6	7 (18:10) 6 4 7
2004	6 (07:29) 6 3 8	3 (21:09) 5 2 8	5 (16:45) 5 1 9	3 (23:08) 5 9 1	4 (18:21) 5 8 2	5 (00:12) 5 7 3	6 (13:12) 5 6 4	7 (00:38) 5 5 5	7 (05:40) 5 4 6	7 (23:46) 5 3 7	7 (05:04) 5 2 8	6 (23:57) 5 1 9

	Jan	Fév	Mars	Avril	Mai	Juin	Juillet	Août	Sept	Oct	Nov	Déc
2005	5 (13:18)	4 (02:43)	5 (22:34)	4 (05:22)	4 (23:59)	5 (06:53)	6 (18:39)	7 (06:06)	7 (12:02)	8 (05:23)	7 (10:47)	7 (05:44)
	5 9 1	4 8 1	4 7 2	4 6 3	4 5 4	4 4 5	4 3 6	4 2 7	4 1 8	4 9 9	4 8 1	4 7 2
2006	5 (18:51)	4 (08:30)	6 (04:21)	4 (10:56)	5 (06:17)	5 (12:12)	6 (23:56)	7 (12:35)	7 (17:32)	8 (11:04)	7 (16:42)	7 (11:41)
	4 6 3	3 5 3	3 4 4	3 3 5	3 2 6	3 1 7	3 9 8	3 8 9	3 7 1	3 6 2	3 5 3	3 4 4
2007	6 (00:45)	4 (14:23)	6 (10:09)	4 (16:38)	5 (11:54)	5 (17:45)	7 (05:29)	7 (18:09)	7 (23:11)	8 (17:15)	7 (22:30)	7 (17:19)
	3 3 5	2 2 5	2 1 6	2 9 7	2 8 8	2 7 9	2 6 1	2 5 2	2 4 3	2 3 4	2 2 5	2 1 6
2008	6 (06:35)	4 (20:10)	5 (15:49)	3 (22:13)	4 (17:25)	4 (23:14)	6 (12:11)	6 (23:38)	7 (04:43)	7 (22:54)	7 (04:16)	6 (23:10)
	2 9 7	1 8 7	1 7 8	1 6 9	1 5 1	1 4 2	1 3 3	1 2 4	1 1 5	1 9 6	1 8 7	1 7 8
2009	5 (12:29)	4 (01:49)	5 (21:36)	4 (04:22)	4 (22:59)	5 (05:53)	6 (17:39)	7 (05:06)	7 (10:14)	8 (04:30)	7 (10:01)	7 (05:03)
	1 6 9	9 5 9	9 4 1	9 3 2	9 2 3	9 1 4	9 9 5	9 8 6	9 7 7	9 6 8	9 5 9	9 4 1
2010	5 (18:28)	4 (07:50)	6 (03:39)	4 (10:12)	5 (05:32)	5 (11:26)	6 (23:10)	7 (11:46)	7 (16:40)	8 (10:11)	7 (15:49)	7 (10:53)
	9 3 2	8 2 2	8 1 3	8 9 4	8 8 5	8 7 6	8 6 7	8 5 8	8 4 9	8 3 1	8 2 2	8 1 3
2011	5 (23:59)	4 (13:39)	6 (09:21)	4 (15:47)	5 (10:59)	5 (16:49)	7 (04:32)	7 (17:14)	7 (22:18)	8 (16:24)	7 (21:41)	7 (16:46)
	8 9 4	7 8 4	7 7 5	7 6 6	7 5 7	7 4 8	7 3 9	7 2 1	7 1 2	7 9 3	7 8 4	7 7 5
2012	6 (05:53)	4 (19:30)	5 (15:11)	3 (21:33)	4 (16:42)	4 (22:29)	6 (11:27)	6 (22:54)	7 (03:59)	7 (22:10)	7 (03:31)	6 (22:26)
	7 6 6	6 5 6	6 4 7	6 3 8	6 2 9	6 1 1	6 9 2	6 8 3	6 7 4	6 6 5	6 5 6	6 4 7
2013	5 (11:48)	4 (01:12)	5 (21:04)	4 (03:52)	4 (22:28)	5 (05:19)	6 (17:03)	7 (04:28)	7 (09:35)	8 (03:50)	7 (09:19)	7 (04:19)
	6 3 8	5 2 8	5 1 9	5 9 1	5 8 2	5 7 3	5 6 4	5 5 5	5 4 6	5 3 7	5 2 8	5 1 9
2014	5 (17:43)	4 (07:05)	6 (02:55)	4 (09:29)	5 (04:49)	5 (10:43)	6 (22:25)	7 (11:01)	7 (15:58)	8 (09:32)	7 (15:14)	7 (10:18)
	5 9 1	4 8 1	4 7 2	4 6 3	4 5 4	4 4 5	4 3 6	4 2 7	4 1 8	4 9 9	4 8 1	4 7 2
2015	5 (23:24)	4 (13:03)	6 (08:47)	4 (15:14)	5 (10:29)	5 (16:20)	7 (04:04)	7 (16:43)	7 (21:44)	8 (15:48)	7 (21:05)	7 (16:11)
	4 6 3	3 5 3	3 4 4	3 3 5	3 2 6	3 1 7	3 9 8	3 8 9	3 7 1	3 6 2	3 5 3	3 4 4
2016	6 (05:17)	4 (18:55)	5 (14:34)	3 (20:56)	4 (16:06)	4 (21:55)	6 (10:52)	6 (22:19)	7 (03:23)	7 (21:32)	7 (02:53)	6 (21:48)
	3 3 5	2 2 5	2 1 6	2 9 7	2 8 8	2 7 9	2 6 1	2 5 2	2 4 3	2 3 4	2 2 5	2 1 6
2017	5 (11:09)	4 (00:33)	5 (20:22)	4 (03:07)	4 (21:42)	5 (03:25)	6 (16:21)	7 (03:48)	7 (08:58)	8 (03:14)	7 (08:42)	7 (03:43)
	2 9 7	1 8 7	1 7 8	1 6 9	1 5 1	1 4 2	1 3 3	1 2 4	1 1 5	1 9 6	1 8 7	1 7 8

QUE SIGNIFIENT VOS NOMBRES

Nombre neuf ki de l'année (**5** 5 5)

Le nombre de l'année se rapporte à l'essence de votre caractère et à votre chi le plus profond, permettant de tirer des conclusions quant à votre progression dans la vie. Par exemple, une personne qui a pour nombre de l'année le 1 constatera que sa vie se bâtit peu à peu, comme un petit ruisseau se transforme en fleuve. Il aide à définir la profession vous convenant le mieux, vos valeurs et votre nature.

NOMBRE DE L'ANNÉE	AVANCÉE	QUALITÉS PROFESSIONNELLES	NATURE PROFONDE
1	Basée sur le long terme, flexible	Original, objectif	Indépendant, sexuel
2	Régulière, constante	Gentil, améliore la qualité	Esprit pratique, bâtisseur d'un foyer
3	Démarre rapidement, suscite les choses	Juste, analytique	Ambitieux, enthousiaste
4	Harmonieuse, en progression	Disperse les idées, inventif	Déterminé, persévérant
5	Variable, attire les occasions	Force motrice, attire l'attention	Sens de la justice, inconstant
6	Planifie à long terme, tient le coup	Organisé, dirigeant	Intègre, responsable
7	Cherche le confort, motivée par la fortune	Élégant, financièrement conscient	Content, badin
8	Cherche de nouvelles occasions	Spéculatif, motivé	Bourreau de travail, perspicace, changements brusques
9	Affective,-relationnelle	Explorateur éloquent	Passionné, sociable

Nombre neuf ki du mois (5 **5** 5)

Ce nombre a la plus grande influence sur vos relations, car il se rapporte à la manière dont vous communiquez, exprimez vos idées et éprouvez les émotions.

Une combinaison qui fonctionne bien sur le plan émotionnel conduira à une relation plus satisfaisante. Quand une relation ne s'épanouit pas, vous aurez l'impression qu'aucun des partenaires ne comprend l'autre – chaque petit trouble engendre un désaccord encore plus profond. Les émotions associées à ce nombre vous affectent plus profondément et plus souvent que les autres. Regardez vos traits émotionnels les plus forts dans le tableau ci-dessous. Comparez-les à ceux de votre partenaire.

NOMBRE DU MOIS	RÉFLEXION	COMMUNICATION	ÉMOTIONS
1	Objective, indépendante	Fluide, ouverte	Profondes, affectueuses
2	Méthodique, pratique	Prévenante, faisant preuve de tact	Gentilles, posées
3	Concentrée, précise	Sincère, réfléchie	Confiantes, assurées
4	Imaginative, novatrice	Persuasive, persévérante	Gentilles, sensibles
5	Peu nuancée, bien analysée	Puissante, discrète	Fluctuantes, décidées
6	Organisée, intuitive	Honnête, prudente	Maîtrisées, matures
7	Concentrée sur le résultat final, positive	Charmante, élégante	Badines, joyeuses
8	Compétitive, rapide	Claire, directe	Ouvertes, motivées
9	Rapide, émotive	Passionnée, expressive	Ardentes, impulsives

Nombre neuf ki de l'axe (5 5 **5**)

Ce nombre se rapporte à votre chi le plus superficiel – souvent, c'est la première impression que les autres ont de vous. Il illustre aussi la façon dont vous agissez, offrant par là des données quant à votre mode de travail. Pour beaucoup, vous êtes celui montré par votre chi superficiel, l'énergie la plus visible lors d'une première rencontre. L'interlocuteur se rapporte généralement à vous en termes de chi de votre mois. C'est seulement en vous connaissant mieux qu'il peut réellement vous comprendre en termes de nombre de l'année. Si le nombre de l'axe est différent des énergies les plus profondes, vous deviendrez au travail une personne très différente de celle que vous êtes chez vous

NOMBRE DE L'AXE	PREMIÈRE IMPRESSION	QUALITÉS AU TRAVAIL
1	Décontracté, facile à vivre	Objectif, indépendant
2	Prévenant, amical	Consciencieux, bon équipier
3	Tourné vers les solutions, bien informé	Juste, enthousiaste
4	Gentil, plein d'idées intéressantes	Créatif, trouvant une foule d'idées
5	Capable de faire bonne figure, conflictuel	Des idées fortes, désir d'être aux commandes
6	Sérieux, protocolaire	Bien organisé, aux contrôles
7	Charmant, élégant	Concentré sur le résultat final, financièrement motivé
8	Direct, curieux	Motivé par des objectifs, faisant avancer le travail
9	Intelligent, conscience sociale, conscience de sa réputation	Cherche des connexions utiles

LE MOMENT DES ÉVÉNEMENTS

Chaque année, le thème du carré magique change. Pour trouver celui d'une année particulière, regardez le tableau de la page 44. Trouvez l'année qui vous intéresse, puis son nombre à partir de février. Par exemple, le nombre de l'année pour 2006 est le 3. Trouvez en page 43 le carré magique ayant au centre le nombre de l'année recherchée. Localisez votre propre nombre de l'année et voyez quelle est sa position dans le thème de l'année. Une personne dont le nombre de l'année est 1, par exemple, sera positionnée à l'est en 2006. Le chi de cette position vous influencera cette année-là, facilitant l'atteinte de certains objectifs.

Le même principe s'applique aux mois. Trouvez le mois qui vous intéresse dans les tableaux des pages 44 à 49 et notez le nombre du mois (le nombre du milieu). Rapellez-vous que le début du mois est différent de celui du mois occidental – plus les quelques premiers jours, reportez-vous au mois précédent. Trouvez en page 43 le thème ayant au centre ce nombre du mois et déterminez la position de votre nombre de l'année.

Événements importants

Le chi que vous absorbez au cours de tout événement important restera en principe avec vous pendant plusieurs années. Par exemple, le mariage provoque un changement durable de votre chi. Par contre, si une relation débute alors que l'un ou les deux partenaires passent par des moments difficiles, ils risquent de mettre en branle des comportements mutuellement destructeurs, qui deviendront récurrents à mesure de l'évolution de la relation.

De même, si vous débutez une nouvelle entreprise à un moment propice et réussissez, vous aurez moins de mal à dépasser les difficultés ultérieures.

Le 5 jaune

Soyez prudent quand votre nombre de l'année est opposé à la force nuisible du 5 jaune. Par exemple, en 2006, le 5 est à l'ouest, autrement dit le 1, situé à l'est, est son opposé. Dans de tels cas, on est souvent bloqué – il est plus sage d'attendre que les occasions se présentent au lieu de faire des efforts excessifs pour les attirer.

Cycle d'affaires

Les neuf phases décrites jusque-là peuvent être intégrées dans un cycle reflétant les phases chronologiques de vos affaires.

- **Nord.** Nouvelles idées originales
- **Sud-ouest.** Recherche et développement
- **Est.** Mettre les idées en pratique
- **Sud-est.** Expansion et marketing
- **Centre.** Attirer l'attention
- **Nord-ouest.** Organisation et planification
- **Ouest.** Profitabilité accrue et finances en progression
- **Nord-est.** Être compétitif et direct
- **Sud.** Promotion et ventes

Si vous êtes en harmonie avec l'un de ces cycles des Neuf ki, vous aurez le vent en poupe, les choses se mettront en place avec très peu d'effort.

Les phases des Neuf ki et les émotions

Examinez la liste ci-dessous pour voir l'effet émotionnel potentiel de chacune des neuf phases. Vous pouvez les appliquer à une année ou à un mois.

DIRECTION	UTILE	RISQUE
Est	Confiance	Colère
	Respect de soi	Irritabilité
	Ambition	Impatience
	Enthousiasme	Erreurs
Sud-est	Persévérance	Ne lâche pas prise
	Inspiration	Hypersensibilité
	Imagination	Rêvasserie
	Nouvelles idées	Idées irréalistes
Sud	Passion	Ergoterie
	Expression personnelle	Stress
	Générosité	Hystérie
	Fierté	Séparation
Sud-ouest	Réalisme	Prudence
	Esprit pratique	Sentiment de blocage
	Relations intenses	Dépendance
	Qualité améliorée	Jalousie

Les neuf phases d'une relation

• **Est.** Grand enthousiasme pour l'action. Risque de se sentir irritable, soupe au lait et peu enclin à écouter.

• **Sud-est.** Créé une relation plus harmonieuse, en évitant la confrontation ; il sera plus facile de se sentir positif à propos de la relation.

• **Centre.** Attire davantage d'attention. Risque de n'avoir pas de certitudes quand aux sentiments inspirés par le partenaire.

• **Nord-ouest.** Plus de confiance pour rendre la relation durable. Risque de porter des jugements et de se montrer satisfait de soi.

• **Ouest.** Plus romantique et drôle ; le plaisir physique sera le plus important, mais risque de ne pas prendre le partenaire au sérieux.

• **Nord-est.** Vous pouvez réaliser beaucoup de choses ensemble, si vous vous débarrassez de choses obsolètes ; vous devenez plus capable de ne pas lâcher pied.

• **Sud.** Relation passionnée, chaleureuse et généreuse, mais vous vous sentez ergoteur et réagissez fortement si votre fierté est blessée, ce qui conduit à une séparation.

• **Nord.** Idéal pour le sexe, l'affection et l'exploration mutuelle des aspects profonds de l'autre. Risque de prendre ses distances et d'avoir besoin de son propre espace.

• **Sud-ouest.** Facilite le rapprochement, améliore la qualité relationnelle et fait fonctionner les choses à long terme. Risque de perdre la spontanéité.

Utilisez le tableau ci-contre pour découvrir rapidement les qualités de chaque phase. Trouvez la direction de votre nombre de l'année dans le tableau correspondant, puis localisez cette direction.

DIRECTION	UTILE	RISQUE
Ouest	Idylle	Dépression
	Contentement	Manque de motivation
	Caractère badin	Irresponsabilité
	Savoure les plaisirs	Immaturité
Nord-ouest	Sang froid	Arrogance
	Plein d'assurance	Autosatisfaction
	Intuition	Porter des jugements
	Sagesse	Condescendance
Nord	Vitalité sexuelle	Inquiétude
	Spiritualité	Insécurité
	Paix intérieure	Isolement
	Indépendance	Solitude
Nord-est	Motivation	Cupidité
	Compétitivité	Obsésivité
	Combattre l'esprit	Épuisement
	Lucide	Esprit critique
Centre	Attirer les occasions	Changer d'idée
	Être le centre de l'attention	Confrontation
	Développer des opinions	Prise de décisions dures
	Se sentir investi d'autorité	Égocentrisme

VOS MEILLEURES DIRECTIONS

Chaque année et chaque mois, certaines directions sont plus favorables pour le chi de votre année. Imaginez que vous voulez naviguer en mer : vous devez étudier d'abord les courants et la direction des vents prévalents afin de choisir le bon moment pour votre voyage. De même, vous devez déterminer le moment des meilleures conditions Feng shui (vent et eau) pour partir. Ce principe s'applique principalement à un déménagement, mais a aussi une influence significative sur la création d'une nouvelle entreprise, sur un nouvel emploi, sur les changements apportés à votre maison.

Comment déterminer vos meilleures directions

Pour déterminer vos meilleures directions, trouvez dans le tableau des pages 45 à 49 votre nombre de l'année, ainsi que les nombres de l'année et du mois de la période du déménagement. Allez à la page 43 et copiez le thème ayant au centre les mêmes nombres de l'année et du mois que la date du déménagement.

1 Barrez l'axe (la ligne droite de trois nombres traversant le centre du carré, soit verticalement, soit horizontalement, soit diagonalement) occupé par le nombre 5. Ignorez cette étape si le thème du mois ou de l'année a le 5 au centre. Aller vers le nombre 5 s'avère dangereux – de petits problèmes échappent au contrôle. S'éloigner de ce nombre risque d'affaiblir votre chi, d'où une plus grande vulnérabilité aux accidents et blessures.

2 Barrez l'axe de votre nombre de l'année. Se diriger vers le nombre de l'année c'est comme essayer de rapprocher deux aimants dont les pôles ont la même charge – risque de désorientation et l'impression que la vie se complique inutilement. S'éloigner du nombre de l'année, c'est comme si on laissait derrière soi l'un de ses aspects personnels, – l'absence de l'ancienne maison suscite une impression de vide.

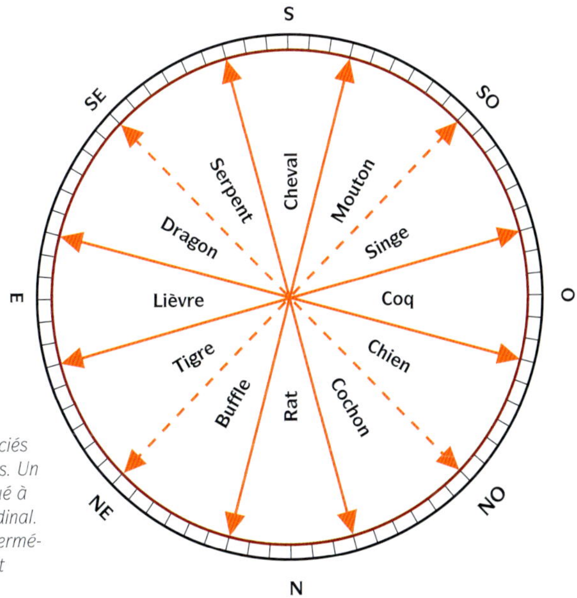

Les 12 animaux chinois sont associés aux huit directions. Un animal est attribué à chaque point cardinal. Les directions intermédiaires s'en voient attribuer deux.

3 Barrez la direction opposée à l'animal actif pour cette année ou ce mois (voir le diagramme). S'éloigner de l'animal actif suscite une déficience en chi – les choses semblent aboutir, mais tout tombe à l'eau au dernier moment.

4 Barrez la direction du nombre qui est à l'opposé de sa position normale (quand le 5 est au centre du carré magique). Par exemple, quand le 9 est au centre, le 7 est à l'est – à l'opposé de sa position normale à l'ouest. Ignorez cette étape si le thème de l'année ou du mois a le 5 au centre. En allant vers un nombre situé à l'opposé de sa position normale, vous constaterez que les événements sont moins susceptibles de se dérouler selon les plans établis.

5 Regardez les directions restantes pour déterminer celles qui vous sont généralement favorables.

RÈGLES DE BASE

- *L'influence de l'année est plus grande que celle du mois.*
- *La direction vers laquelle vous allez part de l'endroit où vous avez dormi pendant au minimum trois mois vers l'endroit suivant où vous dormirez pendant trois autres mois. Ce n'est pas le chemin que vous choisissez pour vous y rendre.*
- *Pour vous habituer au chi neuf, vous devez dormir toutes les nuits sur ce nouvel emplacement pendant au minimum deux mois.*
- *Plus l'endroit où vous vous installez est loin, plus l'influence sera forte et rapide.*
- *Quand vous déterminez les directions pour des familles, concentrez-vous sur le nombre de l'année des parents.*

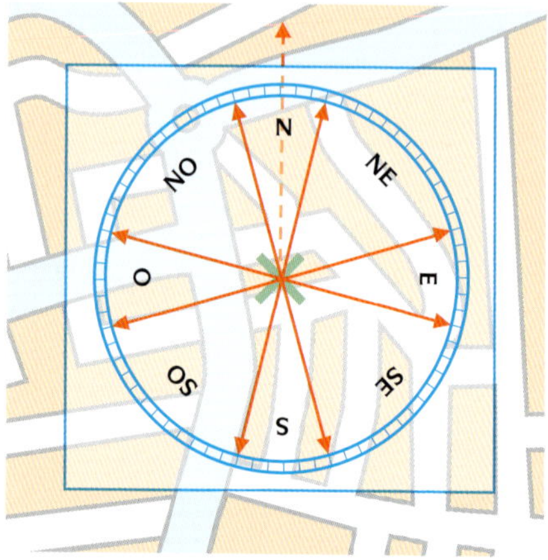

Appliquer les huit directions sur une carte

Prenez une carte et marquez votre maison d'un X. Tracez une ligne à partir de la maison vers le nord (situé d'habitude en haut de la page). Placez le transparent des huit directions (voir pages 112 à 115) avec le centre sur la maison et son nord aligné avec la ligne que vous venez de tracer. Vous obtenez ainsi les huit directions à partir de votre maison. Vous pouvez les trouver de la même manière sur une carte du monde, pour les voyages lointains.

Quand faire des changements dans la maison

Appliquez les mêmes principes pour déterminer le meilleur moment de déménager. Ils s'appliquent à la construction d'une extension, à l'ajout d'une serre, aux rénovations et à l'activation des remèdes Feng shui. Pour des travaux importants, mieux vaut attendre une année propice ; pour la plupart des autres modifications, il suffit de trouver un mois favorable.

1 Placez le transparent des huit directions (voir pages 112 à 115) sur le plan au sol (voir pages 108 à 111) pour déterminer dans quelle direction le changement prendra place.

2 Notez le thème pour le mois en cours et barrez les directions inappropriées.

3 Si la direction des changements n'a pas été barrée, commencez les modifications avant la fin du mois. Si la direction a été rayée, répétez le processus pour les mois suivants jusqu'à trouver un mois où cette direction-là est positive.

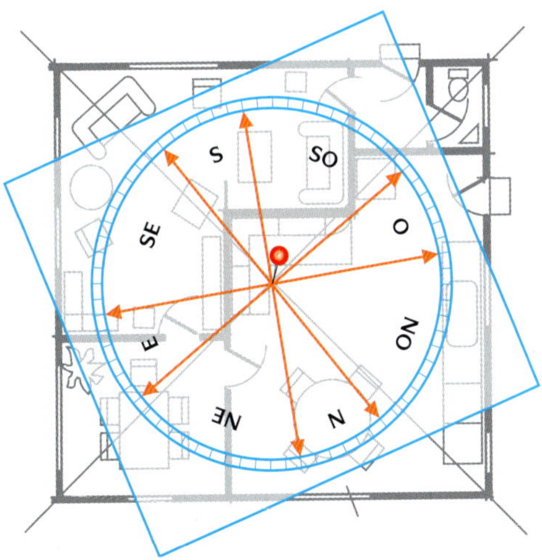

TOUT METTRE EN PRATIQUE

Pour mettre en pratique tout ce que vous avez appris jusque-là, trouvez le meilleur endroit où vous asseoir dans la maison.

Regardez la pièce pour déterminer l'endroit où le chi sera le plus paisible. Ne vous asseyez pas près d'une porte, d'un bord saillant, d'une grande fenêtre. Pensez en termes de yin et de yang – cherchez des zones douces, paisibles (yin) pour vous relaxer, ou des zones éclatantes, colorées (yang) pour vous sentir stimulé.

Essayez de percevoir le chi présent. Les formes verticales, les plafonds hauts, les surfaces en bois, génèrent plus de chi bois “montant”. Les expositions ensoleillées, les rouges ou les pourpres éclatants, une cheminée, émettent un chi plus ardent. Les espaces bas, moelleux, aux couleurs de la terre, les formes horizontales, contiennent plus de chi terre. Les surfaces solides, les objets métalliques, les couleurs gris et argent, se combinent pour générer le chi métal allant vers l'intérieur. Les formes gracieuses, le verre et les finitions transparentes produisent une atmosphère chi eau plus silencieuse.

Réfléchissez aux options qui vous permettront de vous asseoir dos contre un mur (protégé par la tortue) et avant du corps ouvert à autant de la pièce que possible (pour que le chi du phénix puisse monter devant vous). Des objets bas placés des deux côtés fourniront le chi du dragon et du tigre.

En dernier, établissez à l'aide d'une boussole la direction à laquelle vous ferez face dans les divers endroits où vous pouvez vous asseoir. Cette direction vous aidera à absorber plus de son chi particulier – faire face à l'est, par exemple, vous aidera à absorber plus de chi de point cardinal.

Vous asseoir dos à un mur et face à une direction dont le chi est favorable vous place dans une position forte.

Qualités des directions

- **Est.** Ce chi est positif et confiant, mais pas particulièrement relaxant ; il peut stimuler un peu votre respect personnel.
- **Sud-est.** Parfait pour rêvasser et laisser courir votre imagination, utile pour réfléchir à l'avenir.
- **Sud.** Excellent pour se sentir expressif, sociable, mentalement stimulé et ouvert. Pas particulièrement relaxant.
- **Sud-ouest.** Ce chi assure que vos pieds sont fermement plantés sur le sol. Risque de diminution de vos niveaux d'énergie si votre tête est trop occupée.
- **Ouest.** Bon pour se sentir content, romantique et à l'aise avec soi-même. Évitez cette direction quand vous n'avez pas le moral.
- **Nord-ouest.** Utile pour passer en revue votre vie et en exploiter la sagesse ou l'intuition. Évitez cette direction si vous êtes un obsédé du contrôle.
- **Nord.** Idéal pour le repos et la relaxation – incite à s'apaiser et à se laisser porter par le courant. Bon pour la méditation.
- **Nord-est.** Utile pour une plus grande clarté mentale ou pour se montrer décisif. Peut s'avérer trop pénétrant pour être relaxant.

LES COMPOSANTES DU FENG SHUI

UTILISER LA DÉCORATION POUR CHANGER L'ATMOSPHÈRE D'UN ESPACE

Lorsque vous voulez redécorer, rénover ou même concevoir une nouvelle maison, vous avez l'extraordinaire occasion de créer une ambiance qui vous soit réellement propice. Le Feng shui permet de faire de meilleurs choix en matière de moquettes, de papiers peints, des peintures murales, d'éclairages, de meubles. Chaque décision sera prise en connaissant l'effet qu'elle aura sur les occupants de la maison, plutôt que sur l'apparence de celle-ci.

Dans un sens, ce Feng shui est un outil de prévention. Au lieu de l'utiliser pour résoudre un problème, vous éviterez d'emblée tout ce qui aura un effet néfaste sur votre vie. Si tout va bien, nulle raison de changer les choses.

Au cas où vous êtes le concepteur de la maison, spécifiez la disposition des pièces, leurs proportions et les matériaux de construction et décidez aussi de la direction à laquelle la maison fera face, donc du type de chi qui dominera sa partie avant.

Une table en verre et un plancher ciré accélèrent la circulation du chi rendant cet espace plus yang, plus dynamique.

Les tissus yin moelleux mélangés aux couleurs yang vives rendent cet espace visuellement stimulant.

ASTUCES

- ***Caractéristiques particulières.*** *Réfléchissez à la manière dont vous pouvez intégrer plusieurs objets Feng shui, plantes, jeux d'eau, bougies, pour que chacun ait sa propre place dans la maison.*
- ***Soyez adaptable.*** *Que votre projet soit à petite ou à grande échelle, il vaut toujours mieux que chaque pièce soit aussi facilement adaptable que possible et que les meubles encastrés soient réduits au strict minimum. Par exemple, ayez deux ou trois emplacements possibles pour le lit, même si les placards intégrés risquent de limiter les choix. Si cette position s'avère néfaste pour vous, les changements subséquents risquent de coûter cher. Essayez de concevoir des pièces où les meubles peuvent être déplacés par la suite sans problèmes.*
- ***Réfléchissez aux matières que vous utiliserez.*** *Nombre de matières modernes risquent d'émettre des vapeurs toxiques des années après avoir été fabriquées. Utilisez de préférence des peintures bio, du bois massif pour les planchers, les surfaces de travail et les meubles, des tissus en laine ou en coton, et le minimum de plastique.*

COULEURS

Les couleurs dont vous décorez votre maison influencent de manière significative son chi, car chacune renvoie dans la pièce une fréquence lumineuse différente, générant un chi rapide ou lent. À mesure que ces fréquences lumineuses traversent le champ chi externe, la circulation de votre propre chi est modifiée, tout comme vos sensations et vos pensées.

COUSSINS

Utilisez des coussins pour faire entrer de la couleur dans une pièce -- et jouez avec eux, les déplaçant jusqu'à trouver l'arrangement qui vous plaît le plus.

Couleurs yin et yang

Les rouges, les jaunes et les oranges vifs vous font vous sentir plus actif, dynamique et yang. Les couleurs claires (bleu et vert pâle) suscitent un sentiment yin de sérénité et de calme.

Les grandes taches de couleur vive sont yang. Vous pouvez rendre une pièce plus yang avec des motifs en ligne droite – rayures ou chevrons. Les lignes ondulées ou les formes irrégulières coupent la circulation du chi, le rendant plus yin.

Cette pièce est décorée de couleurs yang stimulantes.

Ce diagramme montre toutes les couleurs en harmonie avec une direction. Servez-vous-en comme d'un guide pour décorer votre maison ou lui ajouter de la couleur.

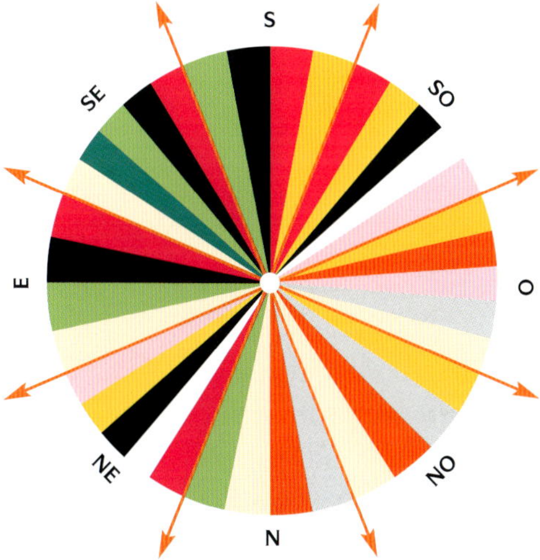

Les huit directions

Regardez les descriptions des huit directions en page 36. Trouvez une direction ayant les propriétés qui vous sont les plus nécessaires et déterminez sa couleur associée. Par exemple, pour vous sentir plus expressif et sociable, vous devez mettre plus de chi dans le sud, dont la couleur associée est le pourpre vif.

Utilisez la couleur appropriée dans la partie concernée de votre maison en rapport, par exemple, le pourpre vif dans le sud. Utilisez le transparent des huit directions (voir pages 112 à 115) pour déterminer les couleurs à utiliser selon la pièce. Essayez de placer la couleur de chaque direction dans son emplacement le plus puissant. Vous pouvez ainsi l'associer à d'autres couleurs : par exemple, une pièce blanche au sud avec quelques touches seulement de pourpre vif.

Avant de peindre, testez des échantillons sur un mur et laissez-les pendant quelques jours pour voir comment vous vous sentez. Plus la couleur est intense, moins l'énergie de la pièce devra être changée.

MATIÈRES

Les surfaces de votre maison déterminent aussi la circulation du chi en ces lieux. En choisissant soigneusement les matières, vous accorderez subtilement l'ambiance de la maison ou de l'appartement. Les surfaces étendues, telles que le plancher, ont la plus grande influence – surveillez les matières utilisées.

Le tissu doux du canapé ralentit le chi, alors que le plancher en bois l'accélère, créant un courant de chi plus équilibré.

Outre favoriser la bonne circulation du chi d'un bout à l'autre de la maison, les matières naturelles tendent à le véhiculer plus facilement que celles synthétiques. Un exemple en est le bois – le chi circule le long du grain. Beaucoup de matières synthétiques bloquent le passage du chi, créant ainsi des espaces stagnants dans la maison. De plus, certaines, comme les tapis en fibres synthétiques, se chargent en électricité statique qui interfère avec votre chi superficiel.

Matières yin et yang

Les surfaces rêches (genre tapis en laine) ralentissent le chi, le rendant plus yin, alors que les surfaces dures, plates, brillantes (genre carrelage vitrifié) l'accélèrent, créant une atmosphère yang.

MATIÈRES BOIS

- Osier
- Bambou
- Jonc de mer
- Liège
- Bois

MATIÈRES FEU

- Carrelage vitrifié
- Marbre reconstitué

MATIÈRES TERRE

- Tapis
- Tissu
- Ardoise

MATIÈRES MÉTAL

- Granit
- Métal

MATIÈRES EAU

- Verre
- Miroir

Les cinq éléments

Pensez aux matières en termes des cinq éléments (voir page 30). Chaque élément favorise un certain type de circulation du chi. En appliquant le transparent des huit directions (voir pages 112 à 115), vous déterminerez quelles matières conviennent naturellement aux diverses parties de la maison. Leur utilisation induira un échange plus harmonieux de chi et développera une ambiance distincte dans chaque espace.

Cette armoire apporte plus de chi bois à ce coin, la lampe, du chi feu et le canapé, du chi terre.

ÉCLAIRAGE

L'éclairage contribue à la décoration, car il peut changer en un clin d'œil l'ambiance d'un espace. En appuyant sur un commutateur, vous passez d'un environnement éclatant, yang, à un autre plus voilé, yin. Les luminaires produisent généralement plus de chi feu, bien que leurs différentes formes soient associées à chacun des cinq éléments. Les lampadaires créent sans difficulté l'effet recherché, car ils peuvent être placés à tout endroit et ne sont pas très chers.

Éclairage yin et yang

Tout éclairage indirect, diffus ou reflété, tend à être plus yin. Par exemple, une applique murale ou un plafonnier est plus yin que l'éclairage direct. Les lampes à abat-jour sont plus yin que les éclairages directs. Un spot ou une lampe à halogène dirigés vers le bas seront plus yang.

Les cinq éléments

L'éclairage est aussi considéré en termes des cinq éléments (voir page 30).

• **Bois.** Si vous voulez créer une atmosphère plus inspirante, utilisez des appliques murales orientant la lumière vers le haut. Votre pièce

Les lampes à abat-jour génèrent plus de chi yin diffus, ce qui rend une pièce plus douce et plus confortable, avec une atmosphère chi terre.

Les spots très vifs produisent là du chi yang, un chi métal plus concentré en termes de cinq éléments.

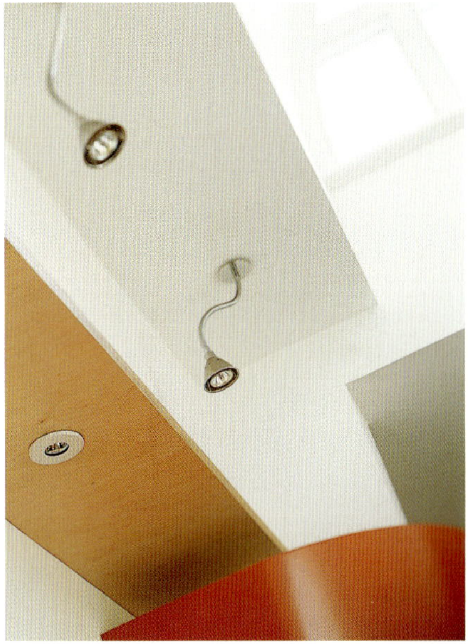

paraîtra ainsi plus élevée et plus spacieuse. Un plafond clair et un plancher légèrement plus sombre reflètent la relation entre le ciel et la terre, ce qui confère à l'éclairage intérieur un air plus naturel, convenant particulièrement aux pièces au plafond bas ou à poutres apparentes.

• **Feu.** Tout objet générant un grand éclat de lumière, comme un grand chandelier, est l'expression suprême du chi feu.

• **Terre.** Les lampes de table ou des lampadaires à lumière douce diminuent l'énergie et génèrent une ambiance relaxante, intime. Si vous voulez l'adoucir encore plus, utilisez un éclairage teinté.

• **Métal.** Pour une atmosphère plus intense, plus concentrée, utilisez des spots mettant en évidence des attributs de la pièce : arrangements floraux, tableaux, plantes.

• **Eau.** Une source de lumière en constant changement génère plus de chi eau – une lumière colorée projetée sur un mur, un éclairage traversant un tissu chatoyant.

ADAPTABILITÉ

Votre éclairage doit être adaptable et facile à contrôler, pour pouvoir passer rapidement d'un thème lumineux à un autre.

FORMES

Les formes présentes dans une pièce définissent encore davantage la circulation du chi en ces lieux. Les lignes longues, droites, permettent au chi d'accélérer, les angles aigus incitent le chi à tourbillonner, les coins ralentissent le chi stagnant. Les contours des meubles modifient eux aussi la circulation du chi, mais dans une moindre mesure. Les objets arrondis ou courbés induisent, par exemple, une circulation plus harmonieuse du chi et favorisent la relaxation.

Formes yin et yang

Les formes yang – lignes droites et angles aigus – incitent le chi à accélérer. Une pièce rectangulaire avec des meubles carrés stimule la clarté mentale et favorise la prise de décisions.

Les contours à prédominante courbe, arrondie et irrégulière sont yin. Une pièce de forme irrégulière, remplie de meubles arrondis et courbés, incite le chi à serpenter lentement, favorisant l'impression de stabilité. Ce type de pièce convient mieux si vous voulez faire appel à votre créativité et à votre imagination.

Les formes et les lignes droites créent une atmosphère yang, conférant un sentiment de propreté, d'ordre et de fonctionnalité.

Les cinq éléments

Les formes associées aux cinq éléments dirigent le chi vers des directions distinctes.

- Les lignes **bois** verticales, les formes élancées et les plafonds hauts incitent le chi à monter, permettant d'accepter davantage de charges et d'élargir les limites de vos réalisations.
- Les formes **feu** en étoile, les lignes zigzagantes et les pyramides génèrent plus de chi feu. Par exemple, un plafond en pente est mentalement stimulant et facilite l'expression de soi.
- Les lignes **terre** horizontales, les formes carrées plates, et les plafonds bas créent plus de chi terre, facilitant la connexion avec les autres et la concentration sur ce qui se passe autour de soi.
- Les porches, les cercles et les dômes **métal** apportent davantage de chi métal dans un espace. Le chi est mieux maîtrisé et votre concentration sur l'achèvement des choses dans votre vie est meilleure.
- Les lignes ondulées, les formes irrégulières et abstraites génèrent du chi **eau**. Utilisez-les pour devenir plus adaptable et réussir dans la quête d'un mode original de pensée.

Le demi-porche, le plancher surélevé, la forme irrégulière et la diversité des meubles confèrent à cette pièce une atmosphère chi eau.

LA MAISON FENG SHUI

En établissant les plans d'une nouvelle maison, vous avez l'occasion de placer les pièces en fonction des directions les plus favorables au chi correspondant à la destination de chacune. Dans l'exemple présent, la cuisine est située au sud-est, où le chi bois est en harmonie tant avec le feu de la cuisinière qu'avec l'eau de l'évier. Similairement, l'eau de la salle de bains est en harmonie avec le chi bois de l'est.

Le séjour et la salle à manger sont au sud et au sud-ouest, aidant à l'instauration d'une atmosphère interactive : le sud est idéal pour recevoir, le sud-ouest, pour la détente. L'entrée principale se trouve à l'ouest, permettant l'entrée d'un chi qui vous aide à vous sentir content, badin et romantique. Le vestibule central ouvert offre au chi puissant du 5 (le centre du carré magique classique) beaucoup d'espace pour se déplacer.

OUEST

Rouge rose, *jaune, brun, beige, noir mat, blanc, gris, crème*

Métal, pierre, *moquette, tapis, verre*

Circulaire, voûtée, *horizontale, ondulée*

La bibliothèque/bureau est placée au nord-ouest, encourageant le sens de l'organisation, du contrôle et de la planification. La chambre à coucher au nord bénéficie d'un chi paisible induisant le sommeil profond. Le dressing au nord-est convient pour la clarté d'esprit et la décision. Cet emplacement convient aussi pour une salle de jeux.

SUD-OUEST

Noir, *pourpre, jaune, brun, rose, gris*

Argile, tissus, *métal, carrelage, moquette, terre cuite vitrifiée*

Horizontale, basse, plate, *en étoile, pointue, circulaire, voûtée*

Les encadrés proposent des idées quant aux couleurs, aux matières et aux formes appropriées pour chaque pièce. D'autres éléments harmonieux s'intègrent dans la composition de chaque pièce, en partant du principe des cinq éléments. Par exemple, le feu du sud inclut des éléments bois et terre (en italique).

NORD-OUEST

Gris, argent, *noir, jaune, rouge, crème*

Métal, pierre, *moquette, tapis, verre*

Circulaire voûtée, *horizontale, ondulée*

NORD

Crème, *vernis clair, vert pâle, bleu pâle, gris, argent*

Verre *métal, pierre, bois*

Ondulée, *courbée, ronde, irrégulière, élancée*

NORD-EST

Blanc, *pourpre, jaune, noir, rose, gris*

Tissus, tapis, moquette, *carrelage, dalles, métal, terre cuite vernissée*

Horizontale, basse, plate, *en étoile, pointue, circulaire, voûtée*

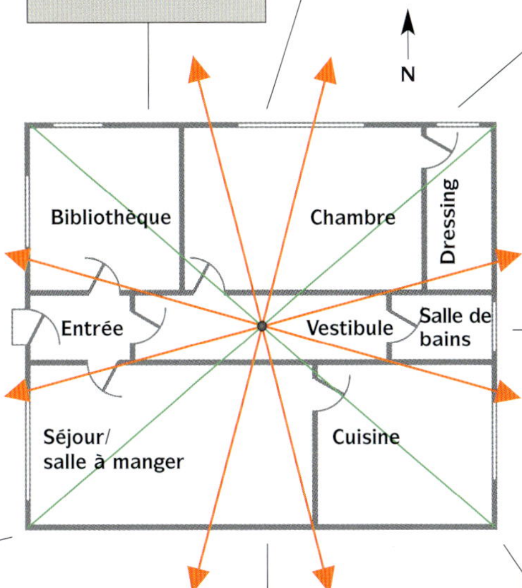

EST

Vert vif, *crème, vert foncé, bleu, pourpre*

Bois, *verre, terre cuite vitrifiée*

Élancée, verticale, *ondulée, pointue*

SUD-EST

Vert foncé, bleu, *crème, vert vif, pourpre*

Bois, *verre, terre cuite vitrifiée*

Élancée, verticale, *ondulée, pointue*

SUD

Pourpre, *vert, bleu, noir mat, jaune, brun, beige*

Bois, *verre, terre cuite vitrifiée*

Pointue, en étoile, pyramide, *élancée, horizontale*

UTILISER DES REMÈDES POUR RÉGLER LES PROBLÈMES PERSONNELS

Lorsque vous avez identifié un problème dans votre vie et désirez le régler, le Feng shui curatif entre en jeu. La plupart des gens espèrent que leur maison ne souffre pas de perturbations considérables, car ils n'aiment pas dépenser beaucoup en remèdes. L'art de cette école Feng shui impose d'être aussi précis que possible.

Le Feng shui n'agit pas comme une pilule magique – il ne vous rendra pas riche, ne vous offrira pas la relation parfaite, n'améliorera pas votre santé. Vous devez faire des efforts et créer les situations où ces choses peuvent arriver.

ASTUCE

Vous ne pouvez changer que vous-même, pas autrui. Blâmer une autre personne mènera à une situation ingérable.

Noter ses pensées s'avérera en soi thérapeutique.

Obtenez ce que vous voulez du Feng shui

1 Imaginez que vous êtes à la fin de votre vie. Vous êtes content et satisfait en vous préparant à quitter ce monde matériel. Vous avez tout réussi. Essayez de visualiser, d'éprouver et d'entendre à quoi ressemblerait cet état.

2 Réfléchissez à ce que vous devez faire entre le moment présent et l'époque pour devenir capable d'atteindre cet état d'esprit. Pour commencer, réfléchissez aux idées générales. Lorsque celles-ci sont bien implantées, commencez à affiner les questions pratiques et les détails jusqu'à ce qu'ils deviennent réalistes.

3 Notez votre plan sur une feuille de papier, en le visualisant précisément et en essayant d'imaginer les sensations qu'il suscitera. Fignolez les détails jusqu'à ce que le plan corresponde parfaitement à vos attentes.

4 Déterminez ce que vous devez changer en vous-même pour réaliser vos rêves, puis faites appel au Feng shui pour susciter un changement. Par exemple, si vous voulez être plus badin, fortifiez le chi de l'ouest dans votre maison ou absorbez plus de ce chi en tournant votre lit de sorte que le sommet de votre tête pointe vers l'ouest pendant le sommeil.

JEUX D'EAU

TYPE Fontaines, aquariums et autres jeux d'eau.
AVANTAGE Améliore la santé, apporte plus de vitalité dans la maison.
UTILISATION Placez-les à l'est ou au sud-est de la maison ou de la pièce.
OÙ LE TROUVER Magasins spécialisés, fleuristes.

Le corps humain est constitué principalement d'eau. Le chi de cette eau a une fréquence similaire à celle du chi de l'eau environnante, ce qui favorise l'établissement d'une puissante connexion entre les deux. Si le chi de l'eau extérieure à votre corps est pur et clair, alors que le chi de l'eau de votre corps est faible, il fortifiera ce dernier.

Vous pouvez placer des jeux d'eau dans votre maison – petites chutes d'eau, fontaines, aquariums ou simplement un bol d'eau fraîche renouvelée quotidiennement. L'eau en mouvement ajoutera plus d'énergie vibrante yang, l'eau stagnante, plus d'énergie apaisante yin. Pour que vous profitiez de son effet bénéfique, l'eau doit être propre et fraîche – changez-la tous les jours.

LE SAVIEZ-VOUS ?

Les gens se rendaient à la mer, dans les stations balnéaires ou aux sources thermales pour soigner leurs blessures et se rétablir après des maladies, ce qui confirme le principe Feng shui : le chi de l'eau fraîche et pure a une influence positive sur le chi eau du corps.

SEL DE MER

TYPE Sel de mer – fin ou gros sel.
AVANTAGE Améliore la stabilité et purifie le chi.
UTILISATION Placez-le au nord-est ou au sud-ouest de la maison, ou éparpillez-le sur le plancher.
OÙ LE TROUVER La plupart des supermarchés ou les magasins bio.

Le sel de mer sert à la purification du chi et à la stabilisation de sa circulation dans la maison. Il se rapporte au sel contenu dans votre sang, sueur et larmes, et a potentiellement une forte influence sur votre chi interne. Le sel absorbera le chi de la pièce, éliminant ainsi toute énergie usée, stagnante. Mettez deux cuillères à café de sel de mer dans des petits bols placés dans les parties nord-est et sud-ouest de votre maison. Changez le sel tous les deux mois. Vous pouvez ainsi parsemer un peu de sel de mer sur le plancher avant de vous mettre au lit – balayez-le le lendemain et jetez-le hors de la maison.

LE SAVIEZ-VOUS ?

Les êtres humains ont un fort lien évolutionnaire avec le sel, datant de la naissance de la vie dans les océans. La plupart des fluides corporels sont salés. Essayez de placer un sachet de sel sur votre nombril ou dans la ceinture de votre pantalon, pour vous sentir plus en sécurité.

PLANTES

TYPE Toute plante verte.
AVANTAGE Aide à faire entrer du chi vivace dans un espace et diminue la pollution de l'air et du bruit.
UTILISATION Placez une multitude de plantes dans la maison.
OÙ LE TROUVER Chez les fleuristes et dans les magasins de jardinage.

Toute chose vivante apporte du chi naturel dans la maison – les plantes étant parmi les meilleures. Il faut savoir que les immeubles modernes sont parfois déficients en chi, de par les matériaux d'isolation utilisés et l'usage à grande échelle des matières synthétiques, inhibant la circulation du chi dans un appartement. Plus les plantes sont variées, mieux c'est. Les plantes ont un chi bois et tant qu'elles sont en bonne santé conviennent à toutes les pièces. Si vous n'avez pas de place sur le plancher, mettez des plantes suspendues.

LE SAVIEZ-VOUS ?

Placez des plantes à feuilles pointues dans les coins pour stimuler le chi potentiellement stagnant. Mettez des plantes luxuriantes devant les bords saillants pour calmer et ralentir le chi rapide et tourbillonnant qu'ils génèrent. Mettez autant de plantes que possible dans votre salle de bains, car leur chi bois absorbera tout excès de chi eau.

FLEURS

TYPE Arrangements floraux, plantes à fleurs.
AVANTAGE Change l'humeur d'un espace et apporte du chi vivace.
UTILISATION Placez des fleurs fraîches dans la pièce où vous voulez rendre le chi plus actif.
OÙ LE TROUVER Dans votre jardin, chez le fleuriste, sur les marchés.

Les fleurs apportent plus de couleur dans votre maison. Comme elles émettent du chi vivace, leur couleur a une présence forte. L'atmosphère d'une pièce deviendra autre simplement en changeant l'arrangement floral. Les couleurs vives créent une atmosphère plus animée, yang, les teintes pâles, une atmosphère plus détendue, yin. Les fleurs rayonnent plus de chi associé à leur couleur et direction (voir page 36). Il faut changer leur eau tous les jours et retirer celles qui commencent à faner. Les plantes à fleurs ont une influence similaire, avec l'avantage de durer davantage.

LE SAVIEZ-VOUS ?

Un vase peut modifier lui aussi le chi d'un espace. Utilisez des conteneurs arrondis en métal pour accroître le chi métal, des vases en verre pour le chi eau, des pots hauts en bois pour le chi bois, des vases triangulaires en terre cuite vitrifiée pour le chi feu et de pots bas en argile pour le chi terre.

PENDULES

TYPE Pendules avec autant de parties métalliques que possible.
AVANTAGE Sens de l'organisation plus grand et vie plus structurée.
UTILISATION Dans les parties ouest ou nord-ouest de la maison.
OÙ LE TROUVER Chez les bijoutiers, les magasins de décoration, les antiquaires.

Les pendules sont excellentes pour conférer du rythme à un espace. Vous pouvez vous y accorder, pour découvrir plus facilement votre propre rythme. Ils apportent un chi plus yang et sont associés au chi métal. Placez le pendule dans les parties ouest ou nord-ouest de la maison pour fortifier le chi métal, ou dans la partie nord pour soutenir le chi eau.

LE SAVIEZ-VOUS ?

Si vous mettez plusieurs pendules dans une pièce, ils finissent par osciller sur le même rythme. Tout cycle rythmique incite à la synchronisation les autres cycles à la régularité similaire. Par exemple, les femmes qui vivent ensemble constatent souvent que leurs cycles menstruels s'harmonisent. Le mouvement rythmique d'un pendule et son tic-tac remplissent la maison d'un rythme auquel vous pouvez vous accorder. L'homme est fait de rythmes (battements du cœur, respiration), si bien que les harmonies de la vie comptent beaucoup pour son état.

CHARBON

TYPE Charbon à dessiner.
AVANTAGE Garantit l'harmonie quand le chi feu est à l'ouest ou au nord-ouest.
UTILISATION Placez le charbon dans un pot en argile placé près de la source du chi feu.
OÙ LE TROUVER Dans les magasins spécialisés en arts graphiques.

Comme il provient du bois brûlé et refroidi, le charbon génère un fort chi terre. Il reflète le cycle des cinq éléments de bois, du feu et de la terre. Si le chi terre est insuffisant, tout chi feu fort a un effet destructeur sur le chi métal des parties ouest et nord-ouest de la maison. Utilisez le charbon pour harmoniser l'énergie quand une cheminée, une cuisinière, un chauffe-eau ou un four se trouvent dans la partie ouest ou nord-ouest de votre maison.

LE SAVIEZ-VOUS ?

La surface noire et poreuse du charbon signale qu'il absorbe aisément le chi. Il est utile lorsqu'il faut diminuer le chi. Placez-le près d'une porte orientée au sud ou dans la partie sud de la maison, si vous êtes très émotif ou si des disputes inutiles éclatent.

BOUGIES

TYPE Bougies en cire.
AVANTAGE Aide à se sentir ardent et passionné.
UTILISATION Allumez des bougies dans les parties sud, sud-ouest et nord-est de la maison.
OÙ LE TROUVER Dans les magasins spécialisés ou de décoration intérieure.

LE SAVIEZ-VOUS ?

La bougie vous aide à méditer et élimine le chi trépidant de votre mental. Allumez une bougie et asseyez-vous face au nord, la flamme à hauteur des yeux. Fixez-la et concentrez-vous sur la transformation de la cire : de solide à liquide, puis à gaz, pour finir sous forme de lumière et de chaleur. En vous focalisant entièrement sur cette observation, en respirant lentement et profondément, vous permettez au chi périphérique de la distraction de s'éloigner de vous au fur et à mesure que le chi généré par la bougie remplit l'atmosphère.

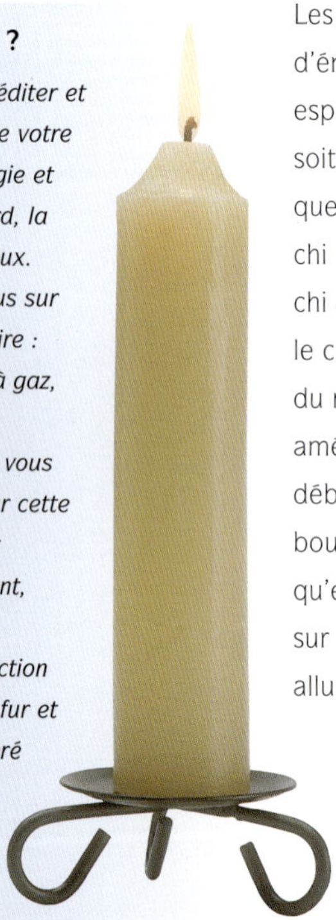

Les bougies confèrent plus d'énergie ardente à un espace, bien que leur éclat soit plus doux et plus yin que l'éclairage électrique. Le chi feu des bougies fortifie le chi ardent du sud et soutient le chi terre du sud-ouest et du nord-est. Si vous voulez améliorer une relation ou en débuter une, placez les bougies par paires. Pour qu'elles aient une influence sur le chi qui les entoure, allumez-les.

MIROIRS

TYPE Miroirs plats ou convexes.
AVANTAGE Crée un environnement plus rapide, plus dynamique, plus spacieux, plus actif.
UTILISATION Accrochez-le dans des pièces sombres ou étroites.
OÙ LE TROUVER Dans les magasins spécialisés et de décoration intérieure.

Les miroirs réflètent le chi et le gardent en mouvement. Idéaux dans les pièces sombres, car ils y renvoient la lumière disponible et le chi. Les grands miroirs confèrent une impression de largeur aux pièces petites et étroites. Accrochez les miroirs sur les murs longs, pour que les proportions de la pièce semblent plus proches d'un carré. Les miroirs sont associés au chi eau.

Évitez de placer des miroirs directement en face d'une porte ou d'une fenêtre, car ils risquent de renvoyer le chi hors de la maison. Deux miroirs face à face font aller et venir le chi, créant une atmosphère frénétique. Il est préférable de ne placer qu'un minimum de miroirs dans votre chambre.

LE SAVIEZ-VOUS ?

Les miroirs convexes, pareils à un œil de poisson, aident à disperser l'énergie chi. Utilisez-les quand votre escalier débouche directement sur votre porte d'entrée ou sur un long couloir.

CARILLON ÉOLIEN

TYPE Carillons éoliens en métal ou en bois.
AVANTAGE Disperse le chi, instaurant un environnement plus détendu et stable.
UTILISATION Accrochez-les à côté d'une porte, pour qu'ils tintent à chaque fois que celle-ci s'ouvre.
OÙ LE TROUVER Dans les magasins spécialisés et de jardinage.

LE SAVIEZ-VOUS ?

Les carillons éoliens sont actifs en termes de Feng shui seulement quand ils tintent. S'ils sont placés au-dessus d'une porte ou dans un lieu dépourvu de vent, vous devez les faire tinter souvent vous-même.

Le son d'un carillon éolien envoie des vagues d'énergie qui aident le chi à se déplacer et à se répandre. Les carillons dispersent par ailleurs le chi concentré, le rendant plus yin. Grâce à eux, le chi se ruant à travers votre porte d'entrée se répartira dans toute la maison, en la remplissant d'énergie fraîche.

Les carillons éoliens métalliques émettent du chi métal ; lorsqu'ils résonnent, ils doivent être placés au sud-ouest, au nord-est, au centre, à l'ouest, au nord-ouest et au nord. En ces lieux, le chi métal est en harmonie avec le chi ambiant. Utilisez des carillons éoliens en bois à l'est, au sud-est et au sud de la maison, où ce matériel est en harmonie avec le chi bois et le chi feu.

CRISTAUX

TYPE Un cristal sphérique à facettes multiples, attaché à un cordonnet.
AVANTAGE Apporte plus de chi naturel ensoleillé, yang, dans une pièce sombre.
UTILISATION Accrochez-le à une fenêtre pour qu'il reflète les rayons du soleil.
OÙ LE TROUVER Dans les magasins spécialisés.

LE SAVIEZ-VOUS ?

Faites tourner doucement un cristal pour créer un effet plus dynamique, yang. Si vous placez plusieurs cristaux dans une pièce, vous risquez de perturber la circulation du chi.

Les cristaux décomposent la lumière solaire dans les couleurs de l'arc-en-ciel et répandent ce chi dans la pièce. En termes des cinq éléments, les cristaux se rapportent au chi eau – placez-les dans les parties ouest, nord-ouest, nord, est et sud-est de votre maison, pour être en harmonie avec le chi de ces zones.

RANGEZ VOTRE ESPACE

TYPE Méditation.
AVANTAGE Charge l'atmosphère de la maison de votre chi.
UTILISATION Asseyez-vous et méditez sur les pensées positives que vous désirez projeter dans la pièce.
OÙ LE TROUVER En vous-même.

Votre corps rayonne vos pensées et vos émotions, qui se mélangent avec l'énergie chi de votre maison. Afin de vous entourer du genre d'énergie qui vous aidera à vivre comme vous le souhaitez, vous devez faire entrer plus de cette énergie particulière dans la maison. Pour y parvenir, méditez et concentrez-vous fortement que ce que vous tentez d'accomplir. Sur chaque expiration, imaginez que vous remplissez la pièce de ces pensées.

LE SAVIEZ-VOUS ?

Chantonner ou taper des mains en expirant et en projetant vos pensées fortifie le processus, à mesure que les sons véhiculent le chi dans tous les coins de la maison.

CLOCHES

TYPE Clochettes.
AVANTAGE Lancent des sentiments et des pensées chargés d'un chi fort.
UTILISATION Tenez-les près de votre corps et faites-les tinter bruyamment.
OÙ LE TROUVER Dans les magasins orientaux, les centres bouddhiques.

Le son d'une cloche aide à distribuer le chi et à le diriger vers la partie de la maison où vous pouvez l'entendre. Pour lancer plus loin votre propre chi, il convient de faire sonner une cloche.

Quand vous la faites sonner, tenez la cloche près de vous, pour que le son parte de votre chi superficiel. Visualisez ce que vous désirez projeter ce faisant. Les ondes sonores ainsi émises oscillent à travers votre champ chi externe et dans la maison, véhiculant votre énergie chi. Gardez une clochette près de vous et faites-la sonner quand vous voulez lancer une idée ou un sentiment.

LE SAVIEZ-VOUS ?

Les clochettes stimulent l'énergie stagnante. Si votre maison semble terne, prenez une clochette et faites-la sonner dans tous les coins et les recoins où la poussière s'accumule. Les ondes sonores favorisent la remise en mouvement de l'énergie et soutiennent le chi frais de ces zones.

COMMENT UTILISER LES REMÈDES FENG SHUI : EXEMPLE

Prenons l'exemple d'une femme qui désire nouer une nouvelle relation, mais qui est restée seule pendant quelques années. Il faut découvrir pourquoi elle n'a pas réussi à trouver l'âme-sœur, puis créer des remèdes.

1 Demandez :

- Rencontre-t-elle des gens ?
- Sort-elle assez ?
- Va-t-elle aux bons endroits ?

2 Demandez :

- Est-elle trop exigeante ?
- Est-elle timide ?
- Écrase-t-elle les partenaires potentiels ?

3 Demandez :

- Est-elle trop assurée ?
- Cherche-t-elle trop rapidement l'engagement ?
- Est-elle trop distante et lance-t-elle des signaux erronés ?

Tout changement effectué grâce au Feng shui commence avec vous. Si vous savez ce que vous voulez et ce que vous devez changer en vous pour parvenir à votre objectif, vous y arriverez.

4 En étudiant ses réponses, trouvez la raison la plus probable de son problème. Dans cet exemple, supposons que la femme est timide – même si les hommes qui lui plaisent s'approchent, elle a l'air distante et non intéressée. Il faut l'aider à se sentir plus confiante, plus assurée et plus expressive.

5 Examinez les neuf types de chi en page 36 pour déterminer les plus utiles. Dans le cas présent, il sera bénéfique de faire entrer plus de chi est et sud dans le champ énergétique de cette femme.

6 Voyez s'il est possible de déplacer le lit pour que la tête pointe dans une direction plus appropriée, permettant l'absorption de plus de ce chi. Dans ce cas, l'est ou le sud sont les meilleurs. Si la femme a le sommeil léger, le sud risque d'être trop ardent – l'est conviendra mieux.

7 Examinez la maison pour identifier toute caractéristique pouvant contribuer au problème. Dans ce cas, la présence d'une salle de bains au sud (où le chi eau peut détruire le chi feu du sud, en l'absence de tout chi bois) attire l'attention. Le chi est ou sud peut être absent de la maison (selon la forme de celle-ci) ou être déficient parce qu'il n'y a pas des fenêtres.

8 Placez les remèdes. Le plus simple est d'ajouter davantage du même type de chi à chaque zone. Ici, des plantes, des objets élancés en bois et la couleur verte fortifieront le chi de l'est. Les bougies, les formes en étoile et la couleur pourpre fortifieront le chi du sud. Servez-vous aussi de la théorie des cinq éléments (voir page 30). Placez des plantes dans la salle de bains située au sud pour vous assurer qu'il y a là assez de chi bois. Placez un jeu d'eau à l'est, car le chi eau soutient le chi bois de cette direction.

LE RÉPERTOIRE FENG SHUI

FAIRE TRAVAILLER LE FENG SHUI POUR SOI

Vous commencez à utiliser tous les principes du Feng shui pour résoudre des problèmes réels. Vous verrez comment appliquer les caractéristiques de conception et les remèdes (voir pages 64 à 93) à toute une gamme de situations courantes.

Le Répertoire commence par les méthodes d'application du Feng shui à la maison – vous vous familiarisez avec les plans de niveau, avec l'utilisation des huit directions, avec l'analyse Feng shui et avec l'évaluation de l'environnement immédiat.

L'étape suivante se concentre sur l'analyse des moyens de régler les différents problèmes de la vie. En vous servant continuellement de ce que vous avez appris jusque-là, vous serez de plus en plus à l'aise avec les principes du Feng shui. Le Répertoire est divisé en chapitres traitant de la santé, des humeurs, des relations, de la créativité, des finances, de la vie familiale, de la carrière professionnelle, de la vie spirituelle. Des chapitres à part traitent des déménagements (l'une des plus importantes influences sur votre vie, en termes de Feng shui) et d'un meilleur rapport avec la nature – à mesure que le monde moderne avance, un défi pour la plupart des gens.

Vous pouvez vous concerter sur les questions qui vous importent le plus – et mettre réellement à l'épreuve le Feng shui. Lorsque vous voulez aider les amis et la famille grâce à cet art, le Répertoire devient une ressource précieuse.

Les quelques pages suivantes concernent la façon de personnaliser le Feng shui, qui est une manière de regarder l'univers et pas forcément une réalité unique. Il est important d'intégrer mentalement et affectivement le Feng shui, qui doit travailler pour vous en vous permettant de vous montrer créatif et intuitif. Si vous maîtrisez les bases du Feng shui, vous serez en bonne position pour inventer vos propres solutions adaptées à chaque situation.

CONCENTREZ-VOUS SUR LES GENS

N'oubliez pas : le Feng shui concerne les gens (pas les espaces), si bien que vous devez vous concentrer sur les occupants d'une maison et sur les défis qu'ils doivent affronter dans la vie. Faites seulement ce qui est nécessaire – si tout va bien, nul besoin de stimuler les choses.

Au lieu de vous laisser distraire par des détails de leur maison, concentrez-vous sur les gens qui y vivent leur vie et ce qu'ils désirent changer.

UTILISER LE FENG SHUI SAGEMENT

Le Feng shui sera à son maximum de puissance si vous ciblez précisément vos attentes. Il faut trouver la pièce manquante de votre vie, puis déterminer le meilleur remède Feng shui pour remplacer le chi absent. Une fois que vous l'avez fait, surveillez les résultats pour voir si le remède choisi a été le bon. Dans le cas contraire, répétez le processus avec un autre, jusqu'à trouver le remède parfait.

Pour soutenir vos nouveaux objectifs, la vie change en permanence. Vous devez revoir votre vie et, si nécessaire, apporter des changements au Feng shui de votre maison.

Trouvez votre centre d'intérêt

Réfléchissez pour trouver le centre d'intérêt de votre Feng shui.

- Méditez sur qui vous êtes.
- Établissez la liste de vos forces.
- Méditez sur ce que vous voulez être, sur vos objectifs dans la vie et sur ce que vous désirez faire le long du chemin.
- Notez les principaux points qui vous restent à l'esprit.
- Essayez d'accorder vos forces avec ce que vous voulez être et faire, et notez tout aspect personnel à développer en vue d'aider votre voyage à travers la vie.

Ce processus de réflexion vous servira de guide pour le reste de ce livre. Pour que votre tentative de vivre pleinement soit couronnée de succès, vous devez déterminer les zones vous permettant de devenir plus fort. En avançant dans la vie, vous constatez que vos objectifs et les moyens de les réaliser changent – pour les actualiser, pratiquez régulièrement cet exercice de méditation.

Trouvez le chapitre du Répertoire le plus approprié aux problèmes à améliorer. Lorsque vous faites entrer de nouvelles solutions Feng shui dans votre vie, évaluez leurs effets. Si vous avez l'impression de progresser, continuez à utiliser les remèdes Feng shui choisis. Si vos avancées ne sont pas significatives, passez à d'autres remèdes Feng shui.

Pour mettre en pratique vos idées, vous pouvez aussi utiliser une gamme de nouvelles activités – une de chaque chapitre.

- Revoyez la situation après quelques semaines de pratique.
- Si vous faites des progrès, continuez.
- Si vous n'avancez pas, choisissez un autre remède.

DIVINATION ET MÉDITATION

Une méthode alternative pour trouver ce dont vous avez réellement besoin dans la vie exploite votre moi – votre chi le plus profond – pour faire des choix. Vous n'êtes plus distrait par les illusions qui vous entourent, mais disposez de la clarté et de l'ouverture nécessaires pour suivre une nouvelle ligne de réflexion. Par exemple, en dernière analyse ce n'est pas la richesse, l'amour ou la sécurité qui vous rendent heureux, mais une connexion spirituelle, la découverte d'une nouvelle manière de libérer votre créativité.

Vous pouvez utiliser la divination (en sélectionnant une carte) ou la kinésiologie (les mécaniques des muscles humains) pour vous aider. Pour ce faire, demandez à un ami de vous aider.

Utilisez les cartes pour exploiter votre chi interne

1 Prenez un jeu de cartes et sélectionnez-en huit. Écrivez avec un marqueur l'un des mots suivants sur le recto de chaque carte : santé, humeurs, relations, créativité, finances, vie familiale, carrière professionnelle, vie spirituelle. Gardez ces cartes à part du reste du jeu.

2 Placez les huit cartes face vers le bas. Restez paisiblement assis et, en les battant, concentrez-vous sur ce que vous désirez développer en vous. Sélectionnez une carte qui vous attire. Retournez-la et regardez le mot inscrit. Essayez les suggestions Feng shui du chapitre correspondant du Répertoire.

Kinésiologie

1 Allongez-vous sur le dos.

2 Demandez à un ami de placer sur votre corps une à une les huit cartes marquées des mots choisis. Placez-les sur votre front si vous désirez résoudre des questions ayant trait au mental, sur votre poitrine pour des problèmes émotionnels et sur votre abdomen pour des troubles physiques.

3 À chaque fois qu'une carte est placée sur vous, essayez de lever le bras droit du plancher pendant que votre ami maintient fermement votre poignet.

4 Écartez les cartes où le pouvoir de votre bras semble le plus faible. Répétez le processus avec les cartes qui ont suscité davantage de force, jusqu'à trouver celle qui génère la plus grande force dans votre bras.

5 Allez au chapitre correspondant du Répertoire et cherchez des idées applicables à votre maison.

Utilisez un jeu de cartes ordinaire pour créer votre matériel de divination.

L'ÉTHIQUE DU FENG SHUI SACRÉ

À mesure que vous aidez les autres grâce au Feng shui de leur maison, et à mesure que la relation entre vous prend de l'importance, il est préférable de mettre en place une éthique permettant de définir la relation et (si nécessaire) d'imposer des limites. Si cette question est claire, beaucoup de difficultés ultérieures seront évitées et le départ sera positif. Ce sujet est personnalisé en fonction de l'individu qui utilise le Feng shui, mais quelques suggestions sont à prendre en compte.

Confidentialité

Pour trouver la source d'un problème, la personne avec laquelle vous travaillez doit être persuadée de pouvoir vous ouvrir son cœur sans crainte.

Discrétion

Les affirmations exagérées sont inutiles, tout comme les tentatives de convaincre autrui de se servir du Feng shui. Vous serez dans une position plus forte si vous laissez les autres venir à vous et se convaincre tout seuls en face des résultats. Chaque situation est unique, et il est très difficile de savoir à quel degré le Feng shui aura un impact sur la vie d'une autre personne.

Concentrez-vous sur les questions

Rappelez-vous que le Feng shui concerne avant tout la personne, pas le bâtiment. Même si vous trouvez des choses susceptibles d'être tenues pour négatives quant à une maison, alors que son propriétaire n'a aucun problème, inutile de l'inquiéter. Concentrez-vous sur les problèmes qui ont poussé cette personne à vous demander de l'aide.

Respectez le voyage de vie de chacun

Chacun effectue son propre voyage à travers la vie et a le droit de suivre sa voie tel qu'il l'entend. Le Feng shui (et vous, en tant que conseiller) est là pour aider cette personne-là dans l'aventure de sa vie. Essayez de ne pas porter des jugements ou d'imposer à autrui votre perception de la vie.

Soyez clair quant à vos honoraires

S'il y a un quelconque échange d'argent, précisez clairement la valeur de vos services et ce qui est inclus dans vos honoraires, de préférence par écrit. Assurez-vous que la personne est d'accord sur ce que vous lui fournissez en termes de conseil.

Établissez vos limites

Certaines rumeurs suggèrent que le Feng shui a parfois été utilisé contre des personnes ou des entreprises. Vous devez décider quelles sont vos limites et les préciser clairement à la personne concernée.

Soyez professionnel

Il est utile de vous imposer des normes en termes de ponctualité, d'archives, d'apparence, d'éthique professionnelle et de temps de réponse aux messages téléphoniques et aux e-mails.

Quand vous aidez quelqu'un, il est essentiel que la relation soit claire.

LE FENG SHUI ET VOTRE MAISON

APPRENDRE À CONNAÎTRE L'ÉNERGIE DE LA MAISON

Ce chapitre enseigne comment rassembler toutes les données nécessaires pour une vue d'ensemble du Feng shui de votre maison.

1 Établissez le plan au sol de la maison, afin de pouvoir examiner le Feng shui de l'espace.

2 Trouvez le centre du plan au sol pour placer correctement les huit directions.

3 Servez-vous d'une boussole pour orienter les huit directions sur le plan au sol.

4 Interprétez la relation entre les huit directions et votre maison pour déterminer les parties de celle-ci susceptibles de vous être les plus utiles.

5 Regardez la forme du plan au sol et servez-vous-en pour déterminer les types de chi déficient.

6 Découvrez le type de chi qui pénètre dans la maison par sa partie frontale, ainsi que l'atmosphère qu'il suscite.

7 Observez la position des portes et des fenêtres de la maison ou de l'appartement et déterminez le type de chi qu'elles favorisent.

Lors des interprétations des diverses applications du Feng shui dans la vie, ce livre se rapporte aux plans au sol.

La plupart des maisons renferment beaucoup de matières synthétiques. Placez-y autant de plants que possible pour créer un environnement plus équilibré.

BIEN PRATIQUER LE FENG SHUI

Voilà quelques idées permettant de bien pratiquer le Feng shui. Utilisez-les, quelle que soit la situation.

- *Placez un petit bol de sel de mer dans les parties nord-est et sud-ouest de la maison, pour stabiliser davantage la circulation du chi le long de cet axe.*
- *Placez des plantes à l'intérieur de la maison, pour y faire entrer plus de chi vivace.*
- *Utilisez à chaque fois que possible des matières naturelles comme le bois, la terre cuite, le coton, pour permettre la libre circulation du chi.*
- *Nettoyez et rangez votre maison pour que le chi circule sans entrave. Trop de fouillis risque de provoquer une stagnation.*
- *Aérez tous les jours pour rafraîchir le chi et entretenir une connexion plus forte avec la nature environnante.*

TRAVAILLER AVEC LE PLAN AU SOL

Si vous ne disposez pas des plans de niveau de votre maison, dressez-les. Si vous suivez les étapes ci-dessous, La tâche est plus facile que vous pourriez le penser. En principe, placez sur une feuille de papier une série de rectangles (carrés) représentant les pièces. Mesurez chaque pièce pour que les rectangles soient à l'échelle.

PAR ORDINATEUR

Vous pouvez dresser le plan au sol sur Word ou sur PowerPoint. Tracez des carrés et mettez-les aux bonnes dimensions en cliquant sur "Taille" dans la barre de mise en forme. Vous créerez ainsi votre propre gabarit, avec des symboles pour les fenêtres, les portes et les meubles. C'est particulièrement utile si vous désirez appliquer cette méthode à plusieurs maisons, car une fois votre gabarit créé, les plans de niveau suivants seront plus faciles à mettre en place.

Tracer un plan au sol

1 Mesurez la longueur et la largeur de chaque pièce. L'échelle précise étant peu importante, vous pouvez aussi compter le nombre de pas d'un bout à l'autre de la pièce.

2 Choisissez une échelle appropriée. Par exemple, 1 pas = 1 cm ou 1 m = 1 cm.

3 Commencez à partir d'un coin de la maison et tracez sur le papier un rectangle représentant la pièce, en vous servant de l'échelle choisie. Pour la facilité, utilisez des feuilles aux petits carreaux où il suffit de compter les carrés.

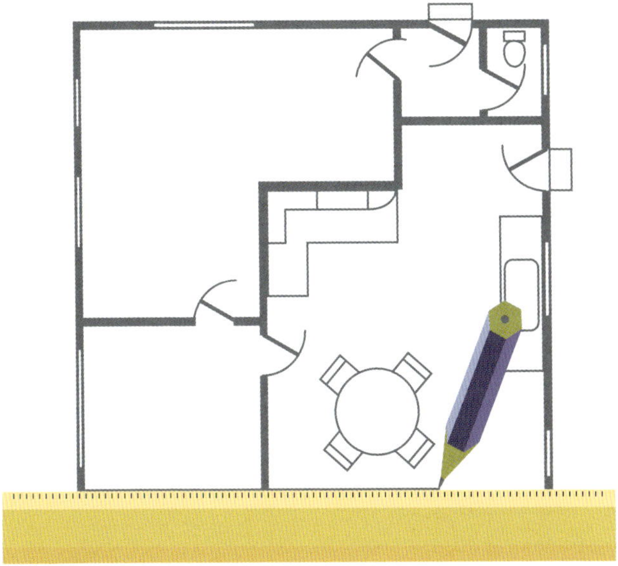

Dessinez au crayon et ayez à portée de main une gomme. Utilisez des crayons de couleur pour plus de clarté.

4 Passez à la pièce suivante et tracez un autre rectangle à côté du premier. Continuez jusqu'à ce que toutes les pièces de la maison soient correctement positionnées. Si votre maison a plusieurs étages, faites de même pour chacun.

5 Marquez tous les éléments qui vous aideront à trouver la disposition intérieure de votre maison : fenêtres, portes, escaliers, toilettes, éviers, baignoires, lave-vaisselle, lave-linge, cuisinière, chauffe-eau, cheminée.

6 Découpez des post-it repositionnables pour figurer vos meubles.

TROUVER LE CENTRE DU PLAN AU SOL

Pour positionner correctement les huit directions, trouvez le centre de votre plan au sol. Le centre permet de déterminer quelle partie de votre maison est à l'est, au sud-est, etc, si bien qu'il est important d'être assez précis. Si la maison a une forme complexe, répétez le processus pour les formes en L (voir ci-contre) en ajoutant un rectangle de plus.

Maisons rectangulaires

1 Si votre maison est rectangulaire (ou similaire à un rectangle), tracez des lignes diagonales entre les coins – le point où elles se croisent est le centre.

2 Ignorez les petites extensions, comme un porche, ou les petits renforcements des murs, et tracez un rectangle correspondant autant que possible au périmètre de votre maison.

3 Si vous vivez en appartement, incluez seulement les zones destinées à votre seul usage – à exclusion de tout couloir ou vestibule partagé avec les voisins.

Si vous ne voulez pas détériorer votre plan au sol, tracez les lignes supplémentaires sur un calque ou sur une photocopie de votre original.

Maisons en forme de L

1 Pour trouver le centre d'une maison en forme de L, divisez-la en deux rectangles.

2 En utilisant un crayon de couleur, tracez des diagonales entre les coins de chaque rectangle pour trouver leur centre. Joignez les deux centres par une autre ligne.

3 Divisez la forme en L en deux rectangles distincts, avec un crayon d'une autre couleur.

4 Tracez des diagonales pour trouver le centre de ces nouveaux rectangles, puis joignez ces deux nouveaux centres par une ligne.

5 Cette nouvelle ligne croisera la ligne précédemment tracée (entre les centres de vos rectangles d'origine) : ce point marque le centre de toute la forme en L.

6 À chaque fois que possible, placez votre forme en L sur votre plan au sol et ignorez toute déviation mineure.

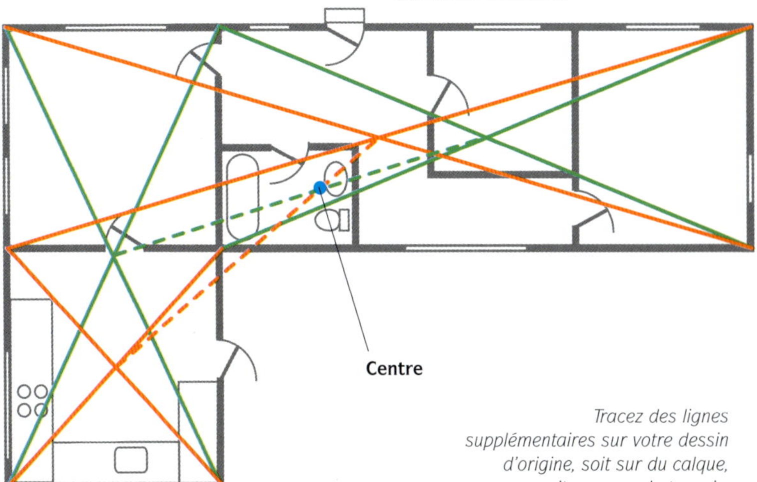

Tracez des lignes supplémentaires sur votre dessin d'origine, soit sur du calque, soit sur une photocopie.

LE TRANSPARENT DES HUIT DIRECTIONS

Votre transparent des huit directions repose sur ce diagramme (voir pages 114 et 115 pour son application sur le plan au sol). Notez que cette école Feng shui divise les huit directions en segments inégaux. Les points cardinaux (est, sud, ouest et nord) couvrent chacun 30 degrés, les directions intermédiaires, 60 degrés. Les directions cardinales représentent les points naturels de changement :

- **Est.** Lever du Soleil et équinoxe de printemps.
- **Sud.** Midi et solstice d'été.
- **Ouest.** Coucher du Soleil et équinoxe d'automne.
- **Nord.** Minuit et solstice d'hiver.

Quel que soit le moment de l'année, le lever et le coucher du Soleil restent dans les segments est et ouest, couvrant 30 degrés.

Correspondant au cycle de la nature, chaque point cardinal se rapporte à un mois. Dans l'hémisphère Nord, l'est = mars, le sud = juin, l'ouest = septembre et le nord = décembre (dans l'hémisphère Sud, le nord est associé au solstice d'été et à juin, le sud au solstice d'hiver et à décembre). Le chi fluctuant des directions intermédiaires est représenté par les 60 degrés. Il correspond à deux mois pour chaque direction.

Copiez ce schéma sur du calque ou photocopiez-le sur une feuille transparente pour pouvoir le superposer à vos plans de niveau.

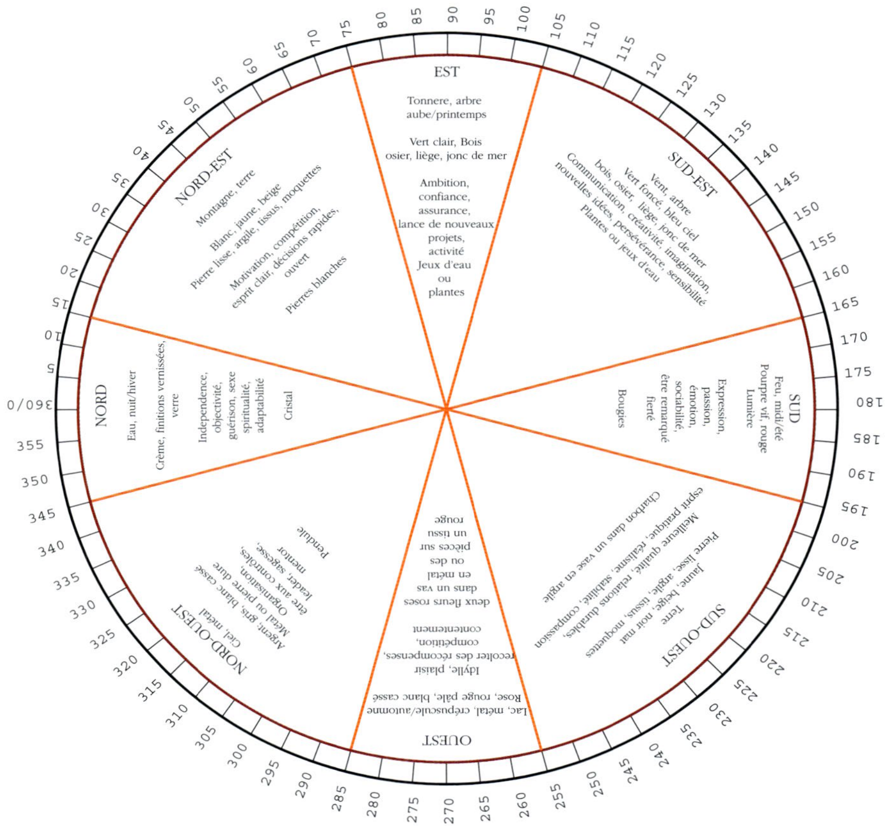
NORD
Eau, nuit/hiver
Crème, finitions vernissées, verre
Independence, objectivité, guérison, sexe spiritualité, adaptabilité
Cristal
NORD-EST
Montagne, terre
Blanc, jaune, beige
Pierre lisse, argile, tissus, moquettes
Motivation, compétition, esprit clair, décisions rapides, ouvert
Pierres blanches
EST
Tonnere, arbre aube/printemps
Vert clair, Bois osier, liège, jonc de mer
Ambition, confiance, assurance, lance de nouveaux projets, activité
Jeux d'eau ou plantes
SUD-EST
Vent, arbre
Vert foncé, bleu ciel
bois, osier, liège, jonc de mer
Communication, créativité, imagination, nouvelles idées, persévérance, sensibilité
Plantes ou jeux d'eau
SUD
Feu, midi/été
Pourpre vif, rouge
Lumière
Expression, passion, émotion, sociabilité, être remarqué fierté
Bougies
SUD-OUEST
Terre
Jaune, beige, noir mat
Pierre lisse, argile, tissus, moquettes
Meilleure qualité, relations durables, esprit pratique, réalisme, stabilité, compassion
Charbon dans un vase en argile
OUEST
Lac, métal, crépuscule/automne
Rose, rouge pâle, blanc cassé
Idylle, plaisir
recolter des récompenses, compétition, contentement
deux fleurs roses dans un vas en métal ou des pièces sur un tissu rouge
NORD-OUEST
Ciel, métal
Argent, gris, blanc cassé
Métal ou pierre dure
Organisation, être aux contrôles, leader, sagesse, mentor
Pendule
360/0
5
10
15
20
25
30
35
40
45
50
55
60
65
70
75
80
85
90
95
100
105
110
115
120
125
130
135
140
145
150
155
160
165
170
175
180
185
190
195
200
205
210
215
220
225
230
235
240
245
250
255
260
265
270
275
280
285
290
295
300
305
310
315
320
325
330
335
340
345
350
355

SUPERPOSER LES HUIT DIRECTIONS

Afin de pouvoir superposer au plan au sol le transparent des huit directions (voir page 113), vérifiez à l'aide d'une boussole l'orientation de votre maison.

Comment appliquer les huit directions à votre maison

1 Tenez-vous debout à l'intérieur de la maison et dirigez la boussole vers le mur frontal. Choisissez la pièce où il y a le moins d'équipement électrique et d'éléments métalliques, car ceux-ci déforment le champ magnétique terrestre et faussent la lecture. Pour vérifier sa précision, tournez autour de la pièce sans secouer la boussole et voyez si l'aiguille oscille. Le cas échéant, le champ magnétique est déformé et vous devez choisir une autre partie de la pièce – ou carrément une autre pièce.

2 En tenant la boussole face au mur frontal de la pièce, tournez le cadran et lisez les données. Notez-les (par exemple, 135°), car vous en aurez besoin.

3 Photocopiez le diagramme des quatre directions (voir page 113) sur un transparent.

4 Découpez en suivant les pointillés. Vous disposez ainsi d'un transparent circulaire des huit directions.

5 Tracez une ligne de couleur sur le plan au sol, du centre de la maison à travers sa partie avant.

6 Placez le transparent des huit directions sur le plan au sol, leurs centres superposés. Si cela facilite la tâche, épinglez le transparent et le plan au sol pour les maintenir en place.

7 Tournez le transparent pour que la lecture de la boussole prise face à l'avant de la maison (par exemple, 135°) soit identique à celle prise au croisement de la ligne allant du centre vers l'avant de la maison.

Maintenant, les huit directions correctement alignées, vous pouvez déterminer où chacune se trouve dans la maison. Le transparent précise la direction, le symbole décrivant le trigramme, l'élément, ainsi que des suggestions pour les couleurs et les matières à utiliser pour les planchers, les meubles et les surfaces dans la partie respective de la maison. Il signale aussi les qualités associées à cette partie-là de la maison, avec des suggestions pour stimuler son énergie.

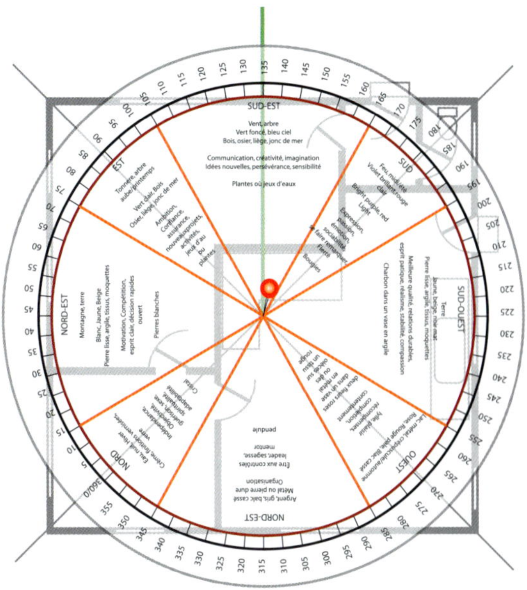

En utilisant le transparent Feng shui et une boussole, vous pouvez lire tout plan au sol.

TROUVER LES HUIT DIRECTIONS

Le transparent correctement placé sur le plan au sol, déterminez les différents types de chi qui s'y trouvent. Avec le temps, à mesure que le mouvement quotidien du Soleil exerce son influence sur la maison, le chi finit par suivre un modèle précis. L'influence du champ magnétique terrestre s'y ajoute, tout comme celle de votre propre chi et celle du chi des planètes du système solaire. Le transparent que vous utilisez reflète la circulation du chi et aide à interpréter son influence lorsque vous êtes dans la maison.

Comment interagissez-vous avec votre maison ?

1 Réfléchissez aux qualités des différents types de chi qui vous intéressent. Étudiez chaque type de chi présent sur le transparent et localisez la direction qui vous sera la plus utile. Par exemple, la qualité d'organisation est associée au chi du nord-ouest.

2 Examinez cette direction sur le transparent superposé au plan au sol pour voir quelle partie de votre maison est concernée. Regardez la pièce respective, les objets qui s'y trouvent, la manière dont l'espace est utilisé.

3 Plus vous passez de temps dans cette zone de la maison, plus vous absorberez facilement son chi. Décidez où vous asseoir pour faire face à une direction utile tout en étant protégé par les cinq animaux (voir page 34).

4 S'il n'est pas possible de passer davantage de temps dans cette zone, réfléchissez à la manière de diffuser un plus grand volume de ce chi particulier dans l'ensemble de la maison, afin qu'il puisse être absorbé depuis d'autres pièces. Examinez le segment approprié du transparent pour trouver des idées

sur le moyen d'accroître le chi. Par exemple, utilisez au nord-ouest la couleur blanc cassé, placez-y des objets métalliques et accrochez-y un pendule.

5 En vous basant sur la théorie des cinq éléments (voir page 30), faites appel aux éléments du cycle nourrissant pour fortifier un type particulier de chi. Par exemple, le nord-ouest est associé au chi métal, nourri par le chi terre. Le chi terre est associé au sud-ouest, au centre et au nord-est, si bien que toute couleur, matière ou objet se trouvant dans ces directions sur le transparent seront efficaces.

Légende

- **Paire de bougies**
- **Plante luxuriante à feuilles arrondies ou fleurs fraîches**
- **Fleurs jaunes ou plante à fleurs jaunes dans un pot en argile**
- **Sel de mer**
- **Applique murale**
- **Carillon éolien métallique**
- **Horloge mécanique ronde**
- **Fleurs rouges ou roses dans un vase en argent et quelques pièces de monnaie sur un tissu rouge**
- **Charbon à dessiner – pot en argile**
- **Eau fraîche**
- **Miroir**

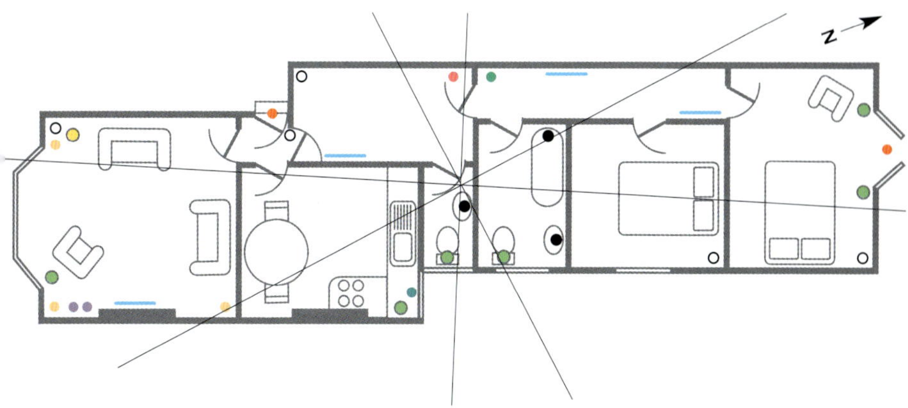

VÉRIFIEZ L'EMPREINTE

La forme du plan au sol – son empreinte – vous montrera lequel des huit types de chi occupe la plus considérable partie de votre maison et a potentiellement la plus grande influence sur votre propre chi. Le volume et le type du chi entrant à travers les portes et les fenêtres sont aussi à prendre en compte.

Si votre maison est ronde, les énergies chi sont distribuées également. Rappelez-vous que pour cette école, les points cardinaux (nord, est, sud et ouest) occupent chacun 30 degrés, alors que les directions intermédiaires couvrent des segments de 60 degrés, il est donc normal que le sud-est occupe une zone deux fois plus grande que l'est. Une maison carrée profite elle aussi d'une distribution assez régulière du chi. Les maisons longues et étroites, en forme de L, de forme complexe, font que certaines directions de chi couvrent de larges zones, alors que nombre de types de chi sont totalement absents du plan au sol.

Déterminer l'empreinte d'une maison

1 Placez le transparent des huit directions sur le centre de votre plan au sol et tournez-le pour qu'il soit correctement aligné avec le nord.

2 Étudiez les différentes directions et vérifiez si elles couvrent le plan au sol de manière équilibrée. Pour effectuer une comparaison, imaginez un cercle d'une taille similaire à l'empreinte.

3 Si toutes les directions sont similaires, le chi de votre maison est très régulier, ce qui facilite une vie bien équilibrée.

4 Si l'une des énergies est déficiente, étudiez le transparent (ou la description détaillée des huit directions en page 36) pour voir si cette absence de chi affecte votre vie. Par exemple, si l'est ne figure pas sur le plan au sol, vous risquez de manquer de confiance, de

respect de soi, d'ambition, ainsi qu'avoir du mal à débuter de nouveaux projets.

5 Si nécessaire, stimulez le chi avec des remèdes convenant à la direction concernée du transparent. Si le chi est totalement absent, vous devez parfois placer les remèdes à l'extérieur de la maison.

6 S'il n'y a pas de corrélation entre le chi déficient et votre vie réelle, vous constaterez de temps à autre que cette déficience a été compensée par d'autres moyens. Dans ce cas, nul besoin de recourir à des remèdes.

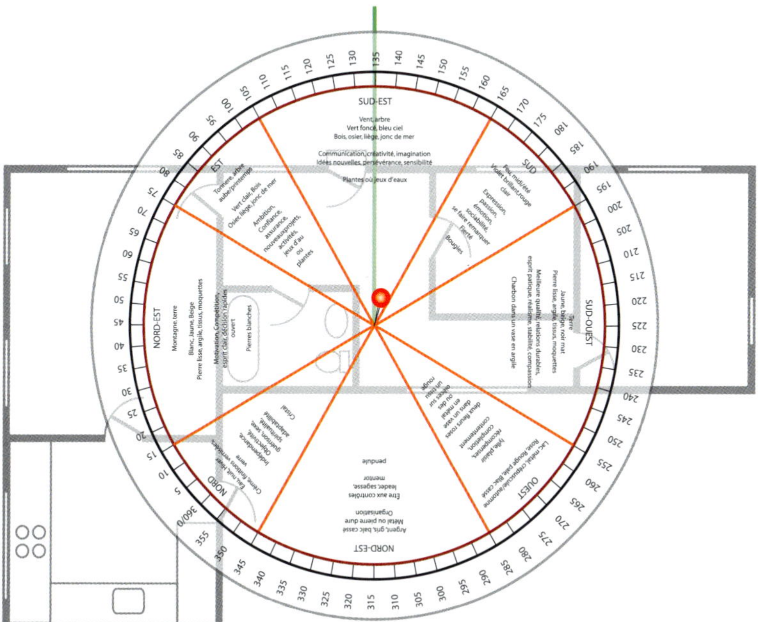

Le transparent montre que le chi de l'ouest, du nord-ouest et du nord est déficient dans cette maison.

DÉTERMINEZ LA DIRECTION À LAQUELLE FAIT FACE LA MAISON

La direction vers laquelle est orientée la maison implique que celle-ci absorbe davantage du type de chi respectif. Cette direction est habituellement celle comportant la porte d'entrée. Ce fait apparaît nettement dans une maison faisant face à une route, possédant une allée conduisant dans la propriété ou dont la porte d'entrée et le garage font face à une route.

C'est moins évident pour un appartement, car l'entrée dans celui-ci se fait souvent en passant par un vestibule, un couloir ou un escalier intérieur. En outre, il se peut qu'aucune partie de l'appartement ne fasse face à la route principale. Dans ce cas, le côté de l'appartement comportant le plus de fenêtres doit être tenu pour sa partie avant. Si plusieurs choix ayant un nombre identique de fenêtres se présentent, le côté situé sur la même direction que l'entrée de l'immeuble (ou le côté de l'immeuble faisant face à la route) doit être considéré comme la direction d'orientation.

La théorie prône que le mouvement de la route stimule le chi qui est dirigé vers votre maison au fur et à mesure de l'approche des gens ou des véhicules. Autrement dit, un volume de chi plus considérable par rapport aux autres directions entre dans la partie avant de la maison. Plus de gens (y compris le facteur, les livreurs, les amis, les membres de la famille, vous-même) traversent la porte d'entrée, plus le courant de chi est important.

Comment déterminer le type de chi prévalent

1 Placez le transparent sur le centre de votre plan au sol et tournez-le pour qu'il soit correctement aligné avec le nord.

2 Examinez l'avant de votre maison pour déterminer son orientation. Ce sera la direction qui est traversée par la ligne que vous tracez (depuis le centre de votre maison vers sa partie avant).

3 Lisez les qualités de ce chi particulier entrant dans la maison (et regardez sa description en page 36). Ces qualités incarnent les forces dont vous ferez l'expérience en vivant là.

La porte d'entrée, les fenêtres et le garage font face à la route – il est plus facile de voir que la partie avant de la maison est là.

ÉVALUER LE CHI ARRIVANT PAR LES FENÊTRES ET LES PORTES

La plupart du chi environnemental entre dans la maison par les portes et les fenêtres, bien qu'il puisse monter aussi à travers le sol et le plancher ou descendre à travers le toit. Les spots accroissent considérablement ce courant en générant une plus grande exposition au chi du cosmos, mentalement et spirituellement stimulant. À son tour, ce processus accroît le courant vertical de chi, favorisant le sentiment d'indépendance intellectuelle.

Les fenêtres claires laissent entrer plus de lumière et de chi, alors que le verre dépoli crée un effet plus doux, plus yin.

L'orientation de vos portes et fenêtres par rapport au centre définit le type de chi entrant le plus facilement dans la maison. Plus la porte ou la fenêtre est large, plus le volume de chi la traverserant sera grand. Plus de gens utilisent la porte principale, plus de chi sera incité à y entrer et sortir. Les fenêtres sans rideaux favorisent le courant de chi le plus important. Les rideaux épais (même s'ils ne sont pas tirés) ralentissent le chi.

Comment calculer l'effet de portes et des fenêtres

1 Placez le transparent sur le centre du plan au sol et alignez-le correctement avec le nord.

2 Notez les positions des portes et des fenêtres, en fonction du segment du transparent où elles se trouvent.

3 Regardez sur le transparent le type de chi entrant par une porte ou une fenêtre située à un emplacement donné (allez à la page 36 pour une description plus détaillée).

4 S'il y a plusieurs entrées, décidez laquelle fait venir davantage du chi qui vous sera le plus utile dans la vie et empruntez-la.

5 Accrochez un carillon éolien pour qu'il sonne à chaque fois que la porte s'ouvre, afin d'encourager la pénétration et la dispersion du chi bénéfique dans la maison.

6 Regardez si l'une de vos fenêtres fait face à une direction qui fera venir plus du chi bénéfique dont vous pensez avoir davantage besoin. Assurez-vous que les rideaux de cette fenêtre sont tirés autant que possible et qu'elle est ouverte quotidiennement.

Les grandes portes-fenêtres laissent entrer le chi plus facilement lorsqu'elles sont closes.

LE FENG SHUI ET VOTRE SANTÉ

UNE MAISON SAINE

Dans l'idéal, votre chi circule sans problèmes autour de votre corps. D'un point de vue énergétique, la plupart des problèmes de santé sont provoqués par des perturbations de la circulation normale du chi – dans certaines zones, le chi de votre corps est stagnant, condensé, trop accéléré ou déficient. L'inverse est aussi valable : toute affection physique perturbe le courant de chi.

Pour favoriser la circulation saine de l'énergie, mieux vaut vous immerger dans un chi se déplaçant librement, gentiment et harmonieusement. Ce processus ralentira tout chi accéléré et revigorera tout chi stagnant dans votre corps. Vous trouverez dans ce chapitre des idées sur la façon d'arriver à ce résultat.

Les principales zones à prendre en compte sont la cuisine et l'office (qui influencent le chi absorbé), tout endroit où il y a de l'eau (susceptible d'interagir avec le chi ambiant d'une façon néfaste pour le chi eau de votre corps), la chambre à coucher (où vous passez le plus de temps et vous vous régénérez).

Si vous savez exactement de quel type de chi, vous avez

Cette grande pièce ouverte, bien rangée, permet au chi de circuler sans entraves.

GARDER VOTRE MAISON SAINE

En général, vous entretiendrez plus facilement la santé dans une maison qui :

- *Est exposée à la lumière naturelle, y compris à un peu d'ensoleillement*
- *Est construite en matières naturelles*
- *Comporte une diversité de plantes*
- *Est décorée de meubles et de tissus à base de matières naturelles*
- *Est aérée tous les jours*
- *Est située dans une zone où l'air est pur et non pollué*
- *Est entourée de végétation et d'arbres.*

Vous aurez plus de mal à maintenir la santé dans une maison qui :

- *Est proche d'une ligne à haute tension*
- *Est proche d'un chemin de fer électrifié*
- *Est bâtie sur un terrain où ont été stockés des déchets toxiques*
- *Vous expose à de forts champs électromagnétiques internes*
- *Utilise un éclairage fluorescent*
- *Renferme des moquettes, des tissus ou de la literie synthétiques*
- *Est humide, froide ou renferme des moisissures*
- *Est sombre (un sous-sol ou une maison orientée au nord)*
- *Est proche d'une route très circulée*
- *Est sale ou poussiéreuse.*

besoin pour améliorer votre santé, vous pouvez le récréer dans une partie de votre maison où vous passez beaucoup de temps. Par exemple, si vous avez besoin de plus de chi ascendant, asseyez-vous dans la partie est de votre maison, face vers cette direction. L'effet sera encore plus intense si vous vous entourez de plantes élancées, qui accroissent la direction montante du courant de chi.

CUISINE ET GARDE-MANGER

AVANTAGE Ajoute du chi sain aux aliments que vous gardez, préparez et mangez.

La cuisine est la pièce où vous gardez, préparez et cuisinez votre nourriture, le garde-manger, celle où les provisions sont rangées. Au cours de la période passée dans ces lieux, les aliments absorberont un peu de leur chi. Il est essentiel que votre cuisine renferme un chi sain, car en dernière analyse vous en consommez une partie. À long terme, ce processus peut avoir une influence subtile sur votre santé, puisque ses effets sont cumulatifs. La génération d'un chi sain exige :

À faire

• Assurez-vous que la cuisine est facile à nettoyer, qu'elle n'est pas humide et qu'il n'y a pas de stagnation en ces lieux.

• Assurez-vous que la cuisine profite de beaucoup de lumière naturelle et d'air.

• Si possible, la cuisine doit être placée dans l'est ou le sud-est de la maison pour être exposée au soleil levant. La cuisinière et l'évier seront ainsi en harmonie avec le chi bois ambiant de ces directions. L'eau de l'évier, du lave-linge ou du lave-vaisselle est associée au chi eau, la cuisinière au chi feu, générant ainsi le cycle nourrissant eau-bois-feu.

• Préférez les surfaces en bois ou en pierre pour entretenir la circulation du chi. Le bois est plus tendre, donc plus yin et relaxant, la pierre crée une atmosphère parfaite, davantage yang.

• Évitez les tissus, les meubles moelleux et les moquettes qui absorbent l'humidité et les odeurs, accroissant par là le risque de stagnation. Ces matières rendent plus difficile l'entretien de la cuisine. Les matières synthétiques risquent de bloquer la circulation du chi – évitez-les.

• Utilisez une cuisinière à gaz pour que les aliments soient cuits sur une flamme

Les plantes absorbent l'eau de l'atmosphère, ce qui les rend idéales pour tout endroit trop humide.

naturelle. Les cuisinières électriques plongent les aliments dans un champ électromagnétique, perturbant leur chi naturel. Les fours à micro-ondes soumettent les aliments à un intense rayonnement électrique, modifiant le chi des ingrédients.

• Utilisez un éclairage à incandescence au lieu d'un éclairage fluorescent pour diminuer votre exposition à la radiation électromagnétique. Une diversité de spots, d'appliques et d'éclairages diffus contrôlés par des variateurs de lumière permettent de créer des humeurs différentes.

• Placez beaucoup de plantes à larges feuilles dans la cuisine, pour lui conférer plus d'énergie vivace.

• Installez suffisamment de placards pour contenir tout votre équipement et vos aliments, afin que les surfaces de travail soient nettes et bien rangées.

ALIMENTS ET TISANES

AVANTAGE Une absorption accrue du chi.

Outre suivre un régime alimentaire complet et bien équilibré en termes de substances nutritives, il est très profitable de penser en termes de chi des aliments. Tout ce que vous mangez possède son propre champ énergétique chi qui, une fois absorbé, exercera une influence subtile sur votre propre chi. Si vous mangez le même type d'aliments pendant une longue période, ceux-ci commenceront à avoir un effet prononcé sur vous.

La concentration sur les aliments complets fait entrer plus de chi naturel dans votre corps.

À faire

En règle générale, il est utile d'essayer de consommer des aliments qui sont encore "vivants" au moment où vous les cuisinez : aliments complets, haricots secs, légumes, fruits, noix et graines.

• **Légumes et fruits.** Pour comprendre le chi des aliments, examinez leur mode de croissance. Par exemple, les racines comestibles (comme les carottes) poussent en s'enfonçant dans le sol, alors que les légumes qui poussent le long du sol (comme la citrouille) ont une énergie plus détendue. Si vous suivez cette ligne de pensée et voulez manger des carottes pour leur force et leur capacité à dépasser les obstacles, choisissez celles tordues, qui ont poussé en évitant les pierres, plutôt que celles droites, qui ont poussé dans un sol meuble.

• **Viande et poisson.** Pensez pareillement aux caractéristiques des animaux dont vous consommez la viande. Lorsque vous mangez la chair d'un oiseau agité (comme le poulet), vous absorbez ce type de chi. Un poisson tel que le saumon sauvage vous offrira le chi permettant de nager contre le courant et de dépasser les obstacles, le calamar vous aidera à vous relaxer et à aller avec le courant.

La tisane change rapidement votre chi, mélangeant son chi eau au chi eau de votre corps.

• **Cuisiner.** Pensez à la manière dont les aliments sont préparés. La friture sur une grande flamme apporte beaucoup d'énergie chi ardente à vos ingrédients. Cette énergie pénétrera dans votre champ énergétique, vous rendant plus ouvert et expressif. Inversement, un plat cuisant lentement vous apportera plus d'énergie à combustion lente.

• **Tisanes.** Les tisanes ont été utilisées depuis la nuit des temps pour d'innombrables affections, des troubles digestifs aux maux de tête. Les liquides chauds sont absorbés rapidement dans le courant sanguin et tendent à apaiser le système digestif. Comme l'eau est le principal ingrédient de toute tisane (et, comme mentionné précédemment, les hommes sont constitués principalement d'eau), le chi eau de celle-ci interagit très facilement avec le chi de l'eau de votre corps, influençant votre santé et vos émotions.

L'EAU DANS VOTRE MAISON

AVANTAGE Garde votre chi pur et net.

Si elle est propre, fraîche et pure, l'eau de votre maison améliorera le chi de l'eau de votre corps. Si l'eau proche de vous est stagnante, polluée ou sale, elle interagit avec le chi de l'eau de votre corps d'une manière qui risque de nuire à la santé. La présence des fenêtres est conseillée dans tout endroit où il y a de l'eau.

HARMONISER LE CHI

Dans l'idéal, l'eau est placée dans les parties est ou sud-est de votre maison, où le chi eau soutient le chi bois de l'est et du sud-est. Si ce n'est pas possible, harmonisez le chi en introduisant l'élément manquant. Pour l'eau :

- *au sud, essayez les plantes*
- *au sud-ouest, des plantes dans des pots en métal*
- *à l'ouest, des plantes dans des pots en argile ou en métal*
- *au nord, toute plante capable de pousser là.*

À faire

- Évitez de laisser stagner de l'eau sale dans l'évier, car son chi sale influencera les gens à proximité, ainsi que les aliments gardés dans le voisinage.
- Vérifiez toute présence éventuelle de fuites, qui peuvent passer inaperçues sous les baignoires ou les éviers, derrière le lave-vaisselle et le lave-linge. À long terme, l'humidité risque d'imprégner les endroits où l'eau stagne et d'émettre un chi eau stagnant.
- Vérifiez l'état des robinets. L'eau peut aussi y stagner, générant un état froid et humide.

• Nettoyez et séchez toute zone où les moisissures sont apparues : douches, baignoires, rideaux de douche, base des fenêtres où s'accumule l'eau de condensation. La moisissure est extrêmement stagnante en termes de chi. Si vous êtes en mauvaise santé, ce chi peut s'avérer nuisible.

• Aérez régulièrement la cuisine et les salles de bains pour les garder sèches.

• Rangez la cuisine aussi bien que possible, car la vapeur de la cuisson se condense sur les objets, rendant l'espace plus humide.

Séchez les surfaces et l'évier après avoir fait la vaisselle pour éviter que le chi eau stagne dans cette zone.

SALLES DE BAINS

AVANTAGE Élimine le chi usé.

En termes de santé Feng shui, votre salle de bains a l'une des plus grandes influences sur l'énergie chi de votre maison. C'est l'endroit où vous vous lavez et vous vous débarrassez de vos déchets, y compris du chi indésirable. Ce processus favorise l'affranchissement par rapport aux émotions et aux idées obsolètes. Après une douche ou un gommage, vous constaterez que vous êtes émotionnellement plus frais.

Votre énergie chi usée peut rester bloquée dans la salle de bains, puis filtrer dans le reste de votre maison, générant l'impression d'être empêtré dans d'anciennes émotions et d'être davantage enclin à la dépression.

À faire

• Évitez les tissus qui tendent à absorber l'humidité et accroître le risque de stagnation. Le plancher en bois ou le carrelage sont préférables à la moquette. De même, les jalousies en bois sont un meilleur choix que les rideaux. Mettez à sécher au grand air tous les jours les serviettes et les tapis de bain.

Les plantes absorbent une partie de l'humidité de votre salle de bains, conférant à la pièce une atmosphère plus saine.

• À chaque fois que vous tirez la chasse, un volume relativement considérable d'eau quitte votre maison, accompagné par le chi. Le chi de la maison est fluctuant. Pour diminuer cet effet, gardez le couvercle des toilettes rabaissé lorsque vous tirez la chasse d'eau.

• Placez beaucoup de plantes dans votre salle de bains pour stabiliser le chi. Si vous avez une fenêtre, ouvrez-la tous les jours pour aérer la salle de bains.

Il est important d'éviter le chi eau stagnant dans les salles de bains.

DANS LA SALLE DE BAINS :

- *Évitez de positionner les toilettes près de la porte, car dans ce cas l'effet déferlant influencera l'ensemble de votre maison.*
- *Évitez les surfaces ralentissant la circulation de l'énergie chi, comme moquettes, rideaux, tapis épais, car ceux-ci accroissent le risque de stagnation et d'humidité.*
- *Évitez de couvrir les fenêtres d'une manière qui réduit l'exposition de la salle de bains au soleil. Les jalousies à lamelles permettent un éclairage naturel de la salle de bains, tout en préservant son intimité.*
- *Évitez l'excès de meubles dans la salle de bains, qui créé une atmosphère plus moite et stagnante.*
- *Évitez une salle de bains sans porte.*

PLANTES

AVANTAGE Maintient la santé.

Le chi vivant émis par les plantes a une influence positive sur votre chi et vous permet d'entretenir plus facilement la santé. Il vous suffit de disposer dans la maison une diversité de plantes ou de passer plus de temps près des plantes qui déplacent votre chi d'une manière favorisant le sentiment de bien-être.

Les plantes aux feuilles plus rigides, fortes et pointues (comme le yucca) émettent un chi yang plus dynamique. Les plantes aux feuilles plus douces, plus retombantes et plus arrondies, génèrent un chi yin plus relaxant.

À faire

- Une plante luxuriante placée devant un angle saillant ralentit le chi partant de ce point. Dans l'idéal, la plante doit dissimuler à la vue ce coin.
- Plusieurs portes situées sur une ligne droite, un long corridor, les portes ou les fenêtres à l'opposé l'une de l'autre,

LE CHI DES 5 ÉLÉMENTS

En général, les plantes sont tenues pour ajouter du chi bois à un espace. Toutefois, certaines plantes ont plus d'un type de chi des cinq éléments.

- ***Bois.*** *Les plantes élancées dont les feuilles pointent vers le haut font monter le chi sur votre corps.*
- ***Feu.*** *Les plantes aux feuilles pointues s'espaçant en éventail font venir votre chi à la surface.*
- ***Terre.*** *Les plantes basses dont les feuilles se tendent vers l'extérieur stabilisent votre chi.*
- ***Métal.*** *Les plantes aux feuilles arrondies aident à contenir votre chi.*
- ***Eau.*** *Les plantes rampantes et grimpantes favorisent une circulation plus aisée de votre chi.*

Les cactées sont associées au chi feu et induisent un mouvement plus actif de l'énergie.

incitent le chi à accélérer. Pour le ralentir, mettez des plantes luxuriantes près des fenêtres ou des portes et des plantes en décalé le long d'un couloir.

• Les escaliers descendant vers la porte d'entrée incitent le chi à circuler plus vite. Une partie de ce chi se sauvera par la porte, provoquant une déficience énergétique dans la maison. Pour le ralentir, placez une plante luxuriante entre le pied des escaliers et la porte d'entrée.

• Les poutres soutenant un grand poids génèrent un fort courant descendant de chi, qui peut s'avérer oppressif. Pour compenser, placez sous les poutres des plantes dotées d'un intense chi ascendant.

• Le chi stagne d'habitude dans les coins. Les plantes yang feu, aux feuilles fortes et pointues, aident à accélérer le mouvement du chi en ces lieux.

DIRECTIONS DU SOMMEIL

AVANTAGE Absorbe du chi curatif.

Quand vous dormez, vous êtes particulièrement réceptif au chi qui vous entoure. Dans cet état passif, outre vous rétablir et vous régénérer, vous absorbez un volume plus important du chi environnant. La plupart de ce chi pénètre dans votre corps à travers le chakra couronne – situé au niveau de la spirale de cheveux du sommet de la tête, très visible chez toute personne aux cheveux courts.

La direction vers laquelle votre chakra couronne est dirigé quand vous êtes allongé détermine lequel des huit types de chi vous absorberez davantage.

Si vous souffrez des troubles du sommeil, il convient d'orienter le lit de sorte que le sommet de votre tête pointe vers le nord. Le chi nordique se rapporte à l'hiver et à minuit, ce qui le rend parfait si vous devez vous apaiser globalement. Ce chi eau est utile pour guérir vos problèmes de santé et récupérer. Cette direction est d'ordinaire trop paisible pour tous ceux désirant être actifs pendant le jour – utilisez-la uniquement en cas de besoin.

À faire

• Utilisez des matières douces, moquettes, tapis, plancher en bois tendre. Préférez les rideaux aux jalousies.

• Vérifiez si des angles aigus sont dirigés vers votre lit. Dans ce cas, placez une plante luxuriante devant le coin ou couvrez le bord saillant d'un tissu doux.

• Le soir, tirez les rideaux de toutes les portes et fenêtres pour enfermer le chi et diminuer le risque d'une circulation trop rapide.

• Enlevez tout miroir ou objet luisant, qui incitera le chi à s'agiter dans la chambre et à gêner votre sommeil. Assurez-vous que les miroirs ne sont pas

Dormir près d'un coin et sous une poutre nuit au repos. Les tissus et les plantes ralentissent le chi.

orientés vers le lit et couvrez-les d'un tissu pour la nuit.

- Essayez de disposer votre lit pour bien voir la porte et la fenêtre quand vous êtes allongé – ainsi, le chi du phénix est devant vous.
- Si vous ne pouvez pas diriger la tête vers le nord, essayez l'ouest ou le nord-ouest, tous deux utiles pour contenir le chi.

LITS ET LITERIE

AVANTAGE Meilleur sommeil et meilleure santé.

Les lits et la literie influencent considérablement le sommeil, car ils sont compris dans votre champ énergétique. La qualité du sommeil affecte à long terme la santé. Il est important de bénéficier d'au minimum six heures de sommeil profond chaque nuit, de sorte que votre corps puisse se reposer, se guérir et se régénérer correctement.

À faire

Bois de lit

• Le bois est le matériel idéal pour un cadre de lit, car il ne déforme pas le champ magnétique local. Le bois est aussi plus tendre que le métal et faites entrer dans votre champ énergétique un plus de chi yin, apaisant,

• Un lit à baldaquin aide à contenir l'énergie qui vous

Accrocher des tissus au mur derrière votre lit ralentit le chi autour de votre tête, permettant de mieux dormir.

entoure et est particulièrement utile si vous dormez dans une grande chambre, au plafond haut, où le chi peut circuler rapidement.

- La hauteur de votre lit doit être proportionnelle à la hauteur de votre plafond. Dans une chambre au plafond bas, utilisez un lit bas, tel un futon posé sur une base. Essayez d'avoir au moins 1,8 m entre le sommet du lit et le plafond pour laisser assez de place au chi en mouvement. Plus le lit est haut, plus vous serez stimulé intellectuellement. Plus le lit est bas, plus vous aurez d'esprit pratique.

Matelas

- Choisissez un matelas en matières naturelles. Le coton, la laine, la paille et le crin sont préférables à la mousse et aux autres matières artificielles. Les matières synthétiques véhiculent une charge statique qui, étant comprise dans votre champ énergétique, finira par vous déstabiliser.
- Les futons en coton sont idéaux, car ils favorisent la circulation harmonieuse du chi. Utilisez une base en bois pour surélever le futon et l'aérer correctement, ou placez celui-ci sur un cadre à lattes en bois. Sa fermeté vous profitera si vous souffrez du dos.
- Évitez les matelas à alvéoles contenant les ressorts métalliques qui déforment le champ magnétique local.

Literie

- Préférez les draps en coton ou en lin, favorisant une bonne circulation du chi. Ces matières respirent, ce qui est important, car la peau des êtres humains sécrète jusqu'à 1 litre de fluide la nuit pendant le sommeil.
- Évitez les tissus synthétiques.
- Évitez les couvertures électriques qui accroissent l'exposition au champ électromagnétique. Même quand elle ne fonctionne pas, cette couverture perturbe le champ magnétique naturel.

CHAMPS ÉLECTROMAGNÉTIQUES

AVANTAGE Bien-être physique et émotionnel.

Les champs électromagnétiques entourent tout ce qui utilise de l'électricité ou la transporte. L'exposition à ces champs perturbe votre chi, compromettant potentiellement votre bien-être physique et émotionnel.

Plus vous utilisez d'électricité, plus vous êtes à proximité d'appareils électriques – ordinateur, télévision, four à micro-ondes, cuisinière électrique, sèche-cheveux, chauffage électrique, couverture électrique, photocopieur, fax –, plus l'effet est considérable. Voici quelques moyens de diminuer votre exposition.

PLANTES

Les études montrent que les plantes aident à diminuer les effets nuisibles des champs électromagnétiques. L'Institut de recherche en géobiologie de Chadonne (Suisse) a effectué une étude de deux ans sur l'effet des plantes placées près des ordinateurs dans des bureaux de Wall Street, à New York. Le Cereus peruvianus *(type de cactus haut de 40 cm) s'est avéré le plus efficace, diminuant la fréquence des maux de tête et de la fatigue. D'autres études montrent que le* spathiphyllum *et le* chlorophytum *ont des propriétés similaires.*

À faire

• Éloignez-vous autant que possible de la source d'électromagnétisme. Par exemple, si vous vous tenez à 1 m d'un ordinateur au lieu de 0,5 m, le bénéfice est pratiquement double.

• Utilisez l'équipement électrique quand il est réellement nécessaire et évitez de le laisser allumé. Débranchez les appareils qui ne sont pas utilisés, pour que l'électricité ne traverse plus le transformateur, souvent source du plus intense champ électromagnétique.

• Si possible, placez le transformateur loin de vous : certains appareils (comme un ordinateur portable) sont munis d'un transformateur avec un long câble de branchement.

• Aménagez votre lieu de travail de sorte que l'équipement émettant un champ électromagnétique soit aussi loin que possible de vous.

• Vous courez le plus grand risque lorsque vous dormez. Arrangez votre chambre pour minimiser l'exposition aux champs électromagnétiques. Le radio-réveil, la télévision et la radio doivent être aussi éloignés que possible de votre lit.

• Les portables et les téléphones sans fil sont à tenir à distance, puisque leur utilisation a été associée aux tumeurs cérébrales, aux pertes de mémoires, à la dépression et au manque de concentration. À la maison, utilisez une ligne fixe.

Une plante placée près de l'ordinateur diminue légèrement l'exposition aux champs électromagnétiques.

POLLUTION

AVANTAGE Santé améliorée.

Les émanations toxiques sont un autre risque de la maison moderne. Certaines matières synthétiques émettent des vapeurs toxiques jusqu'à dix ans après leur fabrication, comme les meubles ou les placards intégrés faits en aggloméré ou en tout autre type de fibres de bois collées, les plastiques, les peintures. Les isolations modernes permettent à ces émanations de s'accumuler dans votre maison et de s'y concentrer.

De plus, vivre près d'une route très fréquentée, dans une ville au trafic important ou dans une zone industrielle, accroît l'exposition aux polluants aériens, vous rendant plus fragile face aux affections respiratoires.

Cette pièce renferme de nombreuses matières naturelles qui améliorent la qualité de l'air.

À faire

- Choisissez des objets en matières naturelles, bois, métal, coton pur, cuir, porcelaine ou verre.
- Ouvrez tous les jours les fenêtres et aérez soigneusement la maison et l'espace de travail.
- Utilisez des peintures et des vernis bio pour redécorer.
- Essayez de cirer le bois avec des cires naturelles.
- Mettez autant de plantes que possible dans la maison pour purifier l'air.

DIMINUER LE BRUIT ET LA POLLUTION DE L'AIR

Les hommes de science de la NASA ont découvert que les plantes sont l'un des meilleurs moyens de purifier l'air. Placez une diversité de plantes dans votre maison pour améliorer la qualité de l'air. Les dix plantes les plus efficaces (par ordre alphabétique des noms courants) sont :

- *Palmier-roseau* (Chamaedorea seifrizii)
- *Aglaonema* (Aglaonema modestum)
- *Lierre commun* (Hedera helix)
- *Gerbera* (Gerbera jamesonii)
- *Dracaena Janet Craig* (Dracaena glauca *"Janet Craig"*)
- *Dracaena arc-en-ciel* (Dracaena marginata)
- *Dracaena* (Dracaena massangeana)
- *Langue de belle-mère* (Sansevieria trifasciata "Laurentii")
- *Chrysanthème* (Chrysanthemum morifolium)
- *Spathiphyllum* (Spathiphyllum *"Mauna Loa"*)

Les plantes luxuriantes sont également très utiles pour diminuer le bruit. Les feuilles absorbent les ondes sonores de l'air, rendant la pièce plus calme et plus relaxante.

*Langue de belle-mère (*Sansevieria trifasciata *"Laurentii").*

LE FENG SHUI ET VOS HUMEURS

L'INFLUENCE DU FENG SHUI CHANGE VOS HUMEURS

Vos humeurs essuient l'effet le plus immédiat du Feng shui. Votre chi externe agit comme une antenne, permettant d'absorber un chi frais qui influence grandement la façon dont vous pensez et ressentez. Voici quelques idées sur la façon de créer des humeurs différentes dans une pièce, expliquées en détail dans les pages suivantes.

- Les couleurs d'un espace exercent l'une des plus grandes influences. Passer d'une pièce haute en couleur à une autre, terne, modifie le chi au fur et à mesure que les fréquences lumineuses différentes traversent votre chi superficiel.
- Les images et le symbolisme d'un espace peuvent inciter à se sentir immédiatement différent, car les nouvelles idées ou les souvenirs ainsi évoqués changent le chi.
- L'éclairage permet de modifier rapidement l'atmosphère d'une pièce. Appuyez sur un commutateur et une lumière vive remplacera l'éclairage voilé et subtil.
- Les bougies, en plus de produire une douce lumière orangée, répandant une lueur dansante dans la pièce. Leur flamme a un effet

Les grandes fenêtres, la taille et la hauteur de cette pièce, encouragent la libre circulation du chi, tandis que les tissus moelleux ralentissent celui-ci, induisant une humeur plus harmonieuse.

Le plafond haut et la verrière favorisent une intense circulation verticale du chi.

hypnotique, faisant des bougies le point focal d'un espace.

• Les proportions de la pièce définissent la circulation du chi. Une pièce haute permet un passage plus vertical du chi, encourageant l'individualisme, une pièce basse et large favorise la circulation horizontale du chi, facilitant les rapports avec les autres.

• Le type de vos meubles influence l'ambiance de votre demeure. Leurs formes, styles et matières ont un effet subtil sur vos émotions. Les sièges ont la plus grande influence, car ils déterminent votre posture et donc votre enveloppe chi.

• Le feu rayonne de la chaleur d'une façon similaire au soleil — en hiver, il est le remplacement idéal de la lumière solaire. Les flammes ramènent une partie du chi ardent, ensoleillé, dans votre champ énergétique.

• Les coins saillants délimitent nettement un espace à mesure que le chi suit leur contour, stimulant et définissant vos humeurs.

• Les contours des objets façonnent la manière dont le chi monte et reflue dans une pièce, modifiant par là la circulation de votre propre chi. Les objets proches de vous exercent l'influence la plus considérable.

• Les pièces encombrées et vides laissent un sentiment différent. Les deux ont des avantages et des désavantages – il faut trouver l'équilibre approprié.

COULEURS POUR CHANGER VOTRE HUMEUR

AVANTAGE Changent et améliorent votre humeur.

Les couleurs présentes dans votre maison ont un effet spectaculaire sur son atmosphère. Les surfaces colorées renvoient certaines fréquences lumineuses dans la pièce, la remplissant d'ondes plus lentes ou plus rapides, selon la couleur. Ces ondes lumineuses traversent votre champ énergétique externe et changent la manière dont le chi se déplace. En résultat, vous sentez, et même pensez, différemment.

Plus la couleur est vive, plus elle vous fera vous sentir yang et actif. Les rouges, les jaunes et les orange vifs sont de bons exemples. Les couleurs pâles, comme les bleus et les verts clairs, vous aideront à devenir plus yin, plus calme.

À faire

Pour déterminer les sensations suscitées par chaque couleur, regardez la description des huit directions en page 36. Trouvez la direction possédant les propriétés dont vous avez le plus besoin et regardez quelle couleur lui est associée ou utilisez le tableau ci-contre. Par exemple, si vous voulez vous sentir plus confiant et assuré, votre champ de chi a besoin d'un plus d'énergie de l'est. La couleur activant cette énergie est le vert clair.

La couleur s'applique aux fleurs fraîches, aux plantes, aux boiseries, aux tableaux, aux cadres, aux objets d'art et aux meubles, ainsi qu'aux murs, au plafond et au plancher.

Pour intensifier une couleur, utilisez-la dans la partie de la maison associée à sa direction. Par exemple, le vert clair convient à une pièce située dans la partie est de la maison.

Directions et qualités des couleurs

COULEUR	DIRECTION	QUALITÉS
Crème et vernis transparent brillant	Nord	Indépendant, objectif, porté sur le sexe et la spiritualité
Noir mat, brun ou beige	Sud-ouest	Stabilité, esprit pratique, réaliste
Vert vif	Est	Ambitieux, confiant, plein de respect de soi, enthousiaste
Vert foncé ou bleu	Sud-est	Créatif, imaginatif, sensible, persévérant, une mine de nouvelles idées
Jaune	Centre	Puissant, le centre de l'attention, sens de la justice
Argent, gris ou blanc cassé	Nord-ouest	Tenir les rênes, digne, responsable, organisé
Rouge rouille ou rose	Ouest	Romantique, concentré sur le résultat final, badin, content
Blanc vif	Nord-est	Motivé, compétitif, malin, perspicace
Pourpre	Sud	Expressif, passionné, sociable, émotif

SYMBOLES

AVANTAGE Suscitent des pensées positives.

Les images décorant votre maison vous influencent en induisant certains modes de pensée. Par exemple, à chaque fois que vous la regardez, la photo d'un moment où vous vous sentiez particulièrement heureux vous aidera à recapturer un peu de ce sentiment.

Le contraire est aussi valable : une personne qui désire nouer une relation rend difficile l'entrée de quelqu'un dans sa vie en gardant beaucoup d'images de gens seuls et en isolant les objets dans sa maison.

À faire

1 Assurez-vous que les symboles de votre maison – photographies, tableaux, objets – correspondent à ce que vous désirez achever dans la vie. Faites le tour de la maison et décidez si l'ambiance vous y encourage réellement. Enlevez tout ce qui risque de vous rappeler des souvenirs dont vous devez vous séparer, et voyez comment vous vous sentez.

2 Si la relation est importante pour vous, disposez les objets par paires pour envoyer le bon message à votre inconscient. Par exemple, mettez deux plantes dans le même pot – deux choses vivantes partageant la même demeure –, des photographies ou des sculptures de couples.

3 Placez dans votre maison des images de tout ce qui vous inspire. Si vous voulez acheter une maison, accrochez au mur le dessin de la demeure de vos rêves, qui vous aidera à avancer. Si le désir est assez fort, il vous soutiendra lors des moments difficiles. Réfléchissez bien à ce que vous voulez de la vie, puis essayez de trouver des images aussi proches de votre objectif que possible.

4 Il est important d'avoir chez vous des images rappelant les succès anciens, des photographies des moments heureux, des prix ou des travaux dont vous êtes fier. Ils entretiennent le respect de soi et la confiance.

Cette image particulière peut avoir une forte influence sur vous.

ÉCLAIRAGE

AVANTAGE Changement d'humeur immédiat.

La lumière génère plus de chi yang, et cette énergie lumineuse est associée à l'énergie feu. Si vous disposez d'une diversité de luminaires, en appuyant sur un commutateur vous passez d'une lumière vive, stimulant, à une lumière voilée et douce – modifiant instantanément vos humeurs.

De nombreux types d'éclairage existent :

- Les ampoules électriques à incandescence produisent une lumière légèrement orangée, contribuant à une atmosphère chaude où vous vous sentirez à l'aise et confortable.
- Les abat-jours en tissu ou en papier adoucissent la lumière et engendrent une atmosphère yin, plus apaisante.
- Les abat-jours en métal ou réfléchissants créent une atmosphère yang, plus stimulante.
- Les spots permettent de concentrer la lumière sur un endroit particulier et d'activer le chi dans une partie donnée de la pièce, engendrant là un environnement plus yang, plus intéressant.
- L'éclairage halogène produit une lumière vive, très intense, idéale pour accroître la circulation du chi dans les endroits stagnants. Il s'adapte à tous les lieux. Le chi plus yang de la lampe halogène favorise la motivation.
- Les appliques murales sont particulièrement utiles si le plafond est bas ou en pente et que vous voulez vous sentir moins confiné.
- L'éclairage diffus est utile si vous désirez propager le chi sur un plafond ou un mur. Il engendre une atmosphère plus douce, plus yin, reposante.
- Les lampes de table ou les luminaires placés sur le plancher concentrent votre attention vers le bas – vous vous sentez plus stable, confortable et à l'aise.

• L'éclairage fluorescent produit une lumière bleuâtre, générant unc atmosphère yang plus dure.

À faire

1 Placez des éclairages dans les coins pour réduire la stagnation.

2 Positionnez les appliques en dessous des poutres pour atténuer la circulation descendante du chi.

3 Dirigez les spots vers les plafonds bas ou en pente pour élargir l'espace.

4 Quand vous voulez stimuler le chi de ces directions, placez un éclairage au sud, au centre, au sud-ouest ou au nord-est.

5 Dissimulez les lumières vives derrière une plante ou un écran en papier pour en atténuer l'éclat. La lumière voilée crée une atmosphère yin plus relaxée.

Cet abat-jour spiralé produit du chi eau, mélange intéressant avec la source de la lumière feu. La lumière douce et voilée facilite la relaxation et le calme.

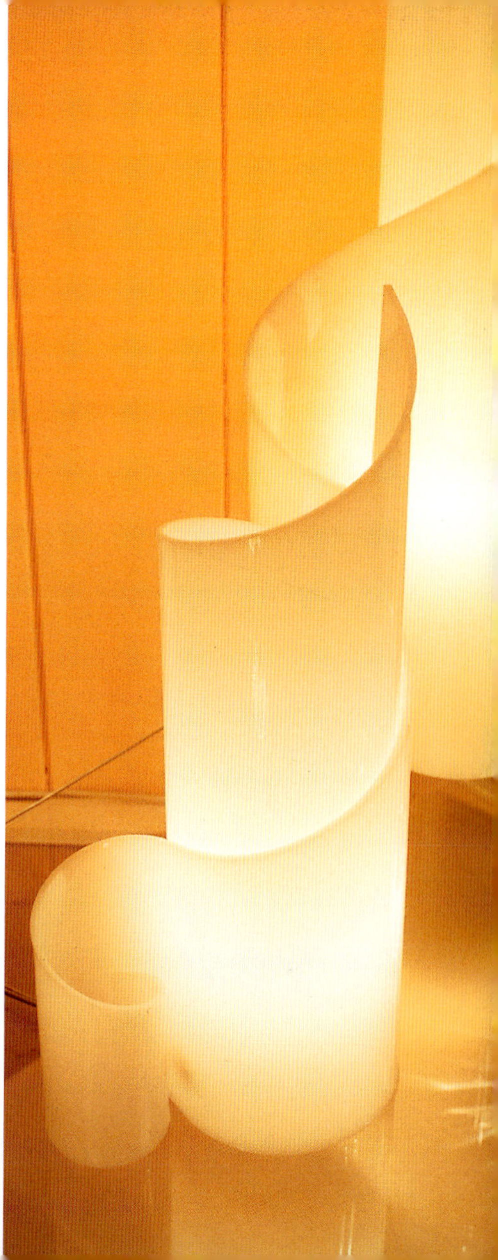

BOUGIES

AVANTAGE Intensifient l'expression personnelle.

Les bougies changent votre humeur. En premier lieu, elles émettent du chi feu dans l'atmosphère. Ce processus est intense, car le chi feu est véhiculé surtout par la lumière et, dans une moindre mesure, par la chaleur. La cire en train de se liquéfier et de se transformer en un gaz qui brûle offre un spectacle hypnotique. Allumer des bougies est une expérience stimulante, intensifiant les émotions.

Les bougies produisent le type de lumière le plus yin. Elles rayonnent un léger éclat orangé et ont l'avantage de ne pas générer de champ électromagnétique, comme le fait l'éclairage électrique. Ce genre d'éclairage est idéal quand vous voulez créer une atmosphère douce et romantique. En termes des cinq éléments, les bougies sont associées au chi feu.

Voici quelques idées pour leur utilisation. Pour avoir de l'effet, les bougies doivent être allumées – assurez-vous qu'elles sont éteintes quand vous sortez de la pièce. Les laisser brûler une demi-heure par jour suffit.

À faire

• Pour vous sentir plus expressif, ouvert et sociable, placez un grand nombre de bougies dans la partie sud de votre demeure, qui fortifieront le chi sud et contribueront au changement de votre état émotionnel.

• Pour vous sentir plus stable et proche dans une relation, placez deux bougies dans la partie sud-ouest de votre maison. Le chi feu des bougies soutient le chi terre du sud-ouest, facilitant la perception de ces sentiments.

• Pour vous sentir l'esprit plus clair et avoir des intentions sur votre vie, essayez de placer une bougie dans la partie nord-est de votre maison. Le chi

Outre leur lumière douce, les bougies peuvent être utilisées pour réchauffer les huiles essentielles, embaumant la pièce d'arômes susceptibles de changer les humeurs.

feu des bougies soutient le chi terre du nord-est. Méditez tourné vers le nord-est, en regardant la bougie.

• Pour intensifier l'impression de romantisme, placez deux bougies dans la partie ouest de votre maison, dans des bougeoirs en argile. Ainsi, il y aura suffisamment de chi terre pour que la relation entre le chi feu des bougies et le chi métal de l'ouest soit harmonieuse.

• La vision du feu et de l'eau peut s'avérer très spectaculaire. Des bougies flottant dans des coupelles sur l'eau de votre bain produisent cet effet-là. De même, un jeu d'eau avec des bougies est saisissant et stimulant. Pour harmoniser les éléments feu et eau, introduisez du chi bois en plaçant un objet en bois à l'est, ou en plaçant les bougies sur des supports en bois.

PROPORTIONS D'UNE PIÈCE

AVANTAGE Changent l'ambiance.

La forme et les proportions d'une pièce imposent les limites entre lesquelles l'énergie chi circule plus aisément, même si un certain volume de chi passe encore à travers les portes, les fenêtres et, en bien moindre mesure, à travers les murs, les plafonds et les planchers. La hauteur du plafond, la taille de la pièce et sa disposition influencent votre humeur.

À faire

• La taille de la pièce définit l'espace dont le chi dispose pour circuler. Plus la pièce est grande (surtout si elle est peu meublée), plus il y a d'espace permettant au chi d'accélérer, ce qui engendre un environnement plus stimulant et plus inspirant. Une pièce petite (surtout si elle contient beaucoup de meubles) ralentit le courant d'énergie chi, créant une atmosphère plus confortable, plus intime.

• Un espace haut facilite le déplacement vertical du chi et le sentiment de connexion à l'énergie céleste et terrestre, plutôt qu'à ce qui est à proximité. Dans ce genre d'environnement, il vous sera plus facile de réfléchir aux questions importantes, de vous sentir mentalement stimulé et de trouver des idées originales et des inspirations inédites.

• Un espace large avec des plafonds bas encourage la circulation horizontale du chi, ce qui permet de vous sentir plus connecté aux choses situées sur le même plan, à proximité, et plus proche de ceux qui vous entourent. Il vous sera plus simple de communiquer avec les gens, de partager des sentiments et d'échanger des idées.

• Une pièce carrée ou circulaire est plus compacte et yang, en termes de mouvement du chi à l'intérieur – c'est un espace idéal pour vous sentir

La hauteur de cette pièce favorise la montée du chi bois, alors que le plafond en pente fait entrer plus de chi feu.

dynamique, actif et alerte.

- Une pièce circulaire diminue le risque de stagnation de l'énergie chi dans les coins, mais accroît le risque de tourbillonnement autour de la pièce, qui donnera le sentiment d'instabilité.
- Une pièce rectangulaire longue et étroite ou une pièce longue, ovale, semble plus tranquille et plus yin. C'est particulièrement valable pour une pièce ovale, où l'énergie chi circule sans heurts. Ces types de pièces ont une atmosphère assez distincte, selon leur orientation, car elles contiennent davantage du chi d'une direction et moins de chi des autres directions.

MEUBLES

AVANTAGE Changent votre humeur.

Les meubles les plus importants, en termes de Feng shui, sont les sièges, car ils déterminent l'emplacement et la façon de vous asseoir. Plus vous passez de temps assis dans un fauteuil particulier et plus les activités entreprises là sont importantes, plus la motivation d'être juste est considérable. Elle affecte la qualité de vos actions.

À faire

En choisissant un siège, prenez en compte sa hauteur.

• Une chaise haute vous aligne avec le chi bois montant, favorisant le sentiment de vivacité, d'activité et d'ambition, à mesure que votre posture tend à se redresser. À son tour, la posture droite facilite la montée du chi à travers les chakras.

• Plus le plafond de votre pièce est haut, plus les meubles doivent être élancés.

• Inversement, en vous asseyant sur un grand coussin sur le plancher, vous vous exposez à un chi terre plus stable, facilitant la relaxation, l'intimité, le confort. Vous pouvez adopter ici une position plus inclinée, incitant votre propre chi à s'aligner avec le chi horizontal.

• Quand vous voulez disposer plusieurs convives autour d'une table, celle-ci définit votre interaction, car sa forme détermine l'orientation des uns par rapport aux autres.

• Une table ronde ou ovale permet à tous les convives de se voir et d'interagir facilement. C'est idéal pour entraîner tout le monde dans la conversation.

• Une table ronde symbolise l'énergie chi métal et aide à contenir l'énergie

Essayez de disposer les meubles pour vous adapter à toute humeur.

ADAPTABILITÉ

Essayez d'avoir des meubles variés, adaptés à toute occasion. Vous créerez ainsi l'humeur nécessaire à chaque moment particulier.

autour d'elle.

- Les tables longues et étroites sont meilleures si vous voulez placer quelqu'un en tête de table et lui témoigner un grand respect. Pour manger, mieux vaut adopter une posture droite favorisant la digestion.
- Les chaises à dossier droit facilitent l'alignement des organes digestifs, mais sont moins confortables pour passer longtemps assis à table.
- Si vous vous agenouillez autour d'une table basse en gardant le dos droit, le sentiment d'ancrage et la relaxation sont facilités.
- Les tabourets hauts autour d'un comptoir conviennent pour les casse-croûte rapides, si la posture correcte est maintenue.

CHEMINÉES

AVANTAGE Créent une humeur plus chaleureuse.

Comme le Soleil, une cheminée génère non seulement de l'air chaud, mais aussi de la chaleur – ce que le chauffage central ne fait pas. La présence d'une cheminée accroît grandement l'ambiance agréable d'une maison en hiver, surtout si vous vivez loin de l'équateur et ne jouissez que de quelques heures de soleil par jour. De plus, le feu produit du chi feu yang, qui aide à se sentir passionné, spontané et expressif. Si vous avec tendance à la dépression durant les mois hivernaux, un feu vous aidera à remplacer une partie du chi déficient. Il est habituel d'accrocher un miroir au-dessus de la cheminée, qui renverra encore plus de chi feu dans la pièce.

À faire

Si votre cheminée est située dans une position ne correspondant pas à l'élément du chi de cet emplacement, utilisez des remèdes Feng shui pour harmoniser la circulation de l'énergie. Dans les zones suivantes, votre cheminée ne sera pas en harmonie avec le chi environnant – remédiez à la situation.

- **Cheminée au sud.** Si vous avez tendance aux excès émotionnels, atténuez le chi feu, car la cheminée l'augmente. Un pot bas en argile rempli de charbon convient. Le noir mat est associé au sud-ouest et cette couleur canalisera davantage le chi feu.
- **Cheminée à l'ouest ou au nord-ouest.** Pour harmoniser le chi feu et le chi métal, accroissez le chi terre. Un pot bas en argile ou en porcelaine rempli de charbon et la couleur noir conviennent.
- **Cheminée au nord.** Pour harmoniser le chi feu avec le chi eau du nord, intensifiez la présence du chi bois – mettez des plantes de haute taille à une

distance raisonnable du feu, utilisez la couleur vert ou placez de hauts ornements en bois au-dessus de la cheminée.

• **Cheminée au sud-ouest ou au nord-est.** Une cheminée placée dans ces directions sera en harmonie avec le chi ambiant, car le chi feu soutient le chi terre.

Le chi feu, la chaleur et l'éclat d'une cheminée peuvent devenir le centre d'intérêt d'une pièce et définir souvent la disposition des sièges.

ADOUCIR LES ANGLES

AVANTAGE Sentiment plus important de stabilité.

Tout coin saillant dans la pièce accélérera le chi, ce qui risque de poser problème si l'énergie est canalisée vers l'endroit où vous dormez ou vers la pièce où vous vous détendez. Vous serez perturbé, tendu, les nerfs à vif. Heureusement, pour y remédier il suffit de placer un objet doux devant les coins, pour ralentir et freiner le chi accéléré.

À faire

1 Vérifiez tous les endroits où vous dormez et vous relaxez pour vérifier la présence de coins saillants dirigés vers vous. Les coins hauts ou les bords longs, comme une poutre effilée, sont les plus menaçants, car ils dirigent un volume significatif de chi ; le coin d'une table, d'autre part, n'aura pas un effet aussi grand.

AUTRES IMMEUBLES

L'ensemble de votre maison peut être affligé d'un chi accéléré si le coin d'un autre immeuble est dirigé vers celle-ci, la rendant moins relaxante. Pour y remédier, plantez des buissons et des arbres entre le coin de l'immeuble et votre maison. De plus, vous pouvez placer un objet convexe et réfléchissant (un petit miroir convexe ou une plaque métallique brillante) à l'extérieur de la maison, orienté vers le coin agressif. Il éloignera une partie du chi accéléré de votre demeure.

Cet angle sera adouci par une plante placée devant lui.

2 Atténuez les coins, par exemple en mettant une plante devant. La plante adoucira l'angle et vous protégera de toute énergie accélérée. De plus, le champ énergétique vivant de la plante entrave le passage de l'énergie accélérée. Si vous ne pouvez pas placer une plante sur le plancher, essayez d'accrocher une plante à feuilles retombantes devant le coin.

3 Si vous ne pouvez pas mettre de plante, accrochez un ruban ou drapez un tissu devant le coin pour l'atténuer. Vous pouvez aussi placer un écran devant l'angle concerné.

4 Si vous faites bâtir ou rénover une maison, les coins saillants doivent être arrondis, ce qui évitera d'emblée le problème. Il suffit que l'arrondi du coin corresponde au rayon d'une tasse à café pour que l'ensemble de la maison soit plus harmonieux.

FORMES LINÉAIRES CONTRE FORMES RECOURBÉES

AVANTAGE Créent une humeur harmonieuse.

Les pièces disposées selon des lignes droites et longues, avec des angles aigus, créent une atmosphère yang, fonctionnelle, où tout est nettement rangé. Toutefois, cette disposition est en désaccord avec les courbes présentes dans la nature et dans le corps humain, empêchant de se sentir en harmonie avec la pièce. Cet arrangement convient pour les pièces où vous vous affairez (cuisine, office, débarras), mais vous vous sentirez trop yang et trop agité s'il s'agit d'une pièce où vous voulez vous relaxer.

La courbure yin de ce siège tranche subtilement les lignes droites plus yang des lattes du plancher.

À faire

1 À chaque fois que possible, incluez des courbures subtiles dans le design de vos meubles, pour créer un aspect plus originel. Les meubles doivent avoir de préférence des coins arrondis et une forme ronde ou ovale, pour atténuer le chi agressif et imiter davantage la forme de votre corps.

2 Si ce n'est pas possible, placez des objets d'art imitant les formes naturelles. Les natures mortes, les paysages et les portraits conviennent.

3 Utilisez des objets évoquant la forme du corps humain, des sculptures. Si possible, essayez de trouver des postures où les sujets expriment l'une de vos aspirations.

4 Les rideaux tirés confèrent une ligne plus douce à la pièce, ce qui favorise l'impression d'harmonie avec l'espace.

5 Utilisez des motifs courbes pour conférer une plus grande harmonie à la pièce destinée à la relaxation : des cercles, des lignes ondulées, des images abstraites.

6 Si vous redécorez la maison, pensez aux effets particuliers, comme la peinture à la brosse, à l'éponge, au pochoir, au chiffon, permettant d'obtenir un aspect tacheté à la volée si souvent présent dans la nature.

7 Utilisez des plantes et des fleurs, exemples vivants de la nature, pour conférer à la pièce une ambiance naturelle.

TROUVER LE BON ÉQUILIBRE DES MEUBLES

AVANTAGE Atteint l'équilibre nécessaire à la création de l'humeur désirée.

Plus vous mettez des meubles dans une pièce, plus le chi circule lentement. Si les sièges sont moelleux, le chi ralentira encore davantage, ce qui suscite une humeur très contente et stable, où vous pouvez vous relaxer et vous sentir à l'aise. L'inverse est vrai : dans une pièce dépouillée, décorée dans le style zen minimaliste, le chi circule librement et accélère. Ici, il est plus facile d'avoir envie d'agir, de réfléchir à de grandes idées et être physiquement actif.

À faire

1 Réfléchissez à vos sentiments dans la pièce. Si vous avez du mal à vous détendre, mettez plus de sièges moelleux. Pour vous sentir plus dynamique et plus chargé en énergie, retirez des meubles.

2 Pour ralentir le chi et créer une atmosphère plus yin, placez dans la pièce de grands coussins, des rideaux longs, des sièges bas moelleux et des saccos. Mettez-y plus de plantes (surtout des variétés luxuriantes), étendez des tapis sur le plancher, disposez des lampes à abat-jour en tissu sur des tables basses ou sur le plancher. Essayez même des tapisseries murales si une action plus radicale est nécessaire pour ralentir suffisamment le chi afin d'instaurer l'ambiance désirée.

3 Pour accélérer le chi et induire une humeur plus yang, retirez de la pièce certains objets. Les objets à texture douce sont les plus susceptibles de ralentir le chi. Cette énergie a besoin d'espace pour bouger – débarrassez le centre de la pièce, enlevez les tables basses et les objets dont vous n'avez plus besoin jusqu'à ce que vous ayez l'impression d'avoir atteint le bon équilibre.

Les fauteuils en cuir, les espaces ouverts, les grandes fenêtres, l'ordre et les surfaces dures rendent cet espace yang, stimulant.

Des étoffes moelleuses ralentissent le chi, le faisant circuler lentement autour du fauteuil.

LE FENG SHUI ET VOS RELATIONS

MÉLANGER VOTRE CHI AU CHI DE VOTRE PARTENAIRE

Une bonne relation permet de mélanger votre propre chi au chi de votre partenaire d'une manière qui vous fait vous sentir bien tous les deux. À mesure que vous passez du temps ensemble, votre chi interagit avec le chi de votre partenaire, si bien que chacun absorbe une partie de l'autre. Ce processus prend place de la façon la plus active durant les rapports sexuels, où des émotions intenses circulent dans les deux sens. Néanmoins, même en dormant ensemble, vos champs chi se mélangent, si bien qu'une petite partie de l'énergie émotionnelle de votre partenaire s'installe en vous pour le reste

de la journée. Le Feng shui vise à rendre cette interaction positive.

• Chacune des directions de votre maison se rapporte à un aspect de votre relation. En activant une direction particulière, vous pouvez accorder finement le chi de votre relation.

• En comparant le chi de vos neuf nombres (en termes des cinq éléments), déterminez s'il faut ajouter davantage d'un élément particulier à votre maison pour faciliter l'échange de chi dans le couple.

• La direction vers laquelle pointe le sommet de votre tête quand vous dormez favorise l'absorption nocturne d'un chi spécifique et détermine la façon dont celui-ci influence la relation.

• Si possible, aménagez une chambre pour faire l'amour, où vous créerez l'atmosphère convenant le mieux à ces rapports.

• Vous avez atteint la phase où vous êtes heureux de tirer le maximum de ce que vous avez dans une relation durable. Arrangez votre maison pour qu'elle contribue à cet état d'esprit.

• En rapprochant simplement vos objets personnels, vous mélangez votre propre chi au chi de votre partenaire .

• Vous absorbez un chi similaire en dormant, en déjeunant et en vous asseyant ensemble – vous aurez l'impression d'avoir davantage de points communs.

• Les fleurs sont une manière colorée d'apporter plus de chi à la relation.

• Déterminez le meilleur moment pour commencer une relation, se marier ou concevoir un enfant en faisant appel à votre nombre de l'année.

• Aménagez votre maison pour attirer plus facilement de nouveaux partenaires potentiels.

• Quand une relation s'achève, le Feng shui vous aidera à avancer et atténuera en partie la douleur.

Quand vous dormez l'un près de l'autre, vos champs énergétiques chi fusionnent, vous vous sentez plus proche de votre partenaire.

UTILISER LE FENG SHUI POUR HARMONISER VOTRE RELATION

AVANTAGE Fortifie votre relation.

Chaque direction, ainsi que le centre de votre maison, a une influence particulière sur votre relation. Vous pouvez mieux harmoniser votre relation en apportant des modifications aux différentes parties de votre maison.

À faire

1 Parlez à votre partenaire et décidez ce que vous désirez améliorer dans votre relation.

2 Regardez la liste ci-contre pour voir quelle direction est la plus utile.

3 Localisez la direction appropriée sur votre plan au sol, en utilisant le transparent des huit directions (voir pages 112 à 115), puis fortifiez son chi. Utilisez les suggestions marquées sur le transparent pour améliorer le chi de l'espace respectif.

4 Tournez votre lit pour que le sommet de votre tête pointe dans la direction correspondant le mieux à vos désirs.

Utilisez le Feng shui pour susciter un changement dans votre relation.

Qualités des directions

• **Est.** Confère plus d'enthousiasme et d'activité à votre relation. Utile quand vous vous sentez bloqué, stagnant ou ennuyé dans une relation.

• **Sud-est.** Encourage une meilleure communication. Ce chi facilite la résolution de n'importe quel problème.

• **Sud.** Ajoute plus de passion et d'émotion à la relation. Servez-vous de ce chi quand vous souhaitez plus de spontanéité et de stimulation.

• **Sud-ouest.** Suscite des sentiments plus attentifs. Idéal pour créer une relation sûre, mettant l'accent sur la qualité de l'interaction et sur la camaraderie.

• **Ouest.** Aide à absorber plus de chi romantique, joyeux, ce qui facilite l'amusement et vous permet de profiter des plaisirs du couple.

• **Nord-ouest.** Facilite les engagements et la planification. Utilisez ce chi quand vous voulez orienter votre relation vers le long terme.

• **Nord.** Encourage l'affection et le désir sexuel. Facilite l'exploration du côté plus profond de votre relation et est idéal pour la conception d'un enfant.

• **Nord-est.** Améliore la capacité à se montrer clair, direct et décisif. Servez-vous de ce chi quand vous voulez mettre cartes sur table et avancer.

• **Centre.** Accroît l'attirance mutuelle et fortifie le lien entre partenaires. Activez ce chi pour vous rapprocher davantage.

DRESSER LE THÈME DE VOTRE RELATION

AVANTAGE Crée une meilleure harmonie.

Utilisez vos trois nombres ki pour prédire la façon dont votre propre chi se mélangera au chi de votre partenaire. Pour y parvenir, examinez l'élément associé à chacun des nombres et leurs rapports mutuels.

Les mêmes éléments

Si les partenaires ont le même chi, ils se comprendront mieux mutuellement et resserreront davantage leurs liens. Vous aurez l'impression d'avoir trouvé votre âme-sœur. Ce type de relation risque de devenir trop stagnante, car vous vous connaissez trop bien l'un l'autre.

Éléments harmonieux

Une relation entre des personnes dont les éléments sont proches l'un de l'autre dans le cycle des cinq éléments est potentiellement harmonieuse et d'un grand soutien. Les gens constatent souvent qu'ils sont naturellement attirés vers ceux qui entretiennent ou apaisent leur énergie. Bien qu'il y ait des différences, celles-ci ne font qu'ajouter intérêt et dynamisme à la relation.

Éléments opposés

La relation entre des personnes dont les éléments sont opposés l'un à l'autre dans le cycle des cinq éléments sera différente et stimulante. La relation comporte une grande attirance, bien qu'il soit difficile de comprendre l'autre. Ce genre de relation tient mieux quand les partenaires respectent et apprécient les différences.

À faire

1 Trouvez les trois nombres ki de votre partenaire et les vôtres, aux pages 44 à 49.

2 Notez-les.

3 Au-dessus de chacun de vos nombres (et des nombres du partenaire), notez l'élément associé.

1 = eau
2, 5 et 8 = terre
3 et 4 = bois
6 et 7 = métal,
9 = feu

4 Comparez les éléments au tableau ci-dessous. Vos nombres de l'année s'appliquent aux aspects les plus profonds de votre relation et à la façon dont vos vies interagissent à long terme. Votre nombre du mois est initialement le plus important, car il définit la façon dont vos chi émotionnels se mélangeront. Votre nombre de l'axe révèle la manière dont vos chi superficiels se combinent – très utile quand vous agissez ensemble.

COMPATIBILITÉ DES ÉLÉMENTS

Eau-eau	= identique
Eau-bois	= harmonieuse
Eau-feu	= opposée
Eau-terre	= opposée
Eau-métal	= harmonieuse
Bois-bois	= identique
Bois-feu	= harmonieuse
Bois-terre	= opposée
Bois-métal	= opposée
Feu-feu	= identique
Feu-terre	= harmonieuse
Feu-métal	= opposée
Terre-terre	= identique
Terre-métal	= harmonieuse
Métal-métal	= identique

FAITES ENTRER DANS LA MAISON DAVANTAGE DU CHI DÉFICIENT

AVANTAGE Encourage la circulation plus libre du chi entre deux

Vous pouvez essayer différents remèdes pour fortifier la circulation du chi entre vous et votre partenaire et remédier à tout chi déficient.

À faire

1 Regardez le chi ci-dessous et trouvez les éléments de l'année et du mois pour vous et pour votre partenaire (voir pages 176 et 177).

2 Essayez les remèdes conseillés et voyez si votre relation change.

REMÈDES DES ÉLÉMENTS

Eau-eau Utilisez de l'énergie métal – la couleur rose – ou dormez la tête vers l'ouest ou le nord-ouest pour vous rapprocher davantage.

Eau-bois Si la personne au chi eau se sent fatiguée, elle doit porter du rose, du rouge ou du gris et dormir la tête vers l'ouest ou le nord-ouest.

Eau-feu Dormez le sommet de votre tête vers l'est ou le sud-est, mettez plus de plantes dans la maison et servez-vous davantage de la couleur verte pour harmoniser le chi.

Eau-terre Pour une sécurité financière accrue, dormez le sommet de votre tête vers l'ouest ou le nord-ouest. Pour une plus grande harmonie, utilisez les couleurs rose, argent et gris.

Eau-métal Dormez le sommet de votre tête vers l'ouest ou le nord-ouest. Pour un soutien plus grand, utilisez le rose, l'argent ou le gris.

Bois-bois Ajoutez plus de chi eau apaisant grâce à la couleur crème et à un jeu d'eau placé à l'est ou au sud-est pour stimuler le chi de relation.

Bois-feu Dormez le sommet de votre tête vers l'est ou le sud-est. Mettez des plantes et utilisez la couleur vert pour ajouter de la force.

Bois-terre Placez des bougies au sud. Utilisez la couleur pourpre et soyez sociable pour stimuler le chi feu et créer une plus grande harmonie.

Bois-métal Une vie sexuelle active apporte du chi eau, tout comme dormir le sommet de votre tête vers le nord, pour pallier la différence de ces éléments opposés.

Feu-feu Utilisez le chi terre pour son influence apaisante : dormez la tête vers le sud-ouest, ou mettez des fleurs jaunes dans un pot en argile.

Feu-terre Le chi feu confère une plus grande stimulation et spontanéité, donc placez des bougies au sud. Le chi terre apporte sécurité et stabilité – placez du charbon au sud-ouest.

Feu-métal Utilisez l'énergie terre sous la forme d'une vie familiale unie, et dormez le sommet de votre tête vers le sud-ouest. La couleur jaune confère une plus grande harmonie.

Terre-terre Ajoutez plus de feu sous forme de pourpre, de bougies au sud, et d'une vie sociale active, pour éviter l'ennui et la stagnation.

Terre-métal Absorbez plus de chi terre en dormant le sommet de votre tête vers le sud-ouest et en mettant plus de jaune dans la maison.

Métal-métal Le chi terre contribuera à rendre cette relation durable. Essayez de dormir le sommet de votre tête vers le sud-ouest et utilisez la couleur jaune.

DIRECTIONS DE SOMMEIL POUR L'IDYLLE, LA PASSION ET LE SEXE

AVANTAGE Romantisme, passion ou sexualité accrus.

Si vous avez tous deux l'impression que votre relation manque de piquant, examinez les qualités de chaque direction (voir pages 178 et 179) et utilisez davantage d'un type particulier de chi. La solution la plus facile, la moins chère et potentiellement la plus efficace, est de tourner votre lit afin que le sommet de votre tête soit dirigé vers la direction choisie. En dormant ensemble, vous absorberez davantage de ce chi particulier.

À faire

1 Décidez de quoi vous avez le plus besoin pour jouir d'une relation plus heureuse, plus passionnée

2 Déterminez quel chi vous sera le plus utile : l'ouest pour l'idylle, le sud pour la passion ou le nord pour le sexe. Vérifiez à la page 36 les autres qualités que vous absorberez – dans l'idéal, vous devez être content de tout, sinon il vous faudra choisir une autre direction.

3 Tournez votre lit pour que le sommet de votre tête soit dirigé dans la direction du chi qui vous est le plus nécessaire.

Il vaut mieux parfois trouver la bonne direction pour votre lit, même si vous devez le positionner à un certain angle en faisant appel à des plantes, des éclairages et des meubles.

SOLUTIONS DE COMPROMIS

Parfois, il n'est pas possible d'être orienté vers la direction choisie et vous êtes obligé d'en trouver une autre. Dans cette situation, déterminez la direction la plus proche de ce dont vous avez besoin. Si vous disposez de plusieurs pièces, essayez d'avoir la direction de votre choix dans une autre chambre. Parfois, vous pouvez placer temporairement votre lit au milieu de la chambre de sorte qu'il soit orienté vers la direction idéale. Laissez-le ainsi pendant quelques semaines et, si vous notez une amélioration dans votre relation, étudiez les moyens de rendre le changement permanent.

Le Feng shui accepte une position diagonale du lit où votre tête est dirigée vers un coin, si vous dormez ainsi vers votre direction idéale. Placez dans l'espace vide un coffre triangulaire, avec des plantes et des fleurs posées dessus.

L'AMOUR DANS VOTRE CHAMBRE

AVANTAGE Une meilleure vie amoureuse et sexuelle.

L'amour intense et les rapports sexuels passionnés sont principalement basés sur le sentiment que vous ne faites qu'un – que vos corps sont entrelacés quand vous passez d'un mouvement à un autre – ainsi que sur toutes les sensations tactiles, visuelles et auditives associées. Le chi actif amalgamé à une énergie plus douce et gentille y contribue.

Les bougies sont plus douces et plus romantiques que les lumières électriques. Elles contribuent à une ambiance propice à une vie sexuelle satisfaisante.

À faire

1 Créez l'espace pour jouir de la liberté de vous exprimer à fond sexuellement. Par exemple, choisissez un lit plus large, avec de grands coussins, ou un fauteuil confortable, afin de pouvoir profiter d'autres zones de la chambre.

2 Pensez à l'éclairage. Si vous préférez vous voir mutuellement, un éclairage voilé convient. Les bougies sont idéales, car elles apportent plus de chi feu, passionné, dans la pièce. Si vous appréciez le sentiment de proximité, une pièce plus sombre l'accentuera.

3 La pièce doit être assez bien isolée phoniquement pour que vous puissiez profiter sans être gênés par le bruit que vous faites.

4 Créez une atmosphère excitante en plaçant dans la chambre des images érotiques : sculptures de couples, tableaux, photographies.

5 Les orchidées sont aphrodisiaques : deux fleurs placées près de votre lit vous mettront d'humeur badine.

6 Accroissez le chi eau, feu et métal de l'ouest, qui vous aideront à vous sentir très passionné, badin et sexy.

7 Pour faire entrer plus de chi eau dans votre chambre, utilisez les couleurs crème et noir brillant. La dentelle et les matières transparentes accentuent cette atmosphère. Accrochez un cristal dans la partie nord de la chambre pour charger en énergie le chi du nord.

8 Les draps en soie accroissent le chi feu, qui vous stimulera. Les couleurs pourpre vif et rouge vif des bougies incitent à plus de passion.

9 Les fleurs de couleur rose dans un vase en métal apportent plus de chi badin de l'ouest. La partie ouest de la chambre convient à toute image érotique.

TIRER LE MEILLEUR PARTI DE CE QU'ON A

AVANTAGE Tire le meilleur parti d'une relation existante.

Le chi du sud-ouest est idéal pour tirer le meilleur d'une relation existante. Ce chi est associé au changement de l'été en automne et aux fruits mûrissants. Autrement dit, prenez ce que vous avez et rendez-le meilleur. Le chi du sud-ouest vous incite à vous sentir plus attentif et à avoir l'impression de faire partie d'une famille. L'entrée de plus de ce chi dans votre champ énergétique vous aidera à mettre plus d'énergie dans votre relation et à trouver des moyens de l'améliorer.

À faire

1 Faites entrer plus de chi du sud-ouest dans votre champ énergétique en tournant votre lit pour que vous dormiez le sommet de votre tête vers le sud-ouest.

2 En utilisant le plan au sol et le transparent des huit directions (voir pages 112 à 115), localisez la partie sud-ouest de votre maison. Pour activer ce chi, placez dans le segment sud-ouest de la maison des fleurs jaunes fraîches ou une plante à fleurs jaunes dans un récipient en terre cuite.

3 Utilisez plus de couleurs jaune, brun, beige et noir mat dans la maison.

La couleur jaune et les étoffes moelleuses font entrer plus de chi terre dans cette pièce, fortifiant le chi associé aux relations durables.

4 Soutenez le chi terre du sud-ouest en plaçant deux bougies dans cette partie de la maison. Allumez-les tous les jours pendant un moment, pour activer le chi feu dans cette zone.

5 Trouvez des moyens de contribuer de concert à l'amélioration de votre relation lorsque vous êtes assis ensemble face au sud-ouest. Concentrez-vous sur ce que vous pouvez faire, au lieu de tenter de changer votre partenaire. Les critiques signifient simplement que chacun de vous s'accroche à sa position. Écoutez-vous mutuellement et entendez effectivement ce que l'autre dit, sans l'interrompre par des commentaires.

INTIMITÉ ET PROXIMITÉ

AVANTAGE Se sentir plus proche et plus intime.

Quand deux personnes entretiennent une relation étroite, aimante, l'union commence à générer son propre chi, créé par la fusion de leurs énergies. Plus ils passent de temps ensemble, plus leur chi se mélange. Parfois, les gens se comportent, et se sentent, très différemment lorsqu'ils sont dans une relation.

Quand vous êtres physiquement proches, quand vous dormez ensemble, vos champs énergétiques fusionnent, créant davantage de ce chi mutuel. En théorie, durant ce processus vous saisissez inconsciemment les pensées et les émotions de votre partenaire.

Pour vous sentir plus proches, prenez un objet saturé du chi de votre partenaire (un vêtement, un bracelet, un collier, une montre) et gardez-le près de vous, à l'intérieur de votre propre champ énergétique.

Garder les objets personnels au même endroit permet à vos énergies chi de fusionner.

À faire

1 Portez un vêtement de votre partenaire, imprégné de son chi, pour faire entrer celui-ci dans votre champ énergétique. C'est rassurant si vous êtes loin l'un de l'autre pendant un certain temps. Jadis, on emportait avec soi une boucle de cheveux – celle-ci permet de vous connaître mieux et aide à vous sentir plus proches.

2 Gardez vos brosses à dents, vos brosses à cheveux et vos chaussures à proximité les unes des autres et mélangez dans les armoires quelques-uns de vos vêtements pour que vos énergies s'amalgament. Quand vous les utilisez, ce procédé facilite l'accès au chi relationnel. Le sentiment d'unité sera renforcé, de même que le sentiment de partage.

3 Placez des photographies de vous deux en train de vous amuser dans un endroit où vous pourrez les voir souvent. Si possible, mettez-les dans la partie sud-ouest, ouest ou sud de votre chambre ou maison, pour absorber davantage de chi relationnel.

MANGER, S'ASSEOIR ET DORMIR ENSEMBLE

AVANTAGE Mélange vos chi et vous rend plus intimes.

Plus vous passez du temps ensemble, plus vos chi s'amalgament. Toutefois, si vous restez trop ensemble, vos chi sont susceptibles de se mélanger exagérément, vous rendant excessivement semblables. Vous risquez alors de perdre la stimulation émergeant de la fusion de votre chi avec le chi différent du partenaire.

Si vous n'amalgamez pas assez vos chi, le lien particulier avec votre partenaire sera absent – confrontées aux problèmes, les attaches ne sont pas assez solides pour maintenir le couple. Manger, s'asseoir et dormir sont des fonctions qui vous rapprochent naturellement de votre partenaire.

À faire

1 Essayez de prendre vos repas ensemble. Si vous mangez à la maison, vous aurez plus de contrôle sur votre environnement et votre nourriture. Vous pouvez vous amuser et vous rapprocher en partageant la même assiette. Tout plat cuisiné dans une poêle, un wok ou une casserole, vous offrira l'occasion de manger dans le même récipient, chose habituelle dans la cuisine japonaise où on utilise les baguettes pour puiser dans le même récipient. Quand les gens s'asseyent ensemble pour partager la même nourriture et énergie, l'expérience rattache. Si chacun mange séparément, la polarité ainsi créée est plus considérable.

2 Serrez-vous l'un contre l'autre lorsque vous vous relaxez le soir. Un grand canapé, des saccos ou des coussins sur le plancher facilitent cette posture. Vous ferez ainsi fusionner vos champs énergétiques en lisant un livre ou en regardant la télévision, si vous n'avez pas envie de parler.

3 Dormir ensemble est certes la meilleure façon de mélanger vos chi. Quand vous dormez, vous êtes plus réceptif au chi de votre partenaire. Si vous dormez tous deux nus, le contact sera encore plus étroit.

Manger ou boire les mêmes choses aide à absorber le même chi, facilitant quelque peu l'entrée en harmonie avec une autre personne.

FLEURS

AVANTAGE Améliore la relation.

Les fleurs apportent plus de chi romantique à la relation. Elles rayonnent tant leur couleur que leur chi animé dans la pièce. En outre, la forme de la fleur définit son chi distinctif. Comme les fleurs sont le moyen de reproduction de la plante, elles émettent du chi romantique.

Un grand arrangement floral de couleurs vives sera la décoration la plus visible d'une pièce. Les fleurs auront même assez de chi pour influencer considérablement l'atmosphère de l'ensemble de la pièce. Les fleurs ont l'avantage d'être faciles à changer, si bien que vous pouvez modifier l'énergie d'une pièce simplement en choisissant des fleurs différentes.

À faire

- Utilisez des couleurs vives, ensoleillées, comme le jaune ou le pourpre, quand vous désirez avoir un chi plus animé, contribuant à créer une plus grande attirance et passion. Ces couleurs feu et terre agissent bien placées dans un pot en argile ou en porcelaine.
- Utilisez des fleurs de couleur crème dans un vase en verre pour ouvrir l'accès aux sentiments les plus profonds. Elles font entrer plus de chi eau dans la pièce et favorisent les sentiments affectueux.
- Mettez des fleurs rouges er roses dans la chambre à coucher quand vous avez envie d'être plus romantique. Placez deux fleurs dans un vase en argent pour maximiser le chi métal de l'ouest.
- Changez l'eau tous les jours pour faire entrer du chi eau frais dans la pièce. Coupez les tiges régulièrement en diagonale si vous voulez que les fleurs vivent longtemps. Enlevez-les avant qu'elles soient fanées pour les empêcher d'émettre du chi altéré dans la maison.

PLANTES ET FLEURS ARTIFICIELLES

Les plantes à fleurs ont une influence similaire, bien quelles n'émettent pas le même chi yin fragile que les fleurs coupées. Toute fleur artificielle est dépourvue d'énergie chi animée et ne constitue donc pas un bon remplacement.

Ces fleurs émettent un chi eau apaisant. la couleur crème et les pétales doux aident à créer une atmosphère où il est facile de se sentir serein.

TIMING

AVANTAGE Meilleure compréhension de votre relation.

La phase dans laquelle vous étiez tous les deux au commencement de votre relation établit des modèles qui resteront probablement avec vous pendant de nombreuses années. Il est donc intéressant de déterminer votre phase initiale et, à partir de là, si son influence s'est avérée durable. Si vous êtes seul, il se peut que vous soyez sur le point d'entrer dans une phase excellente – vous commencerez une relation au bon moment.

Déterminer la phase dans laquelle chacun de vous était au départ de votre relation aide à expliquer les modèles établis.

À faire

1 Allez aux pages 53 à 57 pour déterminer le moment du commencement de votre relation.

2 Considérez comme point de départ le moment où vous avez commencé à faire l'amour ou à dormir ensemble, car c'est là que vos chi se mélangent le plus activement.

3 Lisez les descriptions en dessous de vos phases. Le terme "phase" se réfère à la position de votre nombre

de l'année au début de votre relation. Par exemple, si un couple aux nombres de l'année 8 et 2 a commencé une relation dans une année où le 6 se trouvait au centre du thème, le partenaire dont le nombre de l'année est 8 sera à l'ouest du carré magique et dans une phase où il a plus de chi de l'ouest ; celui dont le nombre de l'année est 2 sera au nord et dans une phase où il a plus de chi du nord.

Phases des directions

- **Est.** Il est plus facile de se sentir enthousiaste en ce moment. Vous aimerez être actif et faire des choses, mais vous risquez d'être distrait, de ne pas faire attention à votre partenaire.
- **Sud-est.** Aide à prendre un départ harmonieux, rend capable de générer une attitude positive durable envers la relation.
- **Sud.** Aide à démarrer avec passion, excitation et émotions, de sorte à devenir rapidement très impliqués. Idéal pour une aventure rapide, mais il y a risque de disputes et des troubles émotionnels.
- **Sud-ouest.** Meilleur pour les personnes qui désirent démarrer lentement et bâtir soigneusement une relation durable. Ce n'est peut-être pas le moment le plus excitant, mais c'est un moment où vous vous sentez bien.
- **Ouest.** Encourage à vous sentir plus romantique et à apprécier la relation. Vous trouverez plus facile de consacrer plus de temps et d'énergie à la relation.
- **Nord-ouest.** Utile pour un couple mature qui apprécie la responsabilité. Risque d'être un peu trop sérieux.
- **Nord.** Utile pour une vie sexuelle active, mais risque de vulnérabilité, de manque de sécurité, de se laisser trop facilement dominer.
- **Nord-est.** Utile pour se montrer direct et clair à propos de la relation. Risque de favoriser les disputes avec le partenaire.
- **Centre.** Vous êtes dans la bonne position pour attirer les gens dans votre vie, mais vous avez du mal à décider si la relation vous convient.

TROUVER UN PARTENAIRE

AVANTAGE Un plus grand choix de partenaires potentiels.

Votre humeur contribuera à attirer quelqu'un dans votre vie. La personnalité que vous projetez en société est importante. Quand vous êtes heureux, quand vous faites preuve de sens de l'humour, quand vous vous montrez badin, les gens vous remarquent et ont envie de passer du temps avec vous. Si votre environnement suscite cette humeur, il s'avérera utile pour élargir le choix de personnes susceptibles de nouer une relation.

À faire

1 Intensifiez la présence du chi de l'ouest – cette énergie badine est associée au coucher du soleil, au trigramme du lac et à la moisson. Pour accumuler ce chi, utilisez la couleur rose, qui s'avérera la plus efficace dans la partie ouest de votre maison. Mettez là des fleurs de couleur rose (par exemple, deux roses).

2 Placez une boussole sur votre lit et tournez celui-ci pour que votre tête pointe vers l'ouest et vos pieds vers l'est. Même si votre lit est positionné à un angle bizarre par rapport à la chambre, dormez là environ six semaines pour voir si vous notez une quelconque différence.

3 Il est aussi utile de rendre votre maison légèrement plus yin, avec des couleurs pastel, des meubles moelleux et des formes courbées. Les lignes droites, les bords pointus et une disposition très ordonnée des meubles rendent l'atmosphère trop yang. Utilisez les plantes et les fleurs pour adoucir tout angle aigu et briser les lignes droites.

4 Les vêtements où prédominent le rose ou l'argent, les bijoux en argent et les étoffes soyeuses vous entoureront d'un chi plus romantique.

5 Accrochez un miroir à l'ouest, son dos contre un mur donnant vers l'extérieur. Ceci activera la circulation du chi de l'ouest.

Les couleurs que vous portez émettent un certain type de chi vers le champ énergétique de l'autre personne, influençant la manière dont celle-ci réagira.

QUAND UNE RELATION S'EST ACHEVÉE

AVANTAGE Laissez aller la relation disparue, pour pouvoir avancer.

Quand une relation s'achève, vous êtes toujours entouré par son chi. Il peut s'avérer difficile d'avancer, sauf si vous éliminez le chi obsolète et faites entrer une énergie fraîche dans le vide laissé par la relation disparue.

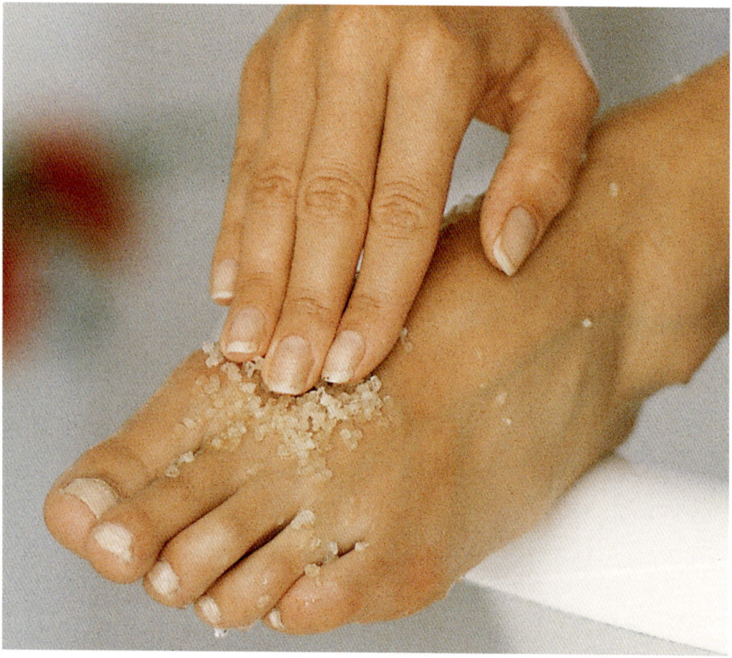

À faire

• Le chi de l'est est associé au commencement d'une nouvelle journée et à la croissance du printemps. Ce chi est idéal pour débuter une nouvelle phase de votre vie et pour laisser le passé derrière vous. Pour accroître l'énergie chi de l'est, placez un jeu d'eau actif (par exemple une fontaine d'intérieur) dans la partie est de votre maison, en compagnie de plantes de haute taille. Porter du vert vif sera aussi utile. Utilisez cette couleur pour la décoration, les coussins, etc. Dormez pendant un moment avec le sommet de la tête dirigé vers l'est.

• Si vous devenez plus yang, la perception de la perte de l'autre personne et de l'idée que vous trouverez une meilleure relation est facilitée. Consommez des aliments plus yang, poissons, racines comestibles, graines, bouillons épais. L'exercice physique vous fortifiera : les sports de compétition, les arts martiaux, la pratique vigoureuse sont des activités yang. Portez des couleurs vives, yang, comme le rouge, le jaune, le pourpre ou le vert vif.

• Gardez votre maison propre et rangée, avec des espaces ouverts, ce qui encouragera une circulation plus libre de l'énergie chi. Un nettoyage de printemps rafraîchira le chi, favorisant un nouveau départ, et éliminera une partie du vieux chi de relation. Débarrassez-vous de tout objet rappelant votre ancienne relation.

• Un gommage régulier du corps incite votre énergie chi à se déplacer plus vite, favorisant l'affranchissement des déceptions et permettant de devenir plus yang. Les vêtements et les draps propres font entrer du chi frais dans votre champ énergétique.

Brosser votre peau stimule le chi superficiel et aide à mettre de côté les anciennes émotions. Vous disposerez ainsi de l'espace nécessaire pour que votre champ chi se remplisse de nouvelles choses.

LE FENG SHUI ET VOTRE CRÉATIVITÉ

CONCEVOIR UNE ATMOSPHÈRE CRÉATIVE

Le chi entourant la tête influence la circulation du chi dans le corps et a un impact sur la créativité. Vous devez découvrir le type de chi capable de stimuler votre mental puis concevoir une ambiance générant le type de créativité approprié. Évidemment, celui-ci varie de personne à personne. Voici quelques idées présentées en détail dans ce chapitre.

- Explorez votre espace pour trouver la zone comportant le courant de chi dont vous avez besoin. Le chi circule plus intensément près des fenêtres.
- Les imprimés sont mentalement stimulants, si bien que les tissus pour les rideaux, les coussins et la literie contribueront à votre créativité.
- Pour intensifier votre chi mental, vous avez besoin d'espace. Si vous voulez être créatif à la maison, il vous faut une zone disposant de l'horizon le plus large, qui incitera à des réflexions profondes.
- Pour catalyser nombre d'idées, vous devez sortir de votre maison. Certains préfèrent un musée, une cathédrale ou un hôtel, d'autres escalader une montagne ou regarder la mer.
- Il est plus facile d'évoquer les pensées qui vous intéressent à certains moments de la journée et pendant certains mois.
- Un loft fait généralement naître de grandes “idées”. Un appartement situé au dernier étage d'un immeuble expose à plus de chi vertical.

• La méditation et les techniques de respiration activent le chi créatif.

• La direction à laquelle vous faites face quand vous êtes assis vous expose au chi de l'une des huit directions. En choisissant une direction particulière, vous pouvez absorber davantage de son chi, favorisant ainsi la créativité.

• Les miroirs agrandissent l'espace et favorisent l'accélération du chi – l'environnement est plus animé et stimulant.

• Les objets d'art déclenchent certains modes de pensée. Vous arriverez même à établir une association entre certains objets et la créativité.

• Un désordre trop grand limite le courant de chi – bien que ce processus soit utile pour la stabilité, il n'est pas idéal quand vous cherchez besoin une idée originale.

• Les sons véhiculent le chi lorsqu'ils vibrent à travers les airs jusqu'à votre champ énergétique externe. Certains sons stimulent le chi d'une manière qui vous fait vous sentir plus imaginatif.

Un motif structuré, comme ces masques, rend la pièce plus yang – idéal pour se sentir organisé.

SE PLACER DANS LE COURANT DE CHI VENANT DES FENÊTRES

AVANTAGE Rafraîchit le chi mental.

L'énergie entre et sort aussi de la maison par les fenêtres. En vous asseyant près d'une fenêtre, vous vous intégrez à ce courant. Idéalement, le torse est tourné vers la fenêtre, afin que le chi entrant interagisse avec le côté phénix de votre champ énergétique pour profiter du chi d'expansion et faciliter ainsi la créativité. Vous pouvez adapter la manière dont l'énergie pénètre dans votre maison en habillant les fenêtres de manières diverses.

À faire

1 Asseyez-vous face à une fenêtre qui s'ouvre sur un paysage inspirant. Essayez d'adapter votre position pour être aussi orienté vers une direction utile (voir page 216).

2 La fenêtre doit être propre et son appui libre de tout fouillis pour que le chi puisse se déplacer librement. Dans l'idéal, vous pourrez choisir entre atténuer l'énergie entrant par la fenêtre, si vous voulez vous détendre, et ouvrir largement la fenêtre pour faire entrer autant de lumière que possible, si vous voulez vous sentir plus actif.

3 Pour atténuer le courant de chi et créer une atmosphère plus confortable, mettez des rideaux. Les volets en bois facilitent la circulation du chi, créant une atmosphère plus dynamique et stimulante. Vous pouvez les ouvrir à un angle laissant entrer la lumière sans recevoir l'éclat direct du Soleil. Les stores en tissu présentent l'avantage de laisser la fenêtre découverte lorsqu'ils sont remontés

et de montrer une surface plus douce quand ils sont descendus.

4 Vous pouvez adapter la matière qui habille votre fenêtre aux différentes énergies chi présentes dans la maison :

- Les volets en bois (nord, est, sud-est et sud).
- Les stores en tissu ou les rideaux (sud, nord-est, sud-ouest, ouest et nord-ouest).

Les volets en bois permettent au chi de circuler plus librement à travers la fenêtre, lorsque celle-ci est ouverte.

MOTIFS ET TISSUS

AVANTAGE Une plus grande stimulation.

Les motifs des tissus influencent l'ambiance d'un espace, donc la créativité. Ce processus est très individualisé en termes de créativité : les motifs intenses, éclatants, accroissent la créativité des uns, alors qu'un effet plus subtil sera parfait pour d'autres. Le principal est de créer l'effet désiré. Le yin et le yang, ainsi que les cinq éléments, sont utiles.

Ces principes peuvent être appliqués à toute composante de la maison comportant un motif. Le papier peint, les rideaux, les coussins, les étoffes d'ameublement, tout tissu, changent le chi d'un espace. Ce principe est aussi valable pour les vêtements. Si vous portez des habits bariolés, le motif se trouvera à l'intérieur de votre champ chi.

Le motif floral du papier peint favorise la circulation de plus de chi eau yin que les rayures chi bois yang de la nappe.

À faire

• Rappelez-vous que les grandes taches de couleur vive sont plus yang que les motifs compliqués. Un motif régulier et récurrent est plus yang qu'un motif

LES MOTIFS ET LES ÉLÉMENTS

- ***Bois.*** *Motifs verticaux, hauts, étroits. Aide à se sentir plus élevé spirituellement, plus positif, et tirer une plus grande inspiration des cieux.*
- ***Feu.*** *Motifs triangulaires, pointus, en dents de scie. Encourage l'esprit agile, avec des aperçus des tendances futures. Parfait pour accroître la créativité en faisant rebondir les idées des autres.*
- ***Terre.*** *Motifs horizontaux écrasés, bas, plats. Facilite la concentration sur la qualité des idées, la réflexion minutieuse. Permet de s'assurer que la créativité est ancrée dans l'esprit pratique.*
- ***Métal.*** *Motifs ronds, en dôme, ogivaux. Aide à se concentrer sur le résultat final pour que la créativité soit dirigée vers un objectif satisfaisant, susceptible d'être achevé.*
- ***Eau.*** *Motifs irréguliers, courbés, bigarrés. Aide à accéder au chi le plus profond d'où naissent des idées originales tout à fait personnelles.*

irrégulier. Le chi yang est plus stimulant, le chi yin ouvre le mental à des horizons plus larges.

- Notez que chacun des cinq éléments est associé à un motif (voir ci-dessus).
- L'effet d'un motif sur le chi d'un espace sera plus intense lorsqu'il est utilisé en association avec une couleur. Par exemple, l'effet de la combinaison d'un fort motif yang et d'une couleur yang (comme pour le motif rhomboïde rouge et jaune) sera spectaculaire et extrêmement stimulant.
- N'oubliez pas que de nombreux motifs reproduisent une image, comme les motifs floraux ou symboliques – par exemple, les étoiles dans le ciel. L'image que vous choisissez doit avoir des associations positives pour vous.

ESPACES OUVERTS

AVANTAGE Réflexion libre.

Les espaces ouverts permettent au chi de circuler librement, ce qui facilite la réflexion claire. Plus l'espace est grand – hauteur sous plafond et surface du plancher –, plus la liberté dont disposera le chi sera grande. Si vous vivez dans une petite maison, vous serez obligé de sortir pour disposer d'un tel espace. Essayez d'aménager dans la partie est de la maison une zone de réflexion pour améliorer votre créativité. Lorsque vous arrangez votre maison, l'un des objectifs est d'en créer plusieurs ambiances offrant un espace de relaxation, un espace de réalisation, un espace où laisser libre cours à son imagination.

Les rangements organisés offrent plus d'espace pour un environnement bien rangé, où le chi peut se répandre et circuler sans heurts.

À faire

1 Regardez le plan au sol et utilisez le transparent des huit directions (voir pages 112 à 115) pour déterminer si le sud-est de votre maison est une zone appropriée à la créativité. Son chi montant (associé au ciel et au vent) est généralement le meilleur pour susciter des idées originales. Sinon, essayez le sud ou le nord. Si vous disposez de plusieurs pièces, choisissez un espace aux plafonds hauts et profitant de beaucoup de lumière naturelle.

2 Une fois la meilleure zone identifiée, libérer un espace au centre de la pièce. N'y laissez que les meubles indispensables, ainsi que les objets qui stimulent votre imagination.

3 Essayez de garder les surfaces et le plancher aussi vides que possible pour que le chi puisse se déplacer librement. Positionnez-vous dans cet espace en faisant face à la direction qui vous est la plus profitable (voir pages 216 et 217).

4 Ne mettez plus d'objets dans cet espace (voir page 222 pour des suggestions quant à la réduction du fouillis).

SORTIR DE LA MAISON POUR RÉFLÉCHIR

AVANTAGE Trouver une nouvelle perspective.

Pour se sentir créatif, parfois la meilleure option est de sortir de la maison et d'aller dans un autre environnement, pourvu d'un chi différent. Se sentir créatif peut signifier simplement voir son travail d'une nouvelle perspective, si bien qu'un changement de décor est important.

Choisissez une direction qui vous soit bénéfique en termes de nombre de l'année et trouvez une espace correspondant à vos besoins créatifs – un espace public, si vous travaillez sur ordinateur portable. Si vous voulez rafraîchir votre mental et trouver de nouvelles idées, il vous suffit de sortir au grand air.

À faire

1 Allez au chapitre traitant de vos meilleures directions (voir pages 58 à 61), pour déterminer la direction idéale de votre maison pour l'année et, si vous le voulez, pour le mois.

2 Dirigez-vous vers l'une de vos directions positives, en quête d'un espace approprié : un musée, un hôtel, un café, une église. L'espace doit être très grand pour que le chi de votre tête puisse s'ouvrir et aller vers la plus grande créativité. Il serait bon que cet espace vous inspire. Par exemple, une galerie d'art stimule, alors qu'un café réfléchit votre chi grâce à la nourriture et aux boissons.

3 Si vous voulez être dehors, cherchez un endroit inspirant à la campagne. Les arbres apportent plus de chi montant et conviennent mieux à une inspiration plus considérable. Les rivières génèrent un chi plus horizontal, favorisant l'inspiration puisée dans les choses plus proches de vous. Une montagne est idéale si vous voulez absorber plus de chi du cosmos, en y ajoutant peut-être un éclair d'inspiration et une idée merveilleuse.

4 Quand vous trouvez votre espace, appliquez-y les principes des cinq animaux (voir page 34) pour découvrir la meilleure position où vous asseoir.

Quand vous devez susciter une humeur particulière, vous aurez parfois besoin de sortir et d'aller dans un bâtiment différent. Là, le grand espace, les surfaces dures et l'ameublement minimal facilitent l'expansion de votre champ chi, si bien que vous pouvez réfléchir à des questions importantes.

LE PARFAIT MOMENT POUR TROUVER DE NOUVELLES IDÉES

AVANTAGE Trouver une inspiration originale.

À des moments distincts de la journée, lors de certains jours du mois (ou même des années à venir), votre créativité est différente. Vous avez ainsi l'occasion de vous montrer créatif quand vous vous sentez le plus inspiré. De ce point de vue, les principales considérations sont la position du Soleil et de la Lune, ainsi que la fusion de votre chi et du chi du cosmos.

De même que le Soleil monte sur l'horizon, vous ferez l'expérience du chi montant, ce qui vous aidera à trouver de nouvelles idées.

À faire

- Essayez de programmer votre journée de sorte à être le plus créatif à l'aube, car c'est là que le chi est très intense et active tous les chakras. Ce chi suscite une énergie intellectuelle plus grande. Essayez de vous tourner vers l'est pour influencer encore davantage votre chi.
- L'heure du minuit convient à l'élimination de toutes les distractions et à la faculté de vous relaxer dans une immobilité où les idées créatives surgissent de nulle part. Asseyez-vous face au nord pour accroître l'effet.
- À la nouvelle lune vous plongez facilement en vous pour puiser une plus grande inspiration. C'est le moment idéal du mois pour méditer et utiliser un chi plus paisible afin de trouver des idées originales.
- Durant la pleine lune, votre chi est plus actif, favorisant l'impulsivité et l'action sur le chi du moment. Vous réagissez aux événements en temps réel et, sur ces bases, interagissez de manière créative avec votre environnement.
- Grâce à l'astrologie Feng shui déterminez les meilleurs mois (ou même années) où vous disposerez du genre de créativité dont vous avez besoin pour un projet donné. Regardez les huit directions des places assises (voir pages 216 et 217) pour identifier celle dotée du type de chi le plus utile pour vous. Allez ensuite à la page 54 pour trouver le mois ou l'année qui vous mettra en phase avec ce chi particulier.

COMBLES AMÉNAGÉS

AVANTAGE Se tendre vers les étoiles pour trouver l'inspiration.

Plus l'étage où vous habitez est élevé, plus vous êtes exposé au chi vertical du cosmos. Ce genre d'espace favorise l'inspiration et la créativité davantage que, par exemple, un sous-sol. Un immeuble haut tend à canaliser le chi vertical plus qu'un immeuble bas et lourd. En outre, habiter carrément au sommet d'un bâtiment signifie qu'il y a moins d'obstacles entre vous et le cosmos.

Vous aurez plus d'idées dans ce genre de logement, vous serez plus original, vous aurez une vision plus large en termes de créativité. Voilà quelques facteurs à examiner.

À faire

• Un appartement aux plafonds hauts, situé au sommet d'un immeuble, offre au chi plus d'espace pour circuler et fortifie l'élément vertical – là, vous arriverez plus facilement à penser librement et à avoir une meilleure perspective.

• Les combles aménagés aux plafonds en pente sont plus stimulants mentalement, car la forme pyramidale concentre et active le chi qui est à l'intérieur. C'est encore mieux si le plafond est ouvert et le toit soutenu par des poutres en bois, car le bois nourrit le chi de l'élément feu.

• Les lucarnes accroissent le mouvement vertical du chi et facilitent quelque peu l'accès au chi céleste. Dans l'idéal, les lucarnes seront ouvertes, pour que vous puissiez interagir directement avec le monde supérieur dans lequel vous avez besoin de ce supplément de créativité.

• Dans des combles aménagés couvrant une grande surface, le chi circule avec une extrême liberté. Bien que vous ayez du mal à vous sentir stable dans ces lieux, vous serez inspiré et aurez de nombreuses idées créatives. Le défi consiste à réaliser quelque chose de pratique à partir de tout ce chi créatif.

Ces combles aménagés comportent un énorme volume d'espace au-dessus de votre tête, qui facilite l'expansion de votre chi mental et l'élargit votre perspective sur la vie.

MÉDITATION ET RESPIRATION

AVANTAGE Accès à votre chi créatif le plus profond.

Parfois, vous trouvez les meilleures idées quand vous êtes totalement détendu et ne pensez à rien. En fait, dans ces moments-là vous êtes plus réceptif au chi extérieur, ce qui induit le genre d'inspiration dont vous n'imaginez pas être capable. La créativité est absorbée de l'extérieur au lieu d'être puisée en soi.

À faire

1 Inspirez à fond. Allongez-vous sur le dos et placez la main sur votre nombril. En inspirant, dilatez votre abdomen, faisant ainsi monter votre main. Pratiquez jusqu'à ce que vous arriviez à respirer naturellement à partir de l'abdomen.

2 Remplissez votre abdomen d'air et continuez à respirer à partir de la poitrine. Faites sortir tout l'air de votre corps sur l'expiration.

3 Inspirez rapidement et pleinement pendant 2 secondes, retenez votre souffle pendant 1 seconde, puis expirez à fond en 8 secondes. Répétez plusieurs fois jusqu'à ce que vous vous sentiez plein d'énergie. Après quelques respirations, vous vous sentirez étourdi – pratiquez cet exercice agenouillé ou assis. Arrêtez dès que vous éprouvez un vertige.

4 Trouvez une allure et un rythme confortables. Sur chaque inspiration, imaginez aspirer le chi existant autour de vous – une couleur, un son, une sensation – et visualisez votre abdomen et votre poitrine assumer cette couleur, incarner ce son ou percevoir cette sensation.

5 En expirant, imaginez votre respiration remplir l'espace qui vous entoure, d'abord une partie,

L'apaisement du mental et la concentration sur votre connexion avec le monde contribuent au sentiment d'harmonie avec votre environnement.

puis progressivement l'ensemble de l'univers.

6 Placez une bougie allumée devant vous et fixez sa flamme en méditant. Essayez de focaliser toute votre attention sur chaque respiration – la sensation dans vos narines, dans votre bouche, gorge et poumons. Une fois que vous êtes concentré sur la respiration, votre mental absorbera le chi et les idées.

DIRECTIONS POUR S'ASSEOIR

AVANTAGE Stimule votre créativité.

La direction à laquelle vous faites face en étant assis vous expose au chi de l'une des huit directions. Ce phénomène affecte votre créativité – il est donc utile de savoir quelle est cette influence particulière, et si vous en avez besoin.

À faire

1 Pour vérifier la direction à laquelle vous faites face, asseyez-vous en tenant une boussole dont le corps est dirigé loin de vous et l'aiguille tournée vers le nord (0 degrés). Lorsque le cadran est aligné avec le centre du corps de la boussole, faites une lecture.

2 Notez les données, puis étudiez le transparent des huit directions (voir page 113) pour déterminer la direction à laquelle elles se rapportent. Par exemple, 120 degrés représentent le sud-est. Regardez ci-contre pour découvrir l'influence de la direction significative.

3 Examinez les autres directions pour déterminer s'il y a un autre chi plus utile.

4 En disposant votre siège, protégez votre dos grâce à un mur, un grand meuble ou une plante luxuriante, et gardez la zone devant vous ouverte.

Influences directionnelles

- **Est.** Favorise l'inspiration et un sentiment de créativité montant à travers vos chakras.
- **Sud-est.** Idéal pour de grandes idées, pour élargir vos horizons, être créatif face aux problèmes les plus importants.

Tournez votre fauteuil vers la direction ayant le chi que vous désirez, tout en entretenant le chi des animaux.

• **Sud.** Cultive une humeur créative spontanée. Idéal pour projeter votre créativité.

• **Sud-ouest.** Meilleur pour trouver des idées créatives et les ancrer dans la réalité. Idéal pour affiner vos idées.

• **Ouest.** Bon pour focaliser votre créativité et développer un point précis de votre travail.

• **Nord-ouest.** Intuition accrue et l'inspiration venant du cosmos.

• **Nord.** Excellent pour accéder à votre créativité à son niveau le plus profond et produire un travail original, personnalisé.

• **Nord-est.** Encourage à aller à l'essence des idées. Idéal pour se débarrasser des distractions.

MIROIRS

AVANTAGE Accélèrent et dispersent le chi.

Les miroirs et les autres surfaces réfléchissantes changent la direction de l'énergie chi de la même façon que la lumière est reflétée dans une nouvelle direction. Ils s'avèrent utiles quand vous voulez disperser le chi accéléré ou envoyer plus d'énergie vers une zone stagnante, pour relâcher le chi usé et laisser la voie libre au chi créatif.

Deux types de miroirs sont généralement utilisés : les miroirs plats, reflétant uniformément l'énergie, et les miroirs ronds convexes, dispersant l'énergie chi vers plusieurs directions distinctes. Le même s'applique aux objets métalliques polis. Les objets réfléchissants concaves absorbent le chi.

À faire

- Accrochez des miroirs dans les espaces sombres où vous voulez renvoyer dans la pièce autant de lumière que possible – les sous-sols, les appartements orientés au nord.
- Placez un miroir de sorte que la lumière naturelle d'une fenêtre se reflète vers une zone sombre de la pièce ou vers un coin stagnant. Un miroir convexe convient le mieux, car il disperse la lumière et éclaire une large zone de la pièce.
- Pour compenser toute direction déficiente signalée par le plan au sol, utilisez un miroir. En plaçant le transparent des huit directions sur le plan au sol (voir pages 114 et 115), vérifiez si l'une des huit directions présente une grave déficience en chi. Placez un miroir dans l'espace associé au chi déficient, dos orienté vers l'extérieur de la maison.

• Placez un miroir convexe ou tout objet réfléchissant sur la voie du chi accéléré pour disperser l'énergie dans les zones de votre maison présentant une déficience en chi.

Un miroir convexe émet du chi dans un large arc, le dispersant dans l'ensemble de la pièce.

ŒUVRES D'ART

AVANTAGE Stimulent le mental.

Utilisez des œuvres d'art pour stimuler votre mental et exploiter votre créativité. Les taches de couleurs vives, les images abstraites et dépouillées sont souvent associées à la créativité, bien qu'un tableau impressionniste ou une sculpture classique soient également stimulants. Vous devez vous entourer d'objets induisant des pulsions créatives à chaque fois que vous les voyez.

À faire

• Quand vous achetez un objet décoratif pour votre maison – lampe, table basse, bougeoir –, assurez-vous qu'il profitera à votre créativité.

• Visitez des galeries d'art, des antiquaires et des brocantes pour découvrir l'objet particulier qui déclenchera votre créativité. Parfois, si vous placez dans votre maison des œuvres d'art ternes, votre créativité sera amoindrie et l'effet de toute action qui résonne avec le chi créatif diminué. Faites le bon choix et préférez avoir peu d'objets, mais de qualité.

• Utilisez votre regard créatif partout dans la maison – pour les tissus des coussins, pour les rideaux et la literie, même pour les radiateurs.

• Essayez de décorer votre maison d'œuvres d'art originales, plutôt que d'objets de série, déjà nombreux sur place – télévision, chaîne musicale, équipement de cuisine. Rendez votre maison unique grâce à ses œuvres d'art.

• Utilisez votre inventivité pour réfléchir à "l'objet" qui fera de la maison un espace créatif – une horloge projetée sur un mur, un plancher fait de

plusieurs matières, des grandes photos couleur sur les murs. Quel qu'il soit, essayez de vous approprier cet objet pour éprouver ce sentiment créatif à chaque fois que vous rentrez.

Ce tableau confère un mouvement montant bois, avec une sensation yang dynamique. Rien qu'en le regardant, vous vous sentirez de meilleure humeur.

RANGER

AVANTAGE Plus de place pour réfléchir.

En consolidant votre créativité, vous encouragez le chi à circuler harmonieusement à travers la maison et à éviter les situations stagnantes.

Le fouillis provoque la stagnation du chi. Un désordre excessif entrave le mouvement du chi, réduisant sa vitesse. Le fouillis garde longtemps le chi et le garde longtemps au même endroit, rendant la pièce étouffante, entravant la progression et l'envie d'essayer de nouvelles choses. Une personne vivant dans une maison en grand désordre aura l'impression que la vie est un combat, qu'elle est figée dans une routine où qu'elle perd totalement sa créativité.

À faire

1 Nettoyez à fond, déplacez tout, récurez les coins sombres, stimulant le chi dormant qui s'y trouve.

2 Prenez plusieurs cartons et étiquetez-les en mettant la date du jour – “rangement à long terme”, “abandonner”, “indécis”.

3 Placez tous les objets dont vous pensez n’avoir pas besoin avant longtemps dans le carton “rangement à long terme” – vous n’en avez pas l’usage, mais vous ne pouvez toutefois pas les jeter (anciens relevés bancaires, par exemple).

4 Mettez dans le carton étiqueté “abandonner” tous les objets vous rappelant une partie de votre vie que vous voulez dépasser.

5 Mettez dans le carton “indécis” tous les objets encombrant la maison, mais que vous n’avez pas envie de jeter.

6 Après un mois, jetez les objets du carton “abandonner” qui ne vous ont pas manqués. Gardez les deux autres cartons pendant un autre mois, puis voyez si vous pouvez transférer quelque chose du carton “indécis” dans le “rangement à long terme”. Vous sentez-vous à l’aise en vous séparant du contenu du carton “indécis” ?

Se débarrasser de la poussière élimine le chi qui lui est associé, laissant de l’espace dans la maison pour le chi frais.

REMPLIR L'ATMOSPHÈRE D'ONDES SONORES

AVANTAGE Inspiration et créativité plus considérables.

Toute onde sonore vibrant à travers les airs passera par votre champ énergétique. La fréquence des ondes sonores influencera votre chi, contribuant à changer votre humeur et éventuellement votre créativité. Un son yin, plus délicat, apaisera et calmera le chi autour de vous, favorisant la concentration intérieure plus intense sur la solution créative. Les sons yang plus vibrants, plus rythmiques, activeront votre champ énergétique externe, facilitant l'émergence de votre créativité et son expression.

À faire

• Réfléchissez attentivement en faisant jouer de la musique (sons les plus habituels dans une maison), car c'est là une occasion de stimuler vos émotions. Certains morceaux avivent votre inspiration et votre créativité. Parfois, ce processus est dû à des associations – la musique vous rappelle un moment où vous étiez particulièrement créatif – ou les ondes sonores résonnent avec votre chi d'une manière qui titille votre imagination.

• Avant d'installer dans la maison un objet émettant des sons (téléphone, réveil, sonnette), soyez certain d'apprécier sa tonalité. D'un point de vue Feng shui, les sons sont meilleurs s'ils viennent d'une cloche traditionnelle en métal, qui contribue à purifier et à activer l'atmosphère à chaque fois qu'elle résonne.

• Pensez à faire entrer dans la maison d'autres bruits ambiants que vous aimez : le murmure d'une cascade d'intérieur, le tic-tac rythmique d'une horloge. Ces clapotis traverseront la maison, gardant le chi en circulation et diminuant ainsi le risque de stagnation.

Le murmure de l'eau vive remplira votre maison d'un son relaxant à fréquences multiples, qui estompera les autres bruits.

LE FENG SHUI ET VOS FINANCES

DEVENIR FINANCIÈREMENT CONSCIENT GRÂCE À SA MAISON

Le Feng shui peut contribuer à l'amélioration de vos finances. Toutefois, vous devez faire des efforts pour devenir plus conscient financièrement – il est peu probable que le Feng shui fasse surgir l'argent de nulle part.

Réfléchissez soigneusement aux moyens d'accroître vos biens. Devez-vous gagner davantage, économiser plus, dépenser moins ? Si vous devez gagner davantage, comment y arriverez-vous ? Si vous avez un emploi stable, vous faut-il

un nouveau projet, une promotion, une augmentation ? Comment pensez-vous accroître à long terme vos possessions ? Cherchez-vous l'occasion qui permettra de gagner beaucoup en une seule fois ? Préférez-vous une accumulation lente ou garder ce que vous avez ?

Lorsque vous avez une idée précise sur le moyen de vous enrichir, réfléchissez à la manière d'agir sur vous-même pour tirer le meilleur des occasions se présentant. Si vous avez déjà essayé, l'expérience vous servira, même si la tentative a échoué. Si c'est votre premier essai, vous aurez à faire davantage appel à votre imagination.

Dressez une liste de vos traits à modifier pour faciliter l'enrichissement. Par exemple, devez-vous être plus assuré, travailler davantage, vous montrer plus impitoyable, vous concentrer plus sur les profits, mieux achever les projets, économiser de façon plus disciplinée, vous apprécier davantage ? Ce chapitre vous enseignera comment vous concentrer mieux sur vos finances.

- Utilisez des pièces de monnaie pour activer le chi associé aux entrées d'argent.
- Intensifiez le chi associé à la richesse en utilisant des plantes favorisant l'argent.
- Incitez chaque partie de votre maison d'agir en votre faveur.
- Empêchez le chi de richesse de sortir par la porte d'entrée.
- Créez une situation offrant plus d'occasions d'améliorer vos finances.
- Stimulez le chi nécessaire au commencement de nouveaux projets.
- Fortifiez le chi aidant à accroître vos revenus.
- Utilisez le Feng shui pour économiser davantage.
- Activez le chi intensifiant la circulation de l'argent.

Concentrez-vous sur la destination de l'argent gagné, pour qu'il ait une vraie valeur pour vous.

PIÈCES DE MONNAIE SUR UN TISSU ROUGE

AVANTAGE Intensifient la concentration sur vos finances.

Le chi de l'ouest est associé au coucher du Soleil et à la moisson, moment où vous obtenez la récompense du travail effectué durant le jour et l'année. Ce chi est donc idéal pour mener les choses à une conclusion profitable. Pour accroître votre capacité à vous concentrer et à investir de l'énergie dans l'amélioration de vos finances, activez le chi métal dans la partie ouest de votre maison en y plaçant quelques pièces de monnaie ou billets sur un tissu rouge. Le métal des pièces de monnaie et la couleur rouge ajouteront plus d'énergie métal à cette direction. Les pièces de monnaie et les billets seront aussi un rappel symbolique de cet aspect particulier de votre vie.

Utilisez vos pièces de monnaie préférées. Plus leur valeur est élevée, plus votre ambition est grande. Si vous voulez voyager, utilisez des pièces provenant d'autres pays.

À faire

1 Étudiez le plan au sol et placez correctement le transparent des huit directions sur le centre (voir pages 114 et 115) pour déterminer l'emplacement du segment ouest de votre maison. Si celui-ci ne convient pas aux pièces de monnaie – salle de bains, débarras, office – choisissez le segment au nord-ouest ou au nord.

2 Trouvez une place bien visible dans la pièce et étalez le tissu rouge. Placez dessus le plus gros billet, puis ajoutez les pièces par ordre de valeur.

3 Si vous préférez ne pas utiliser des billets de banque, mettez les pièces dans un bol métallique placé sur le tissu rouge. Pour garder en mouvement le chi des pièces, retirez-en quelques-unes toutes les semaines et remplacez-les par d'autres, nouvelles.

4 Vous pouvez utiliser des pièces chinoises, dont le centre présente un trou carré, rendant possible leur enfilage sur un ruban rouge, à accrocher dans la partie ouest de votre maison. Pour être aussi efficaces, elles doivent avoir un symbolisme similaire aux pièces de votre pays.

PLANTES FAVORISANT L'ARGENT

AVANTAGE Accroissent le chi associé au gain d'argent.

Chaque partie de votre maison a une influence différente sur votre aptitude à accroître vos biens. Par exemple, l'est aide à trouver de nouvelles possibilités de gagner de l'argent, le sud-est concerne les moyens d'accroître la prospérité à l'avenir, le nord-est permet de saisir l'occasion de faire un investissement profitable.

Pour activer le chi de chaque zone, utilisez de l'herbe aux écus. Ses feuilles arrondies sont associées au chi métal, lié à son tour aux pièces de monnaie et à l'argent. Pour accentuer l'effet, mettez la plante dans un récipient métallique ou soutenez le chi métal en la plaçant dans un pot en argile représentant le chi terre.

L'herbe aux écus est généralement facile à entretenir si on ne l'arrose pas trop.

À faire

1 Alignez le transparent des huit directions sur le centre du plan au sol pour déterminer leur emplacement dans votre maison (voir pages 114 et 115).

2 Placez l'herbe aux écus dans la zone choisie pour activer le chi. La liste suivante vous propose des idées sur la manière dont une direction particulière est susceptible d'aider les finances et sur les actions à effectuer dans cette partie-là de la maison.

Qualités des directions

- **Est.** Aide à débuter de nouveaux projets pour gagner de l'argent et élargir votre entreprise.
- **Sud-est.** Accroît votre capacité à trouver de nouvelles idées pour votre prospérité future.
- **Sud.** Aide à développer l'envie de gagner de l'argent. Bonne direction pour le développement des contacts utiles.
- **Sud-ouest.** Utilisez cette zone pour vous concentrer sur vos économies et pour trouver des moyens d'accroître la somme dont vous disposez.
- **Ouest.** Obtenez plus d'argent de votre travail actuel.
- **Nord-ouest.** Permet de faire preuve d'une plus grande intégrité quant à l'argent et de montrer davantage de respect pour sa valeur.
- **Nord.** Intensifie le chi se rapportant à vos liquidités. Direction idéale si les gens prennent leur temps pour vous payer.
- **Nord-est.** C'est le chi hivernal, parfait pour des décisions rapides. Accroissez ce chi si vous voulez spéculer.

FAIRE TRAVAILLER L'ENSEMBLE DE LA MAISON POUR SOI

AVANTAGE Améliore chaque aspect de vos finances.

Comme nous l'avons vu (voir pages 232 et 233), chaque partie de la maison a une influence sur votre capacité à accroître votre fortune. La liste suivante précise la signification de chaque direction et propose des idées quant aux objets à utiliser dans chaque partie de la maison.

Détails sur les attributs des directions

- **Est.** Placez un jeu d'eau en mouvement pour favoriser le lancement de nouveaux projets permettant de gagner beaucoup d'argent. Quand une percée semble proche, mettez une pièce de monnaie étincelante dans l'eau à l'aube.
- **Sud-est.** Mettez un bol d'eau fraîche sur un gros billet de banque afin de trouver des idées originales pour votre prospérité future. Remplissez le bol tous les matins, dès le réveil.
- **Sud.** Accrochez des tableaux induisant la motivation de gagner davantage. Ces images inspirent et gardent concentré sur l'avenir.
- **Sud-ouest.** Gardez vos relevés de caisse d'épargne dans un pot en argile ou mettez une plante aux fleurs jaunes dans un récipient en argile pour stimuler l'énergie de cette direction.
- **Ouest.** Disposez des pièces de monnaie étincelantes sur un tissu rouge, afin d'intensifier le chi favorisant le gain financier. Vous vous amuserez à gagner de l'argent et y trouverez du plaisir.
- **Nord-ouest.** Gardez vos données financières dans cette partie de votre

maison, si vous voulez vous montrer sérieux quant à vos finances. La zone aide à comprendre la valeur de l'argent.

• **Nord.** Accrochez un petit cristal arrondi à facettes multiples dans cette partie de votre maison pour intensifier le chi se rapportant à la trésorerie.

• **Nord-est.** Le chi des décisions rapides. Si vous aimez spéculer et jouer en bourse, augmentez ce chi en plaçant là vos titres, en compagnie d'une grande pierre (le cristal blanc convient le mieux).

Placez les choses qui vous inspirent dans le sud, pour qu'elles absorbent le chi terre ardent. En vous tournant vers le sud quand vous les regardez, vous absorberez davantage de chi feu.

ESCALIERS ET PORTES

AVANTAGE Conservent votre argent.

Le chi circule entre les étages de votre maison – en général, le long de l'escalier. Quand les gens montent et descendent les escaliers, ils activent le chi, offrant ainsi une voie naturelle à sa circulation, un canal où il accélère. L'escalier détermine la façon dont une partie de l'énergie arrive à chaque étage et le quitte.

Les larges escaliers ouverts incitent l'énergie chi à accélérer, tout comme la surface des escaliers en pierre et en bois dur ciré. Les escaliers en bois lisse ont une influence plus neutre, alors que les tapis, les chemins d'escalier en jonc et en jonc de mer ralentissent le chi.

Lorsque le chi prend de la vitesse le long des escaliers, il faut tenir compte de ce qu'il rencontrera sur son chemin. Si en atteignant le pied de l'escalier il arrive à la porte principale, il tend à se précipiter hors de la maison, créant ainsi une déficience en chi. Cet état nuit aux tentatives de se constituer des économies. Pour y remédier, éloignez une partie du chi de votre porte d'entrée et dispersez-le dans les autres zones de la maison.

À faire

• Si vos escaliers débouchent sur la porte d'entrée, descendez-les lentement et cherchez la meilleure place pour un petit miroir rond convexe (de la taille de votre paume). Accrochez-le de sorte qu'il vous fasse face quand vous descendez les escaliers.

• Mettez une plante luxuriante entre le pied de l'escalier et la porte, pour ralentir le passage de chi.

• Placez un carillon éolien pour qu'il tinte quand la porte d'entrée s'ouvre. Le carillon éolien dispersera le chi dans toute la maison, diminuant le risque qu'il s'échappe par la porte.

Les escaliers ouverts, comme celui-ci, permettent au chi de se répandre lorsqu'il circule entre les étages, alors que les escaliers fermés canalisent le chi vers une direction plus convergente.

DÉCOUVRIR PLUS D'OCCASIONS FINANCIÈRES

AVANTAGE Fortifient votre chi financier.

Le chi rapide et réactif du nord-est est idéal pour découvrir de nouvelles occasions d'investissement. Cette énergie aide à saisir le bon moment, avant que les autres réagissent aussi. Le chi du nord-est est pénétrant, comme un vent glacial, et vous incite à aller droit au but. Vous devez être en même temps plus yang, pour rester concentré, précis et sur le qui vive, ce qui, à son tour, vous aidera à réagir rapidement.

À faire

• Pour vous exposer davantage au chi du nord-est, dormez avec le sommet de la tête dirigé dans cette direction. Cela ne marchera cependant pas si vous avez le sommeil léger ou si vous faites des cauchemars – dans ce cas, votre tête doit pointer vers l'ouest pour une conscience financière accrue. Il est utile de vous installer face au nord-est lorsque vous êtes au travail.

• Les pierres ou les cristaux décoratifs placés près de vous généreront davantage d'énergie du nord-est, associée à la montagne. Le blanc éclatant stimule ce chi. Peignez les murs et le plafond en blanc, disposez beaucoup de fleurs blanches ou des cristaux blancs dans la partie nord-est de votre maison.

• Le chi feu nourrit le chi du nord-est et permet de voir les tendances futures. Pour l'intensifier, utilisez des lumières feu pourpres, vives. Les plantes aux feuilles pointues accroissent encore plus cette énergie.

• Générez une atmosphère plus yang, où le chi se déplace rapidement, en créant de grands espaces ouverts, en utilisant des couleurs vives et des surfaces dures, de sorte à vous sentir alerte et actif.

• Il se peut que vous constatiez que la meilleure année (ou mois) pour saisir les occasions est celle où votre nombre de l'année se trouve au nord-est. Vérifiez en page 53 la date de sa prochaine apparition.

Les pierres et les cristaux disposés au nord-est fortifient là le chi terre rapide, favorisant votre agilité mentale.

DÉBUTER DE NOUVEAUX PROJETS

AVANTAGE Confère une meilleure énergie incitant à de nouveaux projets.

Pour réussir dans une nouvelle carrière professionnelle, l'enthousiasme, la confiance et la fois dans le succès sont de rigueur, et sont conférées par le chi de l'est. Pour prendre le meilleur départ, faites entrer davantage de chi de l'est dans votre champ énergétique. Ce chi de l'aube, du printemps, de l'ascension, favorise la prise en charge de nouveaux projets financiers.

Un bol en verre est idéal pour votre eau fraîche, car le verre est associé au chi eau.

À faire

- Placez un bol d'eau dans la partie est de votre maison. Remplissez-le tous les matins, pour faire venir plus d'énergie eau fraîche. L'eau soutient le chi bois de l'est et accroît la présence de cette énergie matinale et printanière. Si vous placez le bol de sorte que les premiers rayons du soleil le touchent à l'aube, l'énergie sera encore plus intense.
- Accroissez le chi de l'est en mettant des plantes dans cette zone – elles représentent l'énergie bois et font venir plus de ce chi.

- Une autre manière efficace d'absorber du chi de l'est consiste à travailler face à cette direction pour qu'il pénètre dans votre champ énergétique. Si c'est impossible, essayez de faire face au sud-est.
- Quand vous envisagez de lancer un nouveau projet, il est essentiel de vous débarrasser de tout ce qui est devenu inutile. Vous laissez ainsi aux intérêts actuels l'espace nécessaire. Cet espace supplémentaire permet de discerner la capacité de commencer un nouveau projet. Il est plus difficile d'entamer un projet quand l'espace est réduit et quand vous êtes entouré du fouillis subsistant des projets précédents.

Vous asseoir face à l'est aide à absorber un chi puissant pour débuter de nouveaux projets.

AUGMENTER VOS REVENUS

AVANTAGE Intensifie votre potentiel financier.

La partie ouest de votre maison est associée au désir de richesse, de romantisme et de contentement ; la partie nord-ouest se rapporte au sentiment de tout contrôler, d'être organisé et d'agir avec sagesse. Ces aspects de votre vie seront perturbés si quoi que ce soit génère du chi feu en ces lieux (chauffe-eau, cuisinière à gaz ou électrique, cheminée, four).

Les zones ouest et nord-ouest sont associées au chi métal et leur énergie risque d'être détruite par le chi feu en cas de déficience du chi terre. Pour y remédier, un ajout de chi terre est approprié afin d'harmoniser le chi feu et le chi métal – un objet générant une intense énergie de ce type, par exemple un peu de charbon à dessin cassé en morceaux dans un pot en argile. En plaçant le pot sur un tissu jaune, l'énergie sera accrue.

Tout objet en argile, de couleur jaune, de forme plate et basse, sera utile. En outre, le terreau des plantes en pot véhicule de l'énergie terre. Une plante à fleurs jaunes dans un récipient en argile contrôlera tous ces attributs.

À faire

1 Utilisez le plan au sol et le transparent des huit directions pour déterminer l'emplacement des segments ouest et nord-ouest de la maison (voir pages 114 et 115). Examinez ces directions pour identifier tout objet générant du chi feu.

2 Si vous en trouvez, mettez le pot en argile avec du charbon sur un tissu jaune, aussi près que possible du chauffe-eau, de la cuisinière ou du four. Encadrez la cuisinière ou la cheminée de pots remplis de charbon. Pour un chauffe-eau, placez le charbon sur une étagère ou sur le plancher, en dessous de cet appareil. Pour un four, placez le charbon dans un placard aussi proche que possible.

3 Changez le charbon environ tous les deux mois, nettoyez et rangez souvent la zone autour du pot en argile.

Les fleurs jaunes sont associées au chi terre. Placées à l'ouest, elles soutiennent le chi métal, aidant à se concentrer sur l'accroissement de sa fortune.

ÉCONOMISER DAVANTAGE

AVANTAGE Accroît la capacité à économiser.

Il est important que l'ambiance de votre maison vous incite à être conscient de vos finances et à utiliser efficacement votre argent. Le chi du sud-ouest associé à lui est représenté par le Soleil descendant de l'après-midi. Pour le Feng shui, ce chi se rapporte à l'énergie de l'automne, quand les animaux accumulent des réserves pour l'hiver, ce qui le rend idéal pour les activités genre collecte et stockage. Ce chi est plus abondant dans la partie sud-ouest de la maison.

À faire

• Pour activer le chi du sud-ouest, placez des fleurs jaunes ou une plante à fleurs jaunes dans cette partie de la maison. Le remède s'avérera encore plus efficace si vous mettez les fleurs dans un récipient en argile.

• Dans la partie sud-ouest de la maison utilisez des tissus de couleur jaune, brun ou noir pour les coussins, les rideaux, les nappes. Si vous mettez de l'argent de côté, cela favorisera un sentiment de stabilité et de confort.

• Essayez de dormir avec le sommet de votre tête dirigé pendant un moment vers le sud-ouest, afin d'absorber plus de ce chi stable. En outre, essayez de vous asseoir face à cette direction.

• Vous risquez de perdre du chi en laissant l'énergie sortir trop facilement de votre maison. Les robinets qui fuient accroissent ce risque, surtout s'ils sont dans la partie sud-ouest de votre maison. Réparez rapidement toute fuite.

• Quand vous faites des achats, essayez de vous en tenir aux objets dont la valeur ne diminuera pas, ou même augmentera au fil du temps – antiquités, tableaux, voitures classiques, maisons, bijoux.

• Il est plus facile d'économiser de l'argent dans une année (ou un mois) où votre nombre de l'année (du mois) est au sud-ouest (voir page 53).

La couleur jaune fortifie le chi du sud-ouest, facilitant les économies et la préservation de votre fortune.

LAISSER CIRCULER L'ARGENT

AVANTAGE Devenir une partie du courant financier.

L'argent circule autour du globe en générant un chi qui lui est propre. Au fil de son passage d'une personne à une autre, il devient un puissant moyen de connexion à travers la planète. Il vous suffit de regarder l'origine de la plupart des objets que vous achetez pour réaliser que l'argent dépensé ira dans divers pays.

Si vous voulez faire partie de ce courant de chi entourant le monde, vous devez vous positionner de sorte à pouvoir gagner de l'argent et en dépenser – mieux identifié en tant que chi eau. La circulation de l'argent imite la circulation de l'eau autour de la planète. Quand vous faites partie de ce courant, à chaque fois que vous dépensez de l'argent vous avez l'occasion d'influencer la direction vers laquelle les êtres humains se dirigent (par exemple, en achetant des légumes bio de préférence à ceux traités aux pesticides).

À faire

• Pour absorber plus de chi eau du nord dans votre champ énergétique, dormez avec le sommet de la tête vers le nord, ou asseyez-vous face à cette direction.

• Placez un jeu d'eau en mouvement dans le segment nord, est ou sud-est de la maison. Utilisez le plan au sol et le transparent pour déterminer l'emplacement de ces directions (voir pages 112 à 115). L'eau en mouvement intensifie le courant de chi, vous rendant plus apte à dénicher l'argent circulant autour de vous.

• Vous êtes dans la position idéale pour faire partie du courant d'argent lors d'une année (ou d'un mois) où votre nombre de l'année (du mois) est au nord.

• Accrochez un cristal à une fenêtre dans la partie nord de la maison pour stimuler son chi. Essayez de le positionner pour qu'il attrape soit éclairé par le Soleil matin et soir.

Un grand miroir au nord de la pièce aide à stimuler le chi en ce lieu.

LE FENG SHUI ET LE DÉMÉNAGEMENT

CHOISIR LA MAISON QUI VOUS CONVIENT

Un déménagement est l'un des événements les plus susceptibles de changer la vie. Vous vous immergez dans un chi totalement différent et constatez inexorablement que votre vie se modifie. Plus vous déménagez loin, plus le potentiel de changement est considérable. S'installer dans un autre pays, à la culture différente, provoque une transformation encore plus importante de votre vie. Si vous achetez une nouvelle maison, celle-ci représente en principe l'investissement le plus significatif que vous ferez dans la vie.

Il est donc essentiel de ne pas vous tromper, d'aller dans une direction propice pour vous au moment respectif et de vous installer dans une maison possédant le type de chi dans lequel vous vous épanouirez. Voilà quelques considérations capitales présentées en détail dans ce chapitre.

• Découvrez ce qui est arrivé aux occupants précédents. Dans l'idéal, leur relation était bonne, leurs enfants heureux, et ils gagnaient bien leur vie. L'histoire de certaines maisons est entachée de divorce ou d'échecs financiers à répétition. Il est préférable de les éviter, sauf si vous connaissez les raisons de ces incidents d'un point de vue Feng shui et savez y remédier.

• Évitez de vous installer dans une maison proche de pylônes électriques ou d'un transformateur, car il n'y a pas grand-chose à faire pour venir à bout des champs électromagnétiques potentiellement nuisibles. De même, vivre près d'une ligne de chemin de fer électrifié, d'une usine de traitement des déchets nucléaires ou dans un lieu exposé aux déchets toxiques.

• Examinez les qualités des diverses directions (voir page 36) et décidez lesquelles vous seront les plus utiles. Essayez de trouver une maison orientée vers l'une des directions permettant l'entrée de plus de ce chi propice.

• Essayez de trouver une maison bien proportionnée avec un plan au sol pratiquement carré, qui favorisera une vie bien équilibrée.

• Trouvez une maison bien exposée à la lumière naturelle. En ville, cela veut souvent dire les étages élevés d'un immeuble, pour ne pas vous retrouver dans l'ombre des immeubles voisins. Dans les zones rurales, choisissez une maison entourée d'un grand espace dégagé.

• Assurez-vous que votre future maison comporte autant de matières naturelles que possible, surtout si elle est neuve, car beaucoup de matières synthétiques libérant des émanations toxiques pendant des années.

Un déménagement peut s'avérer un événement qui change la vie. Il est important de vous assurer que ce sont là des changements profitables.

S'IMPLANTER DANS UN CHI ENVIRONNEMENTAL INCONNU

AVANTAGE Changements de vie positifs.

Quand vous avez vécu pendant un certain temps dans une maison, vous êtes imprégné du chi de cet espace et vous avez projeté à l'intérieur une partie de votre propre chi. Votre maison renferme une partie de votre énergie émotionnelle et une partie de votre maison a défini votre chi. Quand vous déménagez, vous vous extirpez de ce chi familier et vous vous implantez dans un chi inconnu. Si vous déménagez dans une maison qui a été habitée par d'autres personnes, vous vous immergez aussi dans le chi que celles-ci ont laissé derrière elles. Le déménagement est donc une extraordinaire occasion de changer votre chi et de faire avancer votre vie. Le risque existe cependant que votre vie prenne une direction indésirable si le chi que vous absorbez est de meilleure qualité.

Pour bien comprendre le chi d'une maison où vous êtes susceptible de vous installer, essayez d'en savoir davantage sur ses précédents occupants.

À faire

- Essayez de rencontrer les occupants actuels, pour avoir une idée du chi qu'ils ont projeté dans la maison et vous rendre autant que possible compte de leur état de santé physique, de bien-être mental et de leur bonheur émotionnel. S'il s'agit d'un couple, tentez de saisir l'état de leur relation.
- Examinez les archives locales ou cherchez sur Internet d'autres informations utiles.
- Si vous ne pouvez pas rencontrer les occupants actuels, parlez aux voisins

pour vous en faire une idée. Il est bon de connaître tout éventuel problème de santé, conjugal ou financier.

Une maison où vivent des gens heureux et en bonne santé aura assurément ce genre de chi.

CHOISIR VOTRE EMPLACEMENT

AVANTAGE Trouver le chi le plus utile.

Au fil du temps, des civilisations se sont bâties dans des zones au chi différent. Chacune a développé une réputation pour excellence dans un certain domaine, car le chi particulier d'un endroit en favorisant la réussite, que ce soit dans l'art, les finances, l'écriture, le commerce.

Certains types de chi conviennent mieux à nombre de professions. Par exemple, le fort chi vertical correspond aux écrivains, qui travaillent seuls et ont besoin d'inspiration, d'originalité et d'imagination. Au contraire, un commerçant sera mieux soutenu par un courant de chi horizontal, car il interagit avec les autres.

Si vous savez ce que vous voulez faire dans la vie et planifiez de déménager, concentrez-vous sur des endroits susceptibles de vous aider.

Cette ligne d'horizon spectaculaire met en évidence le chi bois de la haute tour, le chi métal du dôme, le chi terre des maisons basses à toit plat, le chi feu de la flèche et le chi eau des formes irrégulières.

À faire

1 Cherchez sur Internet les endroits où ont vécu des personnes dont vous désirez être l'émule. L'un de ces endroits coïncide-t-il avec celui où vous voulez vivre ? Comme toute chose traverse un cycle, mieux vaut vous concentrer sur les vivants.

2 Quand vous choisissez entre plusieurs endroits, examinez leur histoire. Souvent, des livres traitent des activités qui s'y sont épanouies au fil des siècles. Déterminez aussi si vous êtes dans une phase d'élan ou de déclin.

3 Visitez la zone pour déterminer si le genre d'atmosphère qui vous soutiendra le plus est présent. Passez du temps à vaquer aux alentours, entrez dans différents cafés et des immeubles publics pour vous imprégner du chi local.

4 Rencontrez des habitants du coin – dans l'idéal, pratiquant la même profession que vous – et essayez de savoir s'ils réussissent dans cette localité.

COLLINES ET EAU

AVANTAGE Soutiennent des forces de la nature.

Tant les collines que l'eau ont une influence spectaculaire sur le chi local. Les collines favorisent une composante plus verticale du courant de chi, les cours d'eau, un courant horizontal plus fort (les chutes d'eau font exception, car elles incitent le chi à descendre).

Un examen attentif de ces questions est conseillé lorsque vous cherchez une nouvelle maison. Vous trouverez souvent ces données sur une carte topographique, montrant les hauteurs de la zone qui vous intéresse ainsi que les plans d'eau.

À faire

1 Quand vous décidez de vivre dans une zone vallonnée ou montagneuse, mieux vaut choisir une maison bâtie dos à la colline et face vers le paysage, de sorte à disposer de la protection du chi représenté par la tortue derrière et du chi ouvert du phénix devant (voir page 34).

2 Examinez la carte pour déterminer si un cours d'eau passe près de la maison. Demandez aux autorités locales des informations sur les cours d'eau souterrains.

Un terrain vallonné favorise l'indépendance et l'individualisme. Utilisez le concept des cinq animaux pour trouver des idées quant à l'orientation.

3 Si un plan d'eau est présent, visitez la zone et vérifiez qu'il est propre et non pollué. L'eau est certainement saine si elle est en mouvement et si des poissons, ainsi que d'autres formes de vie, y pullulent.

4 Vérifiez la direction du cours d'eau par rapport au centre de votre maison, et estimez sa proximité. S'il est très proche de votre maison – par exemple, à environ 50 m – mieux vaut qu'il soit situé à l'est ou au sud-est de celle-ci.

5 Si vos recherches révèlent qu'une eau souterraine coule sous la maison à une profondeur relativement réduite – dans les 2 m – s'agit-il d'eau d'égout ou d'eau pure ?

VOIES FERRÉES ET ROUTES

AVANTAGE Éviter le chi perturbé.

Les trains et les voitures font mouvoir le courant naturel de chi de la surface terrestre. Cela s'avère parfois utile en termes de connexion à la société dans son ensemble – le risque le plus important étant d'avoir du mal à se relaxer et à se sentir stable si la maison est proche de ce chi tourbillonnant.

Plus la route ou la voie ferrée est fréquentée, plus son influence sur la maison sera grande (les routes ou les voies ferrées moins utilisées ont un moindre effet). Les voies ferrées électrifiées génèrent des champs électromagnétiques nuisibles pour la santé, de même que les gaz d'échappement des véhicules empruntant les routes (voir pages 142 et 143).

À faire

1 Vérifiez sur la carte la présence de toute voie ferrée. Si une telle voie passe à moins de 1 km, essayez de savoir si elle est électrifiée. Dans ce cas, la maison doit en être éloignée d'au moins 800 m (500 m pour une voie peu passagère).

2 Vérifiez les routes du voisinage. La maison doit être éloignée d'au moins 500 m de toute route très fréquentée (davantage pour les autoroutes). Sinon, le chi proche de votre maison sera chaotique et vous serez exposé à des émanations nuisibles.

3 Vérifiez si des routes se dirigent vers votre maison, de sorte que les véhicules viennent droit sur elle. Dans ce cas, le chi sera activé et visera votre maison, intensifiant le chi qui s'y trouve. Cet élément est à prendre en considération seulement si la route est fréquentée et son chi accéléré.

Vivre le long d'une route en courbe signifie que les véhicules se dirigeront droit vers la maison, envoyant le chi vers vous. Il sera plus difficile de se détendre et de se sentir stable.

ÉLECTRICITÉ ET POLLUANTS DU CHI

AVANTAGE Éviter le chi pollué.

Il est difficile de remédier à la présence des champs électromagnétiques et des déchets toxiques potentiellement nuisibles. Les deux peuvent avoir une influence négative sur votre santé – les enfants seront les plus vulnérables. Il est important de déterminer dès le départ l'existence éventuelle d'un problème éventuel avec toute nouvelle maison, car ces deux phénomènes rendent un espace indésirable du point de vue Feng shui.

Bien entendu, la présence d'une centrale nucléaire ou d'une usine de traitement des déchets nucléaires est le plus grand risque, car en cas d'accident, plus vous êtes proche, plus la possibilité d'exposition aux radiations sera élevée.

À faire

1 Vérifiez auprès de l'EDF et des autorités locales la présence de tout câble de haute tension ou de tout transformateur près de la maison que vous avez en vue.

2 Faites mesurer les champs électromagnétiques dans la maison et autour d'elle, pour évaluer les risques. Comparez les données mesurées avec celles fournies par des sites Internet sérieux, faisant autorité en la matière. EDF pourra se charger des mesures pour votre compte.

3 Vérifiez dans les archives locales la présence de toute trace d'accident polluant dans la région. Si vous achetez une maison bâtie au cours des ces dernières 50 années, vérifiez si l'endroit est susceptible d'avoir été contaminé par le passé.

4 Vérifiez l'existence dans un rayon de 20 km de tout réacteur nucléaire, usine de retraitement ou lieux de stockage. Toute installation dans ce périmètre présente potentiellement un risque pour. Répétons-le, les enfants sont les plus vulnérables.

5 Identifiez les industries susceptibles de polluer la zone par les airs ou par l'eau. Les usines chimiques risquent de provoquer une pollution aérienne, des incendies et des explosions. Évitez de vivre près des centrales électriques émettant des taux élevés de bioxyde de carbone.

Faites attention si vous vous installez dans une maison sujette aux champs électromagnétiques, car peu de remèdes Feng shui sont susceptibles d'améliorer la situation.

REGARDER LA MAISON DE L'EXTÉRIEUR

AVANTAGE Apprendre à connaître le chi de la maison.

L'extérieur de la maison fournit de nombreux indices sur le principal type de chi se trouvant à l'intérieur. Les principales considérations sont l'influence de la forme de la maison sur le chi intérieur et la manière dont les fenêtres participent à l'entrée et à la sortie du chi.

À faire

1 Regardez de l'extérieur la maison ou, si vous achetez un appartement, l'immeuble, pour voir sa forme de profil (ci-contre). La plupart des immeubles présentent un amalgame de types de chi. Par exemple, une maison basse avec un toit en pente dispose de chi terre et de chi feu.

2 Si vous notez la présence de deux éléments opposés dans un immeuble (par exemple, un immeuble de haute taille, avec un toit en forme de dôme), vous devez penser à des moyens de faire venir le chi qui les harmonisera (dans cet exemple, le bois et le métal sont harmonisés par l'eau). Cette situation est toutefois très rare.

3 Observez le nombre et la taille des fenêtres. Plus il y a de fenêtres et plus elles sont grandes, plus le chi entrera et sortira facilement. Le risque de stagnation est réduit, mais il sera plus difficile de vous sentir stable en ces lieux. Les fenêtres favorisent une circulation plus horizontale du chi.

Cet immeuble a le potentiel d'abriter un chi horizontal fort, grâce à ses grandes fenêtres, à son toit plat et à ses caractéristiques horizontales.

Le chi et les formes des habitations

• Si l'immeuble est élevé, avec des plafonds hauts, il sera riche en chi vertical montant, générant plus de chi bois à l'intérieur.

• Un toit en pente signale la présence à l'intérieur d'un plus de chi feu. Plus la pente est prononcée, plus l'effet est fort.

• Si le toit est bas et large, il y aura plus de chi horizontal, stable, représentant le chi terre.

• Un toit en forme de dôme, des fenêtres rondes ou des voûtes suggèrent la présence accrue du chi métal, maîtrisant l'atmosphère à l'intérieur.

• Une forme irrégulière, due aux nombreux ajouts à la maison au fil du temps, est associée au chi eau.

SURVEILLER LE SITE

AVANTAGE Plus de chi harmonieux.

Trois considérations concernent les autres immeubles proches de votre maison.

1 S'ils sont plus hauts que la maison et positionnés à l'est, au sud-est, au sud, au sud-ouest ou à l'ouest, ils cachent le soleil, ce qui suscite une déficience en chi à l'intérieur. Vous serez privé d'une partie du chi de cette direction particulière.

2 Le coin d'un immeuble pointe-t-il vers la maison, dirigeant vers elle un chi accéléré ? Il sera plus difficile de se sentir stable et confortable à la maison.

3 Votre maison est-elle proche d'un autre élément opposé ? (Voir pages 262 et 263 pour des détails sur le type de maison dont le profil est associé à l'un des cinq éléments.) Il y a risque de disharmonie si les éléments absents ne sont pas représentés.

À faire

1 Si votre maison est dans l'ombre d'un autre immeuble, vérifiez la direction des rayons solaires bloqués. Allez à la page 36 pour voir le type de chi déficient et déterminer s'il est important pour vous.

2 Pouvez-vous planter des arbres, des buissons ou une haie entre votre maison et le coin de l'autre immeuble en vue d'atténuer le chi tourbillonnant vers celle-ci.

3 Examinez la forme de votre immeuble – la plupart des maisons terre ont un toit feu – et déterminez si d'autres formes susceptibles d'être en conflit sont présentes. Par exemple, un immeuble de forme irrégulière eau ne sera pas en harmonie à côté d'une maison feu de forme terre sauf si le chi bois est là en tant que plantes et arbres.

Les surfaces en verre de cet immeuble de bureaux accélèrent le chi et rendent l'atmosphère environnante quelque peu désagréable.

L'ORIENTATION

AVANTAGE Connaître le type de chi pénétrant dans la maison.

La direction vers laquelle est orientée votre maison (ou votre appartement) détermine le principal genre de chi y pénétrant. Dans certaines situations, c'est l'élément dominant, dans d'autres, une considération relativement mineure. Les maisons où le chi vient de toute évidence d'une direction prise seront plus fortement influencées par son type.

Une maison dont le chi vient de plusieurs directions distinctes sera plus équilibrée et donc moins influencée par le chi d'une seule direction. Par exemple, une maison carrée munie de fenêtres et de portes sur tous les côtés sera relativement équilibrée, alors qu'une maison large peu profonde, avec de grandes fenêtres et une porte sur un côté, sera influencée à l'extrême par le chi de la direction de son orientation.

À faire

1 Marchez autour de la maison pour voir si les côtés sont de taille similaire et si les portes et les fenêtres sont disposées de façon égale. Y a-t-il beaucoup d'espace autour de la maison permettant au chi d'entrer sans heurts ? Si c'est le cas, l'orientation de la maison ne sera pas la principale considération.

2 Si vous avez l'impression que le chi vient surtout d'une direction (par exemple, l'entrée de la propriété, l'entrée principale, la façade munie de grandes fenêtres, favorisent un fort courant de chi provenant d'une direction unique), utilisez une boussole pour déterminer son type. Tenez-vous debout, dos vers la direction d'orientation de la maison, et dirigez la boussole loin de vous. Tournez le cadran pour que le 0 ° s'aligne

avec l'aiguille indiquant le nord. Lisez les données à partir du point où le cadran s'aligne avec le corps de la boussole. Regardez le transparent des huit directions (voir pages 112 à 115) et la page 36 pour déterminer le type de chi qui entrera dans votre maison.

La porte d'entrée, l'allée, la route et les fenêtres désignent clairement la façade de la maison, par où pénètre la majeure partie du chi.

CHANGER DE DIRECTION

AVANTAGE Aller vers un chi plus utile.

Prendre le temps d'aller vers une direction particulière (ou plusieurs) stimulera votre chi d'une manière permettant de réaliser tous vos rêves. Plus vous allez loin, plus ce phénomène devient important. Un déménagement à moins de 1 km aura peu d'effets notables, quelle que soit la direction. Un déménagement sur un autre continent, dans une culture différente, changera totalement votre vie. Vous trouverez une description détaillée de ce processus en page 58.

À faire

1 Pour savoir quand aller dans une direction particulière, utilisez une carte englobant votre maison actuelle et votre future maison. Marquez-les d'un X.

2 Placez le centre du transparent des huit directions (voir pages 112 à 115) sur le X marquant la maison actuelle, puis tournez-le pour que le nord soit dirigé vers le sommet de la page. Regardez dans quel secteur se trouve le X marquant votre destination.

3 Allez à la page 58 pour déterminer les années et les mois où cette direction vous est propice.

4 Pour déterminer les directions favorables dans une année particulière, marquez d'un X sur une carte votre maison.

5 Placez le centre du transparent sur le X marquant votre maison, puis tournez-le pour que le nord soit dirigé vers le sommet de la page.

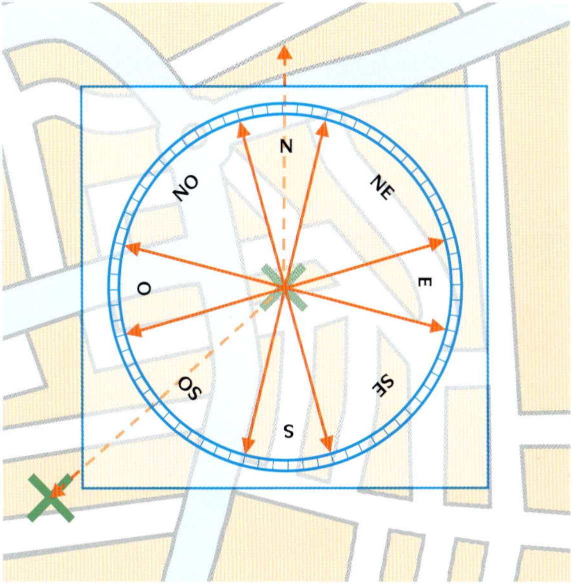

6 Allez à la page 58 pour déterminer les directions appropriées durant l'année qui vous intéresse.

7 Regardez ces directions sur votre carte pour localiser les zones où vous pourriez vous installer.

Le transparent des huit directions permet de vérifier rapidement les directions de votre maison sur n'importe quelle carte.

CONTRÔLE DU BON FENG SHUI

AVANTAGE Trouver la maison appropriée.

Photocopiez cette liste de contrôle pour l'avoir avec vous lorsque vous visitez des maisons.

À faire

☐ 1 Vérifiez que la maison envisagée est orientée vers une direction bénéfique pour vous.

☐ 2 Regardez une carte pour voir s'il y a des rivières, des lacs, des réservoirs, des voies ferrées, des usines ou des installations nucléaires dans le voisinage.

☐ 3 Vérifiez la présence dans la zone de lignes à haute tension, d'installations électriques, de grandes routes, de mares et de ruisseaux proches de la maison.

☐ 4 Découvrez tout ce qui est possible de savoir sur les actuels occupants.

☐ 5 Examinez la maison de l'extérieur pour déterminer le type de chi susceptible d'être à l'intérieur.

☐ 6 Pensez au profil de la maison en termes des cinq éléments et déterminez s'il y a des conflits potentiels avec les maisons voisines.

☐ 7 Vérifiez si tout immeuble à proximité a un coin pointant vers la maison qui vous intéresse.

☐ 8 Regardez l'extérieur de la propriété pour déterminer si la plupart du chi vient d'une certaine direction.

Si c'est le cas, utilisez une boussole pour trouver le chi prédominant.

☐ 9 En entrant dans la maison, regardez si les escaliers envoient le chi dehors à travers la porte d'entrée.

☐ 10 En marchant autour de la maison, essayez d'absorber le chi présent et de percevoir comment vous vous sentirez là.

☐ 11 Examinez la façon dont la lumière entre dans la maison, et déterminez si un quelconque obstacle bloque le soleil.

Le cas échéant, utilisez une boussole pour vérifier si le chi est déficient.

☐ 12 Essayez d'imaginer le plan au sol (ou, si vous en avez un, regardez-le), pour déterminer la présence d'un amalgame uniforme de chi ou la déficience de certaines énergies.

☐ 13 Évaluez le volume de travail requis pour conférer une atmosphère naturelle à l'espace.

☐ 14 Estimez la position de tous les éléments eau et feu pour réfléchir aux remèdes nécessaires.

RITUELS À L'ARRIVÉE

AVANTAGE Éliminent tout le chi ancien.

Quand vous entrez dans une nouvelle maison, il est utile de prendre un nouveau départ en éliminant tout le chi ancien laissé par les occupants précédents. Dans l'idéal, il faut le faire quand la maison est vide, avant que les meubles arrivent.

À faire

1 En préparant le déménagement, essayez de vous débarrasser de tout fouillis inutile. Ainsi, en arrivant dans la nouvelle maison, vous n'apporterez que des choses réellement utiles.

2 La façon la plus rapide et la plus appropriée d'éliminer le chi usé est d'effectuer un nettoyage complet de votre nouvelle maison. Ce sera plus facile si celle-ci est vide. Éliminez toute trace de poussière, dans chaque pièce. Mieux vaut choisir pour ce faire une journée sèche et ensoleillée, de sorte que le Soleil rafraîchisse naturellement l'atmosphère. Ouvrez les fenêtres pour inciter le chi frais à traverser la maison.

3 Si vous gardez la moquette, shampooinez-la, car c'est là que la poussière et l'énergie stagnante tendent à s'accumuler. Lessivez même les murs, si vous en avez la force.

4 Les clochettes mettent en mouvement le chi usé, stagnant. Faites sonner une clochette dans tous les coins et recoins de la maison où s'accumule la poussière. Les ondes sonores activent le chi et incitent le chi frais à pénétrer dans ces zones. Pour accélérer le chi, vous pouvez aussi taper vivement des mains en expirant puissamment et rapidement.

5 Absorbez le chi usé de votre nouvelle maison en parsemant du sel de mer sur le plancher avant de vous coucher. Le matin, passez l'aspirateur ou balayez le sel et sortez-le de la maison pour vous débarrasser de l'énergie négative. Répétez plusieurs fois, jusqu'à ce que vous sentiez que l'atmosphère de votre nouvel espace est fraîche et pure.

Plus vous trouvez de moyens d'éliminer le chi usé de votre nouvelle maison, plus il vous sera facile de la remplir de votre propre chi.

S'APPROPRIER LA MAISON

AVANTAGE Amalgame la maison à votre personnalité.

Outre remplir votre tête, votre chi mental et votre chi émotionnel se répandent dans l'espace environnant. La maison se remplit de votre chi, devenant ainsi une extension de vous-même, tant mentalement qu'émotionnellement. Pour changer l'atmosphère grâce à votre chi, émettez des pensées positives dans la nouvelle maison.

À faire

1 Méditez et concentrez-vous fortement sur votre objectif. Sur chaque expiration, imaginez que vous soufflez ces pensées dans la pièce et que vos idées couvrent chaque surface ou peignent les murs.

2 Méditez en vous concentrant sur une bougie allumée. Votre chi se répandra ainsi plus facilement, car vos pensées s'attachent aux ondes lumineuses rayonnant dans la pièce. Asseyez-vous ou agenouillez-vous devant la bougie et concentrez dans la flamme toutes les idées positives que vous désirez réaliser dans cet espace. Essayez de canaliser votre chi à la base de la flamme sur chaque expiration.

3 Le son d'une cloche facilitera l'élargissement de votre chi. Les ondes sonores se répandent dans votre espace de réflexion, véhiculant avec elles votre chi. Gardez une clochette à portée de main et faites-la sonner quand une pensée ou une sensation intéressante émerge.

4 De même, la psalmodie accélérera votre chi et vos émotions. Essayez d'émettre les sons aaah, oooh et mmm en méditant.

Les couleurs pourpres et la bougie génèrent un chi feu fort, permettant de propager votre chi émotionnel autour de vous.

LE FENG SHUI ET VOTRE FAMILLE

CRÉER L'AMBIANCE IDÉALE POUR VOTRE FAMILLE

La maison dans laquelle vous grandissez tend à avoir une grande influence sur vos années formatrices. Une maison renferme la vie familiale, tout en étant en même temps définie par celle-ci. Il y a une énorme différence entre une visite chez les gens qui ont des enfants et chez ceux qui n'en ont pas. Les maisons familiales vivent et rayonnent la vie. Si vous avez une famille, il est important de tenter de créer la meilleure ambiance possible pour vos enfants, car le reste de leur vie sera coloré par les expériences qu'ils feront en ces lieux.

Ce chapitre enseigne comment tirer le maximum de votre maison familiale. Voici quelques suggestions présentées en détail aux pages suivantes.

• Évitez de contaminer votre maison avec le chi des disputes, du ressentiment ou de la jalousie, en discutant ces questions à l'extérieur.

• Comprenez mieux les dynamiques de votre famille en examinant les trois nombres ki de chacun de ses membres. Découvrez des moyens de faire venir le chi manquant, si l'un ou plusieurs membres de la famille sont opposés en termes des cinq éléments.

• Trouvez des méthodes simples pour rendre le chi plus yin et paisible, afin de diminuer le risque de disputes.

• Intensifiez le chi de votre maison qui divertit tous ses occupants et les pousse à se sentir plus enjoués.

• Concentrez-vous sur la cuisine, souvent l'âme de la maison.

• Maintenez le chi de vos rangements propre et fonctionnel.

• Assurez-vous que votre buanderie est bien organisée, que toute chose a sa place et que les objets les plus utilisés sont facilement accessibles.

• L'atmosphère de la chambre des enfants influence leur sommeil, de même que la stimulation visuelle qu'ils reçoivent. Il est donc important de concevoir soigneu-

Les espaces idéaux pour les enfants sont ceux où vous pouvez vous allonger sur le plancher et où les décorations sont à la taille de ceux-ci et attirent leur intérêt.

sement cette pièce pour accroître les chances des enfants de passer une nuit paisible.

• Faire partie d'une famille signifie qu'à un moment ou un autre vous devriez faire face à la perte de l'un de vos proches. Votre maison aura un grand rôle dans la préservation de son souvenir et facilitera la gestion des émotions suscitées par le deuil.

• Le séjour tend à être un espace où la famille se détend – le chi de ce lieu doit soutenir ce processus.

• Les tissus confèrent douceur, couleur et parfois symbolisme à une pièce. Des objets comme les canapés, les fauteuils, les saccos, les coussins, les rideaux et les tapis tendent à accumuler le chi, comme ils ramassent la poussière – gardez-les propres.

• Les espaces de jeu des enfants sont importants pour le développement de ceux-ci – les enfants doivent passer du temps entourés d'un chi naturel, animé, favorisant la santé émotionnelle et physique.

CRÉER L'ENVIRONNEMENT PARFAIT

AVANTAGE Crée un bon environnement pour toute la famille.

Votre maison est l'endroit où l'ensemble de la famille se réunit et amalgame son chi. L'harmonie de ce processus est affectée par le chi ambiant de la maison. Si le chi se déplace trop vite, vous serez perturbés et aurez du mal à vous asseoir ensemble. En présence d'un excès de chi vertical, vos interactions sont limitées.

Un courant de chi constant et régulier, avec une forte composante horizontale, est l'idéal, car il favorise l'harmonie générale. Si un chi légèrement descendant est dominant, la famille est plus stable.

À faire

1 Asseyez-vous confortablement et réfléchissez à ce qui est nécessaire pour améliorer votre vie familiale : par exemple, passer plus de temps ensemble, mieux accepter les autres, se distraire en commun, respecter davantage l'espace personnel d'un proche et sa vie.

2 Examinez les neuf types de chi en page 36 ou les tableaux des pages 37 à 41 pour voir quelle direction apportera celui dont vous avez le plus besoin. Par exemple, le chi du nord aide à se laisser plus d'espace l'un l'autre, le chi de l'ouest favorise l'enjouement, le chi du nord-ouest aide les gens à se montrer plus respectueux réciproquement.

3 En ayant identifié le chi le plus utile pour vous, essayez d'intégrer ses couleurs, matières, formes et caractéristiques particulières Feng shui dans la maison. Pour faire venir plus de chi de l'ouest utilisez la couleur rose, les objets en métal, les formes rondes, des fleurs teintées de rose dans un vase en argent.

4 Essayez d'orienter les lits pour que le sommet de la tête pointe vers la direction du chi dont vous avez le plus besoin ou asseyez-vous plus souvent face à cette direction-là. Par exemple, pour créer une ambiance familiale plus proche, plus stable, essayez d'absorber plus de chi du sud-ouest.

Qualités des directions

- **Est.** Se montrer actif et réaliser des choses, prendre rapidement ses distances avec les disputes et continuer sa vie.
- **Sud-est.** Montrer de la sensibilité l'un envers l'autre, éviter les confrontations et chercher l'harmonie.
- **Sud.** Sortir davantage et passer moins de temps à la maison, se montrer expressif et interactif en ce lieu.
- **Sud-ouest.** Sentiment de proximité et de dépendance l'un de l'autre. Accentue le côté attentif, partageur et compatissant des gens.
- **Ouest.** S'amuser davantage ensemble, se montrer enjoué. Tous se sentent contents.
- **Nord-ouest.** Montrer un plus grand respect mutuel, agir avec plus de dignité et se montrer responsable à l'égard des autres membres de la famille.
- **Nord.** Se laisser plus d'espace l'un à l'autre et s'occuper de ses propres affaires. Se montrer plus affectueux et réceptif, mais indépendant.
- **Nord-est.** Se montrer plus clair et direct l'un avec l'autre. Refuser les situations qui ne conviennent pas.

ÉVITER DE CONTAMINER LA MAISON PAR DES TROUBLES

AVANTAGE Entretient une atmosphère exempte de chi chamailleur.

À chaque fois qu'il y a une dispute, un trouble ou un grand désaccord familial, le chi associé aux émotions du moment est projeté dans l'espace qui vous entoure. De même, en cas d'émotions intenses, de ressentiment bouillonnant, de jalousie ou de colère, vous émettez ce chi-là dans votre environnement immédiat. Si cela se produit quand vous êtes dans la maison, vous risquez de la remplir de ce chi chamailleur. L'effet est cumulatif si les incidents se produisent régulièrement – vous éprouverez ces émotions à chaque fois que vous rentrez, car le chi résiduel subsiste à l'intérieur.

À faire

- Si vous voulez discuter d'un problème sensible qui risque de susciter une réaction forte, si vous désirez exprimer une idée qui vous émeut grandement, si vous avez l'impression que quelque chose arrive à sa conclusion, arrangez-vous pour le faire hors de maison. Un parc, un café, un bar, un lieu public préservent votre maison de la contamination par le chi de cette interaction et vous protègent des associations négatives.
- Si vous avez une dispute à la maison, essayez d'en éliminer le chi par la suite en ouvrant les fenêtres. Si nécessaire, parsemez le plancher de sel de mer le soir. Le lendemain matin, balayez-le et jetez-le dehors.
- Un nettoyage général éliminera tout reste de chi négatif du jour précédent et renouvellera l'atmosphère.

Quand une discussion potentiellement conflictuelle s'avère nécessaire, sortez de la maison pour ne pas contaminer son chi. Vous asseoir côte à côte, comme ci-dessus, est moins antagoniste que vous asseoir l'un à l'opposé de l'autre.

ASTROLOGIE FENG SHUI

AVANTAGE Meilleure compréhension des relations familiales.

En étudiant le chi de chaque membre de la famille, l'astrologie Feng shui permet d'analyser la compatibilité de ceux-ci. Vous constaterez que certains enfants sont plus proches de leur père, d'autres, de leur mère. Ces informations utiles permettent de savoir qui les aidera mieux en cas de difficultés. Parfois, un enfant est très différent du reste de la famille et il aura du mal à se considérer comme faisant partie intégrante de celle-ci.

À faire

1 Examinez les trois nombres de chaque personne en page 44, puis allez à la page 36 pour voir leur élément associé. Par exemple, le 1 est associé à l'eau. Notez le nom de chaque personne, ses trois nombres et les éléments associés à ceux-ci.

2 En utilisant le diagramme des cinq éléments de la page 30, étudiez les nombres de chaque membre de la famille pour voir qui partage le même élément, qui sont ceux dont les éléments se suivent ou sont opposés. Comparez seulement les nombres situés dans les mêmes positions. Par exemple, comparez le nombre de l'année à d'autres nombres de l'année, puis le nombre du mois à d'autres nombres du mois et le nombre de l'axe à d'autres nombres de l'axe. Le nombre de l'année décrit la compatibilité à long terme des membres de la famille, le nombre du mois, leur interaction émotionnelle, le nombre de l'axe, leur association.

3 Identifiez les membres de la famille partageant un même

EXEMPLE D'UN THÈME FAMILIAL

	ANNÉE	MOIS	AXE
Personne A	Métal 7	Bois 4	Terre 8
Personne B	Métal 7	Métal 6	Métal 6

Dans cet exemple, les nombres de l'année sont identiques pour tous, les nombres du mois, opposés, les nombres de l'axe, harmonieux.

élément. Ils se comprendront l'un l'autre plus facilement, même s'ils ne sont pas d'accord.

4 Identifiez les membres de la famille dont les éléments se suivent, ce qui suggère une relation harmonieuse, où on donne et on reçoit en égale mesure.

5 Identifiez les membres de la famille dont les éléments sont opposés. Leur relation sera dynamique, une grande attirance sera visible, mais ils auront des difficultés à se comprendre l'un l'autre.

FAIRE VENIR LE CHI MANQUANT

AVANTAGE Rapproche la famille.

En regardant votre famille comme un ensemble, vous constaterez que chacun de ses membres est connecté à un autre en termes d'élément commun ou d'élément en harmonie (voir page 284). Le cas échéant, la famille atteint souvent une sorte d'équilibre où les problèmes sont réglés grâce à l'intervention d'un de ses membres. Par exemple, si deux frères ont un nombre du mois associé aux éléments feu et eau, il y a risque de malentendus ; toutefois, un autre membre de la famille, dont le nombre du mois est associé à l'élément bois, peut aider à surmonter la difficulté et proposer une solution satisfaisante.

Parfois, une personne est seule en termes des cinq éléments, nul autre membre de la famille n'ayant le même élément ou un élément voisin du sien. Ce phénomène risque de susciter une impression d'être exclus, d'être différent.

À faire

1 Quand l'élément d'un membre de la famille est opposé aux éléments de tous les autres, regardez le diagramme des cinq éléments en page 30 pour déterminer celui capable d'aider à surmonter la difficulté. Par exemple, le chi terre apporte de l'harmonie au chi feu et au chi métal.

2 Utilisez dans la maison les couleurs, les matières et les formes de cet élément utile. Les couleurs jaune, beige, brun, noir mat font venir plus de chi terre. Celui-ci sera accru encore davantage par les tissus, les objets en argile et en terre cuite. Les formes basses et plates génèrent plus de chi terre dans une pièce.

EXEMPLE D'UN THÈME FAMILIAL AVEC UN ÉLÉMENT ABSENT

	ANNÉE	MOIS	AXE		ANNÉE	MOIS	AXE
Mère	Terre 2	Terre 2	Terre 5	**Frère**	Terre 2	Feu 9	Métal 7
Père	Métal 6	Feu 9	Terre 2	**Sœur**	Bois 3	Eau 1	Métal 7

Dans cet exemple, le chi de l'année et le chi du mois de la sœur sont opposés au chi du reste de la famille.

3 Si vous avez l'impression que les problèmes sont sérieux, tournez le lit du membre de la famille concerné pour que le sommet de sa tête pointe vers une direction fournissant le chi de l'élément manquant.
Dans l'exemple présent, orienter le lit vers le sud-ouest ou le nord fait venir plus de chi terre.

RÉDUIRE LES DISPUTES

AVANTAGE Calme l'atmosphère en changeant le mélange de chi présent.

Pour diminuer la tension dans la maison, créez une ambiance paisible plus yin, où le chi circulera au ralenti. Ainsi, vous réagirez moins impulsivement et réfléchirez plus soigneusement à ce que vous dites. Mieux vaut bâtir une maison où le chi ne rebondit pas mais circule tranquillement à travers chaque pièce.

À faire

1 Rendez l'ambiance plus yin grâce à des tissus moelleux, par exemple de grands coussins, des rideaux longs et des nappes en fibres naturelles. Les bleus clairs, les verts clairs et les couleurs crème favorisent la relaxation. Évitez les couleurs vives, surtout le rouge et le pourpre, qui apportent un chi plus ardent, potentiellement chamailleur.

2 Atténuez tout coin saillant avec des plantes luxuriantes ou des étoffes en fibres naturelles, pour diminuer l'exposition de la famille au chi rapide, tourbillonnant.

3 Pour apaiser l'atmosphère, faites venir plus d'énergie du nord, associée à la nuit et à l'hiver. Utilisez des couleurs crème, des formes gracieuses et du verre – par exemple, des fleurs crème dans un vase bombé en verre. Si quelqu'un est sans cesse tendu, essayez de le faire asseoir face au nord. L'ouest, le nord-ouest et le sud-ouest sont aussi relaxants si vous leur faites face.

4 L'énergie chi feu du sud, potentiellement explosive, aggravera la situation. Placez dans la partie sud de la maison un pot en argile rempli de charbon, car le chi terre calme le chi feu. Utilisez ici des jaunes, des beiges ou des bruns clairs, ainsi que des meubles légers pour apaiser encore son chi feu.

5 Mettez dans la maison des plantes luxuriantes ou aux feuilles retombantes pour faire venir plus de chi paisible, yin. Toute plante aux feuilles pointues doit être à l'écart des lieux où la famille s'assoit ou tente de se détendre.

6 Essayez de diminuer le nombre de miroirs dans la maison, pour que le chi ne soit pas réfléchi et fasse des allers et des retours.

L'éclairage modulable et les tissus moelleux (les deux chi terre) en compagnie des couleurs crème rendent cet espace paisible. Il sera plus facile de compenser ici les différences.

S'AMUSER ENSEMBLE

AVANTAGE Crée une ambiance plus enjouée.

Pour conférer à votre maison une atmosphère plus enjouée, accroissez la présence du chi de l'ouest. Cette énergie entraînante est associée au coucher du soleil, au trigramme de la fille cadette, au lac et au moment de la récolte. En absorbant plus de ce chi, vous éprouverez la joie de l'achèvement du travail de la journée et de la soirée divertissante qui vous attend.

À faire

1 Pour accumuler le chi de l'ouest, utilisez la couleur rose, qui s'avérera la plus efficace dans cette partie de la maison. Disposez là des fleurs de cette couleur – par exemple, deux roses dans un vase en argent.

2 Pour absorber plus de chi de l'ouest, dormez avec le sommet de la tête vers l'ouest ou asseyez-vous plus souvent face à cette direction.

3 Rendez votre maison légèrement plus yin. Les couleurs pastel, le mobilier léger et les formes courbes conviennent. Les lignes droites, les coins saillants et une disposition trop ordonnée des meubles rendent l'ambiance trop yang, trop sérieuse. Utilisez les plantes pour atténuer les angles et briser les lignes droites.

4 Placez des tableaux, des sculptures et des poèmes émouvants là où vous les verrez souvent. Quand le moment est approprié, faites jouer de la musique romantique.

5 Vérifiez en page 53 la phase de votre nombre de l'année pour l'année en cours et le mois où il se trouvera à l'ouest. Vous arriverez à vous amuser plus facilement quand votre nombre de l'année se trouve à l'ouest, au sud-est ou au sud.

Porter du rose fait entrer plus de chi de l'ouest dans votre champ énergétique, vous rendant plus enjoué.

6 Accrochez un miroir à l'ouest, dos contre un mur extérieur, ce qui activera en ce lieu le courant de chi de l'ouest.

7 Les vêtements comportant une touche de rose ou de rouge, les bijoux en argent et les tissus délicats vous entoureront de plus de chi enjoué.

CUISINE ET SALLE À MANGER

AVANTAGE Fortifient l'âme de la famille.

La cuisine et la salle à manger sont souvent l'âme d'une famille, car ce sont les lieux où tout le monde se rassemble pour manger et boire. Pour beaucoup de familles aux grands enfants, c'est le principal lieu de rencontre. Son ambiance est importante, car vos réunions doivent être des expériences de qualité et bâtir des associations positives pour tous. Pour y parvenir, il faut générer dans l'idéal un chi stable et lent, principalement un chi terre du sud-ouest et un chi métal de l'ouest.

À faire

1 Utilisez du bois dans les zones où vous passerez le plus de temps, car il est plus yin que la pierre ou le métal. Si vous voulez ralentir davantage le chi et passer plus de temps ensemble, placez des coussins sur les sièges, utilisez du linge de table en coton ou en lin et étendez un tapis sur le plancher.

2 Pour faire venir un chi terre plus stable, utilisez les couleurs jaune, brun, beige ou orange pour vos coussins, nappes, serviettes, sets de table ou vaisselle.

3 Pour retenir le chi dans la salle à manger, essayer d'utiliser plus de formes circulaires en métal. Une table ronde ou ovale permettra à tout le monde de se voir et de communiquer, gardant ainsi le chi de la famille autour d'elle.

4 Faites descendre le chi en orientant l'éclairage vers le plancher quand vous mangez. Éteignez les plafonniers et allumez soit des lampes de table avec abat-jour en tissu, soit des bougies.

Utilisez des matières tendres et naturelles si vous voulez créer la meilleure ambiance pour être ensemble. Le bois, les toiles en lin et les terres cuites sont idéaux.

BUANDERIE

AVANTAGE Un chi plus propre.

Il est important de garder toute pièce où il y a de l'eau en harmonie avec le chi ambiant, de sorte que son passage ne soit pas entravé. Tout type de chi eau généré dans une buanderie par un évier ou un lave-linge se mélange au chi de cette partie de la maison. Cet amalgame peut être harmonisé en faisant appel à la théorie des cinq éléments (voir page 30) – en ajoutant plus de chi entre les deux éléments opposés. En outre, si le chi eau est en excès à un endroit, celui-ci devra être assaini. Si le chi eau épuise le chi ambiant, ce dernier doit être fortifié.

À faire

- Une buanderie au nord risque de souffrir d'un excès de chi eau – les membres de la famille seront inquiets, se sentiront solitaires ou isolés. Ce chi doit être éliminé à l'aide d'un ajout de chi bois – plantes, surfaces en bois, couleur verte.
- Le chi terre du nord-est, du sud-ouest ou du centre peut avoir une influence destructrice sur le chi eau, causant perte de vitalité, mauvaise santé et faible libido. Harmonisez le chi eau et le chi terre avec plus de chi métal, en utilisant plus de surfaces métalliques, de formes rondes, de carreaux et de couleur argent ou gris.
- Si votre buanderie est située dans le sud, le chi eau risque de détruire le chi feu, rendant plus difficile une attitude sociable, passionnée ou expressive. Apportez-y suffisamment de chi bois – plantes, surfaces ou objets en bois, couleur verte.
- Si votre buanderie est dans l'ouest ou le nord-ouest, le chi eau aura une

influence épuisante sur le chi métal, d'où un risque d'absence de conscience financière, de plaisir ou de romantisme. Pour fortifier le chi métal, utilisez davantage de surfaces métalliques, de formes rondes, de carreaux et de couleurs argent ou gris.

Une fenêtre dans votre buanderie constitue un énorme avantage, car elle permet l'entrée du chi frais.

RANGEMENTS

AVANTAGE Une meilleure organisation.

Installer des rangements fonctionnels signifie favoriser la circulation du chi en gardant les surfaces propres et nettes. Il est très pratique de savoir exactement où chaque chose est rangée. En rangeant des objets, faites attention à ce que chacun soit accessible, n'encombre pas les lieux, soit facile à nettoyer et d'aspect agréable. Essayez de faire entrer les objets à ranger dans l'espace disponible.

À faire

1 Mettez tout ce que vous devez ranger au milieu de la pièce et classez-les selon le lieu de rangement, la fréquence d'utilisation et son meilleur emplacement (Par exemple, penderie, étagères ou cartons). Certains objets sont à placer dans la chambre à coucher, d'autres dans la salle de bains ou la cuisine.

2 En rangeant, décidez s'il est utile de voir les objets à travers des portes en verre ou des bocaux ou s'il est préférable d'étiqueter les conteneurs.

3 Essayez d'installer autant que possible des rangements non encastrés pour pouvoir en changer ultérieurement. Cette approche plus souple permet de s'adapter aux besoins susceptibles de varier au fil du temps.

4 Pour des rangements de longue durée, utilisez le grenier ou le garage. Même si ces endroits sont souvent hors de vue, il est important quand même d'investir dans de bons rangements pour trouver à tout moment ce qu'il vous faut.

Les rangements distincts vous permettent de changer les objets de place si vous désirez générer une ambiance différente.

5 Pour accroître le chi favorisant le sens de l'organisation, nettoyez la partie nord-ouest de votre maison ou appartement et placez-y des plantes dans des conteneurs métalliques. Un pendule à balancier avec autant de parties métalliques que possible conférera un plus grand sens du rythme et une structure à la maison. Vous devez toujours entretenir vos rangements et mettre chaque chose à sa place quand vous avez fini de l'utiliser.

SÉJOUR

AVANTAGE Obtenir davantage du chi dont vous avez besoin.

Le décor et le style de votre séjour définissent le chi global de la pièce. Vous pouvez le rendre plus yin ou plus yang grâce aux couleurs, aux motifs, aux matières et aux meubles que vous y placez. En disposant les sièges dans le séjour, vous avez la possibilité de placer votre famille et vous-même dans des positions favorisant l'humeur de votre choix.

L'une des plus puissantes influences sera la direction à laquelle vous faites face, mais ce n'est pas là l'unique considération. Il convient aussi de vous asseoir pour que votre dos soit protégé par un mur, un paravent ou une grande plante, et de disposer d'autant d'espace libre que possible devant vous. Si plusieurs personnes utilisent la pièce, les sièges doivent être disposés de sorte à susciter une bonne ambiance sociale – en général, tournés vers le centre de la pièce.

À faire

1 Pour déterminer la direction à laquelle vous faites face, asseyez-vous avec le corps de la boussole éloigné de vous, et notez les données.

2 Décidez quelle direction de la liste ci-contre convient le mieux à vos besoins et disposez vos meubles en accord.

Placer les sièges sur un tapis ralentit la circulation du chi autour d'eux, rendant la zone légèrement plus stable et plus confortable.

Qualités des directions

- **Est.** Avantageux pour se montrer actif, ambitieux et affairé. Idéal pour mettre les idées en pratique.
- **Sud-est.** Favorable pour la communication ; bénéfique si vous voulez mener une bonne conversation.
- **Sud.** Utile pour se sentir passionné, expressif et sociable ; idéal pour recevoir des amis.
- **Sud-ouest.** Associé aux relations durables et bénéfiques à l'harmonie familiale.
- **Ouest.** Idéal pour l'idylle, le plaisir, le contentement et le sentiment de stabilité au crépuscule.
- **Nord-ouest.** Parfait pour satisfaire aux besoins de votre famille et prendre des décisions très sages.
- **Nord.** Bon pour se sentir plus calme, plus paisible et tranquille. Utile pour la méditation.
- **Nord-est.** Bénéfique pour la motivation, le sentiment de direction et la compétitivité accrue.

SIÈGES

AVANTAGE Se sentir stable, confortable et à l'aise.

Le mobilier moelleux ralentit généralement le chi, rendant l'ensemble de l'espace plus doux, plus confortable. La forme des sièges définit la posture adoptée quand on s'y assoit. Plus on est proche du plancher, plus sa connexion avec le chi terrestre sera forte. Ce chi terre aide à se sentir stable et en sécurité – s'installer sur un grand coussin ou un sacco rapproche de lui.

En outre, plus vous vous tenez droit, plus le courant de chi sera vertical et yang ; plus vous êtes proche d'une position allongée, plus vous vous sentez yin et détendu. Essayez de placer dans la pièce une diversité de sièges pour pouvoir adopter des postures différentes, selon vos humeurs. Chaque posture change la forme de votre champ de chi externe, suscitant un mode différent de pensée et de perception.

Assurez-vous aussi que le siège vous soutient en termes des cinq animaux (voir page 34) – son dossier doit être haut, ses accoudoirs capables de soutenir vos bras.

La position inclinée proche du plancher aide à vous connecter à un chi plus stable, favorisant le sentiment de contentement.

À faire

1 Regardez votre séjour et observez les sièges.

2 Y a-t-il un siège qui vous permet d'adopter des postures convenant davantage à vos humeurs ? Dans la plupart des maisons il y a d'habitude des fauteuils et des canapés ; vous devez réfléchir à d'autres sièges : chaises au dossier droit, saccos, grands coussins jetés sur le plancher.

3 Réfléchissez à la manière de disposer d'autres types de sièges pour rester toujours placé dans une position de force dans la pièce. Par exemple, il convient de tourner le dos à un mur et d'avoir une vue sur la porte et les fenêtres. Vérifiez aussi que vous faites face à une direction vous offrant plus du chi désiré.

CHAMBRE DE BÉBÉ

AVANTAGE Un sommeil plus sain.

Un bébé passe la majeure partie de la journée à dormir, si bien qu'un sommeil de bonne qualité est essentiel pour sa croissance. Une chambre de bébé doit donc offrir un environnement idéal pour un sommeil profond.

L'emplacement du lit du bébé dans la pièce affectera son sommeil – surtout la direction vers laquelle est dirigé le sommet de sa tête, qui déterminera le type de chi absorbé au cours de la nuit. En outre, cette position exerce son influence aussi le jour.

À faire

Étudiez les directions ci-dessous et choisissez celle qui vous semble la plus utile pour le bébé.

• **Est.** Idéal pour la croissance. Cette direction est utile pour l'enfant au début de sa vie. Comme cette énergie est la plus active tôt le matin, elle lui permet de se sentir vif de bonne heure.

• **Sud-est.** Favorise le sommeil, la croissance et le développement harmonieux. Cette direction tend à stimuler l'imagination et la créativité du bébé.

• **Sud.** Risque de provoquer un mauvais sommeil. Aide à développer une réflexion rapide et un esprit spontané.

• **Sud-ouest.** Position stable, favorisant le sommeil profond. Ce chi promeut une nature prudente, pratique et attentive.

• **Ouest.** Combine les bénéfices d'un bon sommeil à l'ambiance joyeuse, enjouée, contente.

• **Nord-ouest.** Type de chi plus sérieux, probablement trop mature pour un bébé, bien qu'utile en termes de sommeil et de sagesse.

• **Nord.** Direction paisible, utile à un bébé qui a du mal à dormir. Ce chi étant trop immobile pour un enfant en pleine croissance, n'utilisez le nord que temporairement.

• **Nord-est.** Direction trop dure et pénétrante pour un bon sommeil – risque même de rendre l'enfant enclin aux crises de colère ; c'est une énergie qui sera utile seulement si vous pensez que votre enfant doit être plus motivé et compétitif.

Si vous remarquez que le bébé se retourne pendant son sommeil, vérifiez la direction vers laquelle est dirigé le sommet de sa tête afin de déterminer de quel chi il a le plus besoin.

CHAMBRE DES ENFANTS

AVANTAGE Une enfance plus naturelle.

Dans l'idéal, l'atmosphère de la chambre des enfants favorise un sommeil profond durant toute la nuit. Elle a un chi qui aide les enfants à grandir, à se développer. Cette pièce peut aussi servir de salle de jeu : il faut la rendre amusante durant la journée et paisible pendant la nuit. Si vous disposez d'assez d'espace, il est mieux de réserver des pièces séparées pour le sommeil et pour le jeu. Plus l'atmosphère de la chambre des enfants est agréable, plus ils pourront se

détendre, ce qui conduit à un meilleur sommeil et un meilleur comportement. Les matières artificielles risquent de laisser s'échapper des émanations toxiques et de provoquer une accumulation d'électricité statique, affaiblissant potentiellement la santé de votre enfant.

À faire

1 Essayez de rendre les enfants conscients des matières dont sont faits leurs jouets. Encouragez-les à choisir des jouets en bois, en métal ou en tissu de préférence à ceux en plastique.

2 Éloignez autant que possible de leur lit tout appareil électrique, ordinateur, lampe, chauffage. Placez-les de préférence dans une autre pièce, car les enfants sont plus vulnérables aux champs électromagnétiques pendant le sommeil.

3 Vérifiez les tissus présents dans la chambre de l'enfant – vêtements, literie, rideaux, moquette, tapis, coussins. S'ils contiennent des fibres synthétiques, remplacez-les par des objets en pur coton ou en lin. Plus un tissu est proche de la peau de l'enfant, plus son influence sur le champ chi de celui-ci sera considérable. Les plus importants sont les sous-vêtements, les pyjamas et les draps.

Utilisez autant que possible des matières naturelles pour la chambre des enfants afin d'éviter l'accumulation d'émanations toxiques.

4 Si l'espace est limité, préférez un futon qui peut être enroulé et rangé le jour pour laisser place à une zone de jeu plus grande.

5 Évitez les meubles en aggloméré ou en contreplaqué qui risquent d'ajouter des émanations toxiques à la pièce. Le bois massif est un meilleur conducteur pour le chi.

6 Mettez dans la pièce plusieurs plantes en parfait état.

DEUIL : AMÉNAGER UN LIEU SACRÉ

AVANTAGE Un sentiment de complétude plus considérable.

Quand un proche disparaît, il est naturel d'éprouver des sentiments de perte, de solitude, de chagrin, de peur, de dépression ou de colère. Pour garder un lien spirituel avec la personne disparue, créez un lieu sacré à son intention.

Celui-ci vous permettra de disposer d'un endroit dédié à cette personne-là, où penser à elle, parler avec elle, revivre vos meilleurs souvenirs.

À faire

1 Choisissez un endroit dans la partie nord-ouest ou nord de votre maison ou de votre pièce, où vous pouvez placer une table ou une étagère.

2 Choisissez des photographies de la personne aimée qui vous rappelleront vos meilleurs moments ensemble. Si vous le voulez, créez en images l'histoire de sa vie, en mettant des photos de son enfance et des événements importants de son existence, jusqu'à ses derniers jours. Cela vous aidera à tout mettre en perspective.

3 Placez les photographies sur la table ou l'étagère, ajoutez un bol d'eau fraîche, une plante ou des fleurs fraîches, un bol de graines (du riz complet par exemple), une bougie et un peu de sel de mer. Changez l'eau tous les jours, le sel et les grains chaque semaine.

Placez des objets qui vous rappellent la personne aimée sur une table ou une étagère, pour que cet espace devienne un lieu sacré où vous pourrez vous sentir proche d'elle.

4 Si vous créez ce lieu sacré pour une personne décédée il y a plusieurs années, allez sur sa tombe et ramenez une pierre de ce lieu, que vous placerez dans le bol d'eau.

5 Allumez une bougie quand vous en avez envie. Agenouillez-vous ou asseyez-vous pour regarder votre lieu sacré. Revivez quelques souvenirs et parlez de tout ce qui est resté inexprimé.

LE FENG SHUI ET VOTRE CARRIÈRE

LE BUREAU

Le bureau devient de plus en plus important dans la vie domestique moderne, à mesure que davantage de gens saisissent l'occasion de travailler à domicile. De nombreuses sociétés proposent à leurs employés d'effectuer une partie de leur travail chez eux – télétravail.

Les ordinateurs, les e-mails, l'Internet, les téléphones, les fax, les photocopieurs, les scanners permettent maintenant aux plus petites entreprises d'opérer globalement. Cependant, comme la plupart des bureaux installés dans une maison sont petits, la personne y travaillant est exposée à des champs électromagnétiques potentiellement intenses. Le Feng shui propose de nombreux remèdes pour améliorer cette situation. Les idées suivantes expliquées en détail dans ce chapitre montrent les principes de la création d'un bureau chez soi.

- L'une des principales questions est de trouver le meilleur emplacement pour vous asseoir, car pour exploiter à fond votre potentiel il est extrêmement important de vous immerger dans le meilleur des chi.
- Votre poste de travail constitue l'interface avec vos tâches et influence la façon dont vous vous sentez en ce lieu. La modernisation bureautique impose le choix de nouveaux types de meubles en vue d'une parfaite efficacité.
- Le siège est essentiel pour votre confort et pour l'état de votre dos, de vos épaules et de votre cou.
- Les champs électromagnétiques émis par l'équipement moderne de bureau risquent de nuire à votre capacité de réfléchir clairement à votre concentration – dans les situations extrêmes, ils provoquent même des problèmes de santé durables.
- Dans l'idéal, à chaque fois que vous entrez dans le bureau vous vous sentirez inspiré – il est important de trouver l'image vous correspondant.

• Lorsque vous abordez une étape importante de votre carrière, utilisez l'astrologie Feng shui pour tenter de faire correctement les choses. Un plan qui s'étale sur 5 ans (ou même 10) vous permettra de réfléchir à l'avance. À court terme, vous pouvez trouver la phase idéale au cours des 9 mois suivants.

• À partir du nombre de votre année, diverses directions deviennent propices chaque mois et chaque année. Vous arriverez ainsi à mieux concentrer vos efforts sur les directions de votre maison en vue de trouver un nouveau travail.

Quand vous travaillez avec une autre personne, asseyez-vous à angle droit pour unir vos champs externes chi de manière harmonieuse.

CRÉER UNE RAMPE DE LANCEMENT POUR VOTRE CARRIÈRE

AVANTAGE Débuter une nouvelle carrière ou stimuler l'ancienne.

Une partie tellement considérable de notre vie d'adulte est passée au travail qu'il est extrêmement important de faire quelque chose qui nous intéresse et en quoi nous croyons. Quand tout va bien, la carrière devient une énorme source d'inspiration et confère même plus d'énergie. Pour faire arriver cela, votre bureau à la maison doit devenir la rampe de lancement de la carrière souhaitée.

Pour bien commencer une nouvelle carrière, l'enthousiasme, la confiance et la conviction d'y arriver sont de mise. Ces qualités étant associées à l'énergie chi de l'est, vous devez faire entrer plus de ce chi dans votre champ énergétique afin de prendre le meilleur départ. Ce chi vous aidera ainsi à stimuler et à activer une carrière actuelle qui n'avance pas comme elle le devrait.

À faire

1 Placez un bol dans la partie est de votre maison ou bureau. Remplissez-le tous les matins pour faire venir plus d'énergie eau. L'eau soutient l'énergie bois de l'est, matinale, printanière, et accroît sa présence. Elle sera plus puissante si vous pouvez positionner l'eau pour que le soleil du matin la frappe.

2 Mettez des plantes dans la partie est de votre bureau pour intensifier le chi de cette direction – elles représentent aussi le chi bois et introduisent davantage de cette énergie.

3 Travaillez tourné vers l'est pour amener directement cette énergie dans votre champ chi. Si ce n'est pas possible, essayez de vous tourner vers le sud-est.

4 Pour entamer une nouvelle tâche, prenez d'abord des dispositions pour vous y préparer. Débarrassez-vous de tout objet inutile et faites de la place pour les nouveaux. Il est plus difficile de débuter quelque chose quand vous n'avez pas assez d'espace et êtes toujours entouré par le fouillis des projets précédents.

Être assis bien droit dans un espace ouvert et ordonné favorise la clarté mentale, la prise de décisions et la concentration.

POSITIONS ASSISES

AVANTAGE Absorbent le chi améliorant votre carrière.

La direction à laquelle vous faites face en étant assis vous aligne avec un chi particulier, ce qui est important pour la manière dont vous travaillez là.

À faire

Toutes les directions sont énumérées ci-dessous, avec leurs avantages éventuels – choisissez celle qui vous est la plus propice ou en tenant compte du travail à effectuer, bien que ce ne soit pas là une priorité. La position de votre poste de travail par rapport aux portes et aux fenêtres influence les humeurs éprouvées dans votre bureau. La porte, quant à elle, régit la manière dont les autres vous perçoivent, par exemple quand vous recevez des visiteurs dans votre bureau. Dans l'idéal, la porte doit être en avant par rapport au poste de travail.

Avantages des directions

- **Est.** Favorise l'activité, l'ambition et la confiance. Propice pour les activités se rapportant aux ordinateurs, aux start-up et aux technologies multimédias.
- **Sud-est.** Favorise la créativité, la communication et la persévérance. Propice pour les activités se rapportant à la communication, au marketing, à la distribution, au voyage et à la créativité.
- **Sud.** Favorise l'agilité d'esprit, la capacité de se faire remarquer, l'expressivité. Propice pour les activités se rapportant aux ventes, aux relations publiques, au marketing et aux divertissements.
- **Sud-ouest.** Favorise l'amélioration de la qualité, la consolidation et l'esprit pratique. Propice pour les activités se rapportant aux ressources humaines, aux immeubles, aux services tertiaires et au travail d'équipe.

Les écrans plats libèrent de l'espace et peuvent être placés plus loin, diminuant exposition aux champs électromagnétiques.

• **Ouest.** Favorise la conscience financière, la capacité d'achever les tâches, le contentement. Propice pour les activités se rapportant aux finances, à la comptabilité et aux investissements.

• **Nord-ouest.** Favorise l'organisation, les qualités de leader, la responsabilité. Propice pour les activités se rapportant au management, à l'administration et à la planification.

• **Nord.** Favorise l'objectivité, le calme et la souplesse. Propice pour les activités se rapportant au développement personnel, à la formation et à la trésorerie.

• **Nord-est.** Favorise le travail ardu, la motivation et l'attitude compétitive. Propice pour les activités se rapportant à compétition, aux achats, à la négociation et aux bâtiments.

LE BUREAU DE TRAVAIL

AVANTAGE Travail efficace.

Quand vous travaillez, le bureau exerce l'influence la plus immédiate sur vous. Outre définir la façon dont vous travaillez, il concerne aussi ce que vous ressentez. Lorsque vous êtes assis à votre bureau, celui-ci influence votre chi et donc votre réflexion. La matière dont il est fait, sa forme, sa taille et la disposition des objets dessus vous influencent à leur tour.

À faire

• Les bureaux aux bords arrondis ont une apparence plus naturelle et diminuent le risque de générer un chi pénétrant, tourbillonnant.

• Un grand bureau comportant une large surface libre vous aidera à travailler davantage sans être stressé. À long terme, il favorisera la montée de l'ambition. Généralement, un bureau bien rangé et des placards bien organisés permettent de travailler efficacement.

• Un bureau en bois massif induit la circulation naturelle du chi. Les bureaux en aggloméré tendent à bloquer la circulation du chi, tout comme ceux en plastique. Ces matières sont d'habitude recouvertes d'un mince film de vernis en bois véritable.

• Les bois durs sombres (comme l'acajou) sont plus yang et confèrent à la pièce une apparence plus imposante, officielle et sérieuse. Les bois tendres plus clairs (comme le pin) sont plus yin et font entrer dans votre champ énergétique un chi relaxé, désinvolte.

• Un bureau au dessus en verre accélère le courant de chi, conférant de la spontanéité du travail effectué là. Toutefois, cette surface plus yang ne vous soutiendra pas si vous travaillez pendant longtemps assis à ce bureau.

La surface en verre favorise une circulation plus rapide du chi, permettant de travailler plus vite. Elle n'est pas favorable quand vous devez faire preuve de patience et d'attention.

LE SIÈGE DE BUREAU

AVANTAGE Bonne posture.

Comme vous passez beaucoup de temps assis devant un ordinateur, votre siège doit rester confortable pendant de longues heures. Votre posture assise est l'une des causes du mal du dos, du cou et des épaules.

La base de la colonne vertébrale doit avoir un angle correct, équilibrant la partie supérieure du corps sur les vertèbres lombaires. Ainsi, les muscles dorsaux (y compris ceux du cou) n'ont pas à compenser la mauvaise posture.

Lorsque ces muscles travaillent trop et se fatiguent, ils risquent de devenir douloureux et raides de par l'accumulation d'acide lactique provoquée par la correction incessante de la posture du corps. Si les muscles sont soumis en permanence à ce régime, la douleur et la raideur s'installeront durablement. Les muscles raides sont plus enclins aux blessures. De nombreux maux du dos sont dus à un muscle froissé qui se contracte spasmodiquement. La mobilité est limitée et cet état peut déboucher sur des douleurs lancinantes ou un handicap.

Pour minimiser ces risques, utilisez un siège au dossier positionnable. En adaptant son angle d'inclinaison, vous maintiendrez la position optimale pour vos vertèbres lombaires, votre dos, vos épaules et votre cou. La hauteur du siège doit aussi être réglable. Dans la plupart des cas, il est utile d'avoir un siège sur roulettes, facilitant le mouvement.

À faire

1 Positionnez la base du siège pour qu'il soit bien plat.

2 Réglez la hauteur pour que vos pieds soient à plat sur le plancher lorsque la face postérieure de vos cuisses est soutenue par le siège.

3 Inclinez légèrement en avant le siège, jusqu'à ce que votre bas du dos soit dans une position où vous n'avez pas à vous pencher en arrière.

4 Réglez de nouveau la hauteur du siège, si nécessaire.

Achetez un siège de bureau à hauteur réglable et inclinable pour pouvoir prendre la posture idéale.

TRAVAILLER SUR ORDINATEUR ET ATTÉNUER LE CHAMP ÉLECTROMAGNÉTIQUE

AVANTAGE Meilleure concentration, clarté mentale et santé durable.

Tout ce qui utilise ou transporte de l'électricité génère un champ électromagnétique. Nombre d'études suggèrent que l'exposition aux champs électromagnétiques risque de nuire à votre santé, les troubles allant des maux de tête au cancer. Le champ électromagnétique déforme le champ magnétique naturel de la Terre, il est donc à bannir d'un point de vue Feng shui, car cette exposition entrave la concentration, la réflexion claire et l'enthousiasme.

La meilleure façon de diminuer votre exposition aux champs électromagnétiques est de vous tenir aussi loin que possible de leur source. En règle générale, plus l'appareil électrique est proche, le voltage élevé, la consommation d'électricité importante, plus vous êtes exposé aux champs électromagnétiques.

À faire

1 Recensez tous les appareils électriques et vérifiez à quelle distance d'eux vous êtes assis.

2 Débranchez tout appareil que vous utilisez rarement, pour que le transformateur n'émette plus de champ électromagnétique.

3 Éloignez les équipements électriques autant que possible de votre siège. Par exemple, disposez le bureau pour que vous soyez à au moins 1 m de tout équipement électrique.

4 L'unité centrale de l'ordinateur émet un champ électromagnétique plus intense que le clavier, donc vous devez la placer loin de vous. Similairement, essayez d'éloigner l'écran. Un écran plat est idéal, car vous pourrez l'éloigner pour absorber moins de radiations.

5 Si vous travaillez sur ordinateur portable, mettez le transformateur aussi loin de vous que possible.

6 À chaque fois que possible, mettez un spathiphyllum, un chlorophytum ou un cactus sud-américain près de l'ordinateur, pour neutraliser une partie des effets du champ électromagnétique (voir page 142 et 143).

Une plante mise sur le bureau atténuera le champ électromagnétique de l'ordinateur et donnera plus de vie à cette zone.

RENDRE LE BUREAU INSPIRANT

AVANTAGE Stimulation mentale plus considérable.

La qualité de votre travail dépend des sensations que vous éprouvez dans le bureau. Il est donc utile de remplir celui-ci d'images qui vous incitent à travailler mieux, de souvenirs rappelant des réalisations anciennes, des représentations des objectifs auxquels vous aspirez, des objets qui vous font vous sentir bien.

À faire

1 Rassemblez tous les symboles que vous aimeriez mettre dans votre bureau : tableaux, modèles réduits, jouets, diplômes, prix, sculptures, photographies.

2 Faites un tas de ceux qui vous inspirent. Par exemple, si vous avez toujours désiré visiter la Toscane, choisissez l'image d'un village italien. Si vous avez toujours rêvé d'avoir un Jaguar, trouvez un modèle réduit de cette voiture ; si vous pensez à la maison idéale, gardez un dessin de celle-ci.

3 Faites un autre tas des objets qui vous rendent fier de vous : prix, diplômes, souvenirs d'un travail très réussi ou d'un moment de votre vie où vous vous étiez en grande forme.

4 En dernier, rassemblez les objets qui vous font vous sentir positif – tableaux, photographies de gens que vous aimez, sculptures, jouets, pendules.

Accrochez aux murs des images qui vous inspirent et vous poussent à avancer.

5 Choisissez des objets de ces trois groupes à mettre dans votre bureau. Si possible, placez ceux qui vous inspirent dans la partie est, sud-est ou sud de votre bureau, les souvenirs du passé dans la partie ouest, nord-ouest ou nord, ceux qui vous font vous sentir positif dans la partie sud-ouest, ouest, nord ou nord-est.

PROGRAMMER LES CHANGEMENTS IMPORTANTS DE CARRIÈRE

AVANTAGE Efficacité accrue.

Faites appel à vos cycles naturels pour déterminer le moment où les forces de la nature faciliteront la réalisation visée en termes de carrière professionnelle. Les données ci-dessous vous aideront à y parvenir. Lisez aussi les pages 42, 44 et 53 pour réunir des informations utiles.

À faire

Pour débuter une nouvelle carrière

• **Est.** Représente la confiance, l'enthousiasme et l'ambition, pour un bon départ et une prompte intégration.

• **Sud-est.** Représente une phase positive pour assumer un nouveau travail susceptible de déboucher sur une prospérité future.

• **Sud.** Bonne direction pour faire impression et se faire remarquer. Dans cette phase, il vous sera plus facile de vous avancer et recevoir des offres d'emploi.

• **Ouest.** Symbolise la conscience financière. Vous obtenez des termes lucratifs pour vous.

• **Nord-ouest.** La dignité, la responsabilité et l'autorité. Idéal si vous avez l'intention de jouer un rôle dans le management.

• **Nord-est** Symbolise la compétitivité et la motivation – une phase qui risque de rendre votre carrière plus stressante et encline aux conflits.

Pour demander une augmentation

• **Est et sud-est.** Représentent des phases positives pour trouver un autre emploi, vous rendant plus confiant si vous jouez sur plusieurs tableaux.

• **Ouest.** Augmente votre revenu financier, car ce chi est associé à la récolte et aux rentrées d'argent.

• **Nord-ouest.** Dignité et sagesse pour négocier un meilleur salaire.

Pour solliciter une promotion

• **Sud-est.** Direction généralement positive facilitant la transition harmonieuse vers un poste plus important.

• **Sud.** Le moment est venu de vous mettre en avant, d'accroître votre réputation et d'attirer l'attention.

• **Nord-ouest.** Associé à la direction, au gain du respect, à la capacité d'assumer une responsabilité supplémentaire.

• **Nord-est.** Représente la chance d'apercevoir une occasion et de la saisir rapidement.

Pour fonder une entreprise

• **Est.** Idéal pour fonder une nouvelle entreprise et partir en flèche. La phase suivante (sud-est) est également positive pour le développement, le marketing et l'accroissement de l'entreprise – elle offre deux ans pour bien vous implanter.

• **Ouest.** La focalisation sur le résultat final et la mise au point d'une manière de maximiser les profits, suivies par le nord-est et le sud, permettant à l'entreprise de devenir plus compétitive et se faire connaître par le grand public – elle offre trois ans à l'implantation.

LA MEILLEURE DIRECTION POUR LA CARRIÈRE ET LES AFFAIRES

AVANTAGE Trouver du travail et de nouveaux clients.

Chaque année, certaines directions deviennent plus favorables pour vous, en fonction du nombre de votre année (voir pages 42, 44 et 58). Au cours de toute année, les directions les plus utiles vous facilitent la réussite si vous entreprenez une action orientée vers elles. Par exemple, si vous cherchez un nouveau travail, si vous voulez trouver de nouveaux clients ou lancer une nouvelle entreprise, il est sage de découvrir les directions utiles, puis de concentrer vos efforts vers elles. En théorie, vous serez capable d'achever davantage avec moins d'effort, car le chi positif vous soutient.

À faire

1 Déterminez quelles directions sont les meilleures pour vous, à partir des diagrammes des pages 42, 44 et 58.

2 Prenez une carte de la zone de votre maison, applicable à votre carrière ou entreprise. Dans l'idéal, la carte couvre une seule page, ou est de grand format.

3 Tracez sur la carte les huit directions en plaçant le centre du transparent sur votre maison (voir pages 112 à 115).

4 Examinez les directions propices pour vous l'année respective, afin de déterminer les zones convenant à une nouvelle carrière ou à la découverte de nouveaux clients.

En choisissant la direction à laquelle vous faites face en travaillant, vous vous chargez du meilleur type de chi favorisant le travail.

5 Vérifiez aussi l'année suivante, de sorte à être toujours prêt et ouvert à l'avenir. Afin d'éviter les confusions, utilisez des autocollants de couleurs différentes pour marques les directions propices pour chaque année.

6 Pour concentrer plus précisément votre énergie, déterminez quels mois ont des directions propices coïncidant avec celles de l'année. Essayez ensuite de cibler ces moments pour votre nouvel emploi ou entreprise.

LE FENG SHUI ET LA NATURE

VOTRE LIEN AVEC LA NATURE

Vivre dans une maison, même disposant du meilleur Feng shui, sera toujours un compromis, car l'environnement intérieur est inexorablement artificiel en partie. Vous pouvez contrôler assez facilement le chi à l'intérieur de la maison, cependant vous perdez inéluctablement une partie de la vitalité offerte par la nature.

Si vous vivez à la campagne ou possédez un jardin, il est plus facile de faire entrer chez vous davantage de chi animé, naturel. Ce chapitre propose des idées permettant d'utiliser au mieux le chi entourant votre maison et d'établir une meilleure connexion avec la nature, de sorte que votre champ énergétique soit entretenu partiellement par le chi des plantes, des arbres et de la vie sauvage se

trouvant à proximité. Voici quelques éléments essentiels pour resserrer le lien avec la nature.

• Les plantes, les fleurs, le bois, le soleil et l'air frais remplissant la maison de chi extérieur.

• Les jardinières génèrent un intense chi naturel près des fenêtres, facilitant l'entrée de cette énergie dans la maison.

• Si vous vivez dans une zone résidentielle, les balcons offrent une excellente occasion de générer un peu de chi animé près de la maison.

• Les jardins permettent de rapprocher la nature de la maison. Vous pouvez influencer le type de chi qui s'y trouve.

• Les jeux d'eau placés dehors apportent un chi eau sain dans votre champ énergétique, intensifiant ainsi sans peine votre vitalité.

• Les sentiers contribuent à définir le type de chi circulant à travers votre jardin. Vous pouvez les concevoir de manière à ce que l'énergie serpente et entre dans la maison.

• Les sculptures et les œuvres d'art mettent en lumière l'image de votre jardin et préparent le terrain pour l'inspiration et l'élévation morale.

• Les arbres et les plantes entourant votre maison définissent la manière dont le chi céleste se mélange au chi terrestre, ce qui a un effet puissant sur votre propre chi et donc une influence essentielle sur vos humeurs.

• Une serre rapproche de la nature, alors que vous êtes toujours à l'intérieur de la maison. Pour les climats où vous ne pouvez pas passer toute l'année dans le jardin, la serre est un ajout utile.

La nature entourant votre maison entrera à travers les portes, les fenêtres et, en moindre mesure, les murs, influençant le chi à intérieur.

SE CONNECTER À LA SOURCE DE VITALITÉ

AVANTAGE Recharge votre chi.

Pour sa régénération, sa revitalisation et son rechargement en énergie, votre chi est dépendant du chi extérieur. Les êtres humains ont besoin de cette fusion avec les forces extérieures pour se sentir vivants et dynamiques. Il est utile de disposer de moyens d'activer ce processus.

La solution la plus évidente est de passer du temps à l'extérieur, dans des endroits où la nature vous semble vibrante et vivace. Une fois là, vous trouverez des possibilités d'absorber le chi naturel vous entourant.

À faire

1 Saisissez les occasions de sortir dans la nature : parc, champ, lieu de pique-nique ou juste un petit coin d'herbe avec quelques arbres.

2 L'endroit une fois trouvé, certaines activités aideront à absorber davantage du chi environnant. En pique-niquant, vous absorbez autant le chi de votre nourriture que le chi environnant.

3 Prendre un bain de soleil et sentir l'air frais sur sa peau permettent d'absorber plus de chi naturel. Ce processus est extrêmement relaxant. C'est la meilleure façon d'absorber un peu de chi venant du centre du système solaire – du Soleil. En raison des dommages subis par la couche d'ozone, soyez prudent quant à la durée de votre exposition directe au soleil. Si votre peau est sensible, le matin et le soir présentent moins de danger.

4 Vous relaxer et réfléchir aux questions importantes de votre vie contribueront à absorber un peu du chi vous entourant. Parler et vous agiter accéléreront une partie de votre chi.

Sortir au grand air connecte davantage au chi de la nature. Prenez le temps de vous ressourcer dans cette énergie créatrice.

FAIRE ENTRER LA NATURE DANS SA MAISON

AVANTAGE Un chi naturel plus considérable dans votre maison.

Pour augmenter le volume de chi naturel dans votre maison – et donc votre exposition au chi naturel lorsque vous êtes à l'intérieur – trouvez des moyens d'y installer plus d'éléments contenant et émettant du chi, ainsi que d'accroître votre exposition aux forces extérieures.

En termes pratiques, mettez plus de plantes et de fleurs fraîches dans la maison, et exposez celle-ci à beaucoup d'air frais et de soleil. Le bois sera un ajout subtil, car il contient encore un peu de chi animé.

À faire

1 Mettez dans la maison autant de plantes que possible. Essayez de varier leur type et d'aménager de petits jardins en associant plusieurs plantes dans un grand pot. Si vous aimez l'aventure, arrangez une petite rocaille dans une partie de la maison. Vous pouvez utiliser des plantes en pot, des plantes retombantes et des plantes grimpantes pour profiter au maximum de l'espace disponible.

2 Ouvrez régulièrement vos fenêtres pour laisser entrer l'air frais, surtout quand vous faites le ménage, de sorte à mélanger plus efficacement le chi frais au chi dormant de votre maison.

Pour remplir votre maison de chi animé, expérimentez avec des plantes posées sur le plancher ou sur les meubles, retombant de corbeilles suspendues et des plantes grimpantes.

3 Profitez du soleil. C'est plus facile quand vos fenêtres sont orientées à l'est ou à l'ouest, car le Soleil est plus bas dans le ciel et pénétrera droit dans la maison.

4 À chaque fois que possible, utilisez du bois lisse pour faire entrer plus de chi animé grâce aux surfaces ou aux meubles. Si vous devez protéger le bois, utilisez une cire naturelle plutôt que du vernis ou de la laque, qui tendent à le renfermer dans une matière empêchant la libre circulation du chi.

JARDINIÈRES

AVANTAGE Rapprochent le chi naturel de votre maison.

Les jardinières sont un excellent moyen de rapprocher le chi naturel de votre maison. Elles fortifient le chi entrant dans la maison par les fenêtres, grand avantage si vous vivez en ville dans un immeuble d'appartements, bien loin de la nature.

Choisissez les couleurs des fleurs en fonction du type d'énergie chi à intensifier et de la direction vers laquelle est orientée la façade de votre maison. Les couleurs vives attirent un chi yang plus stimulant, les couleurs pâles génèrent un chi yin plus paisible.

Si possible, choisissez une diversité de fleurs, pour qu'il y en ait toujours une qui s'ouvre au fil de l'année. En outre, plantez des fines herbes dans vos jardinières, elles libéreront des fragrances et seront une source saine d'assaisonnements nutritifs pour vos plats.

À faire

Choisissez la matière de la jardinière en fonction de la direction où vous avez l'intention d'installer votre jardinière (par rapport au centre de votre maison). Placez le transparent des huit directions sur le centre du plan au sol (voir pages 112 à 115) et alignez-le avec le nord, pour déterminer l'orientation de la fenêtre appropriée.

Les fleurs roses, rouges et blanches font entrer plus de chi de l'ouest dans cette maison à travers les fenêtres, aidant les gens à l'intérieur à se sentir plus contents.

- Une jardinière en métal convient au sud-ouest, au nord-est, à l'ouest, au nord-ouest ou au nord.
- Une jardinière bois, au nord, à l'est, au sud-est ou au sud.
- Une jardinière en terre cuite, au sud, au sud-ouest, au nord-est, à l'ouest ou au nord-ouest.
- Évitez les jardinières en plastique, qui perturbent la circulation de l'énergie.

BALCONS

AVANTAGE Font entrer dans la maison du chi frais.

Le principal avantage d'un balcon est la vue qu'il offre, en plus de l'exposition au soleil. C'est un grand avantage de pouvoir exploiter ce chi. En aménageant un petit jardin sur votre balcon, vous accroissez cet avantage et conférez une sensation différente au chi entrant dans la maison.

En créant un jardin sur votre balcon vous profiterez de l'ombre naturelle du feuillage en été et d'une exposition maximale au soleil en hiver.

En outre, si vous passez du temps sur votre balcon, vous serez exposé au flux de chi circulant librement. Ce phénomène s'avère inspirant, utile pour la réflexion, stimulant pour l'imagination. Ces considérations sont aussi valables pour un jardin sur le toit.

À faire

1 Décidez du type de chi dont vous avez le plus besoin, puis aménagez votre balcon pour faire entrer davantage de ce chi dans la maison. Par exemple, si vous désirez une stimulation yang plus considérable, mettez des plantes à fleurs multicolores, à feuilles pointues et des récipients personnalisés. Pour un sentiment plus yin, plus doux et calme, essayez les plantes aux feuilles retombantes, les plantes grimpantes et les treillages.

2 Gardez à l'esprit que le pavement en bois crée un chi yin plus doux par rapport au béton ou à la pierre. De même, les meubles en bois sont plus yin que les chaises et les tables en métal.

3 Ajoutez un jeu d'eau ou une vasque pour oiseaux. C'est mieux si votre balcon fait face à l'est ou au sud-est par rapport au centre de votre maison.

Passer du temps sur ce balcon vous rapproche du chi des fleurs.

JARDINS

AVANTAGE Entourent votre maison d'un chi vibrant.

En créant le jardin de vos rêves, vous entourerez la maison du chi induisant simultanément l'inspiration et la tranquillité. Qui plus est, en entrant dans votre jardin, vous vous plongerez dans ce chi.

Si votre jardin est assez grand, vous pourrez y créer des ambiances différentes à des endroits distincts pour absorber des types divers de chi en fonction de votre humeur. Par exemple, les espaces ouverts favorisent une circulation rapide du chi, alors que les petits espaces fermés gardent mieux le chi.

À faire

1 Cherchez une zone débouchant sur un paysage plus dégagé. Ce sera l'espace idéal pour une pelouse, lieu de mouvement sans entraves, où le chi sera plus dynamique.

2 Trouvez une partie du jardin où créer un espace fermé par des plantes, des arbres et des buissons. Ici, le chi sera plus contenu, favorisant la relaxation et la stabilité. Ce sera un bon emplacement pour un fauteuil de jardin.

3 Pensez à créer une zone où le chi puisse monter fortement. Plantez là des arbres, des bambous, de hautes herbes sauvages ou toute plante élancée.

4 Trouvez un espace pour une rocaille, où le chi sera clair et pénétrant, vous rendant décisif et lucide.

5 Rappellez-vous que les arbustes, les plantes tropicales à larges feuilles et les sentiers aident le chi à se déplacer horizontalement, facilitant la sociabilité et les liens avec les autres.

6 Notez qu'un jardin rectangulaire avec une pelouse centrale et des parterres de fleurs dans les coins sera précisément dessiné et accessible, induisant un courant de chi plus yang. Plus le dessin de votre jardin est compliqué, avec des sentiers sinueux, des nids d'amour cachés et des parterres arrondis, plus son courant de chi est yin.

Les marches en pierre forment un contraste yang avec le feuillage yin de ce jardin.

JEUX D'EAU

AVANTAGE Accroissent la vitalité et la fraîcheur.

L'eau occupant une partie de votre terrain exerce un effet sur l'énergie chi de votre maison. Quand les conditions sont favorables, l'eau peut accroître votre vitalité. Un jeu d'eau introduira plus de mouvement dans votre jardin, générant un courant de chi plus actif. Alors que le chi métal représente l'argent, le chi de l'eau en mouvement est associé au mouvement de l'argent.

À faire

• Toute l'eau doit être propre, fraîche et exemple de pollution. L'eau stagnante génère une énergie chi plus dormante qui, si elle est assez proche de vous, risque d'immobiliser votre propre chi.

• L'eau en mouvement génère plus de chi yang que l'eau immobile. Par exemple, une cascade a une influence yang plus active qu'une mare. Cependant, le mouvement descendant d'une cascade a un effet plus ancrant, au contraire du chi ascendant d'une source bouillonnante.

• L'eau coulant rapidement en ligne droite a une influence plus yang que l'eau coulant lentement en serpentant le long de courbes douces. Les mares et les marécages ont l'influence la plus yin. Il est important d'avoir là une grande diversité de faune et de flore pour éviter la stagnation.

• La direction du courant d'eau (par rapport au centre de votre maison) a elle aussi son influence. L'eau à l'est ou au sud-est est la plus bénéfique, car elle contribue à l'accumulation du chi bois de ces directions.

• L'eau coulant vers l'entrée principale de la maison est plus à même d'y faire entrer le chi, alors que l'eau s'éloignant de l'entrée atténue le chi à l'intérieur de la maison. Elle peut même susciter l'impression que l'argent vous fuit.

L'eau coulante active le chi, générant ainsi une atmosphère plus dynamique. Les chutes d'eau enrichissent l'eau en oxygène, lui conférant plus de vitalité.

SENTIERS ET SCULPTURES

AVANTAGE Modifient la circulation du chi.

Les sentiers affectent l'aspect de votre jardin et l'expérience tactile suscitée par son utilisation. Lors du choix de la matière du sentier, pensez à la sensation de la marche sur chaque surface. La diversité des surfaces rendra votre jardin plus intéressant. Un sentier plat et dur (par exemple, un pavage en pierres) incité le chi à accélérer. Un sentier droit fait bouger le chi encore plus vite.

En concevant le jardin, accentuez certaines zones à l'aide de statues. Par exemple, une statue placée au milieu d'un cercle attire l'attention sur cette zone. Une statue peut aussi compléter un paysage – placée à la fin d'un sentier, elle définit la destination de celui-ci. La statue surprend parfois si vous la dissimulez parmi les plantes ou si elle apparaît brusquement au tournant du sentier.

L'utilisation imaginative des matières dans ce jardin dénote une conception très intéressante.

L'effet des diverses matières sur le chi

YIN ↑
Paillon en écorces
Caillebotis, pavement en anciennes traverses de chemin de fer, bûches disposées comme les pierres de gué
Gravier
Briques
Dallage rustique
Dallage lisse
YANG ↓

À faire

- Pour accroître le romantisme dans votre vie, placez à l'ouest une statue de ce genre sur un piédestal rond en métal, entouré de fleurs rouges.
- Pour fortifier l'énergie chi associée à votre carrière, placez à l'est une haute statue en bois entourée de plantes vertes.
- Pour consolider le chi suscitant une plus grande harmonie familiale, installez au sud-ouest une statue basse en argile ou en plâtre, entourée de couleur jaune.
- Pour davantage de paix et de tranquillité, une statue en verre aux lignes sinueuses est idéale au nord.
- Pour accroître le chi feu associé à la célébrité, la reconnaissance publique et à la passion, positionnez au sud une statue en forme d'étoile ou de pyramide, entourée de fleurs pourpres.

ARBRES ET PLANTES

AVANTAGE Introduisent davantage de chi animé.

Les arbres et les plantes aident à définir l'ambiance de votre jardin. En général, le chi d'un jardin d'agrément riche d'une diversité de plantes est bien équilibré. Vous pouvez l'adapter à vos besoins particuliers. Les sentiments que vous désirez susciter dans votre jardin sont la principale considération. Les idées suivantes vous aideront lors de la conception de votre jardin.

À faire

• Un verger ou un groupe d'arbres crée un espace où le chi circule verticalement. Bon endroit lorsque vous avez envie de vous concentrer sur vous-même et de vous sentir plus indépendant.

• Un jardin muni d'une grande pelouse permet au chi de circuler facilement autour de la maison et à l'intérieur de celle-ci. L'endroit idéal si vous voulez vous sentir plus ouvert, sociable et actif, développer de grandes idées, être plus large d'esprit, élargir votre vision.

• Une disposition plus complexe – un labyrinthe de plantes différentes force le chi à suivre une route plus tarabiscotée autour des plantes, des parterres, des buissons, des arbres et des sentiers sinueux – génère une atmosphère plus imaginative, où vous vous sentirez plus créatif, plus tourné vers l'art et plus sage. Idéal pour encourager les idées originales, se sentir plus inspiré et se retirer dans son propre monde.

Les arbres changent le chi sur un plan plus élevé, influençant le chi au-dessus de la tête. S'asseoir sous un arbre aide à se sentir différent à mesure que le chi de l'arbre pénètre dans le corps par le chakra couronne.

• Les plantes aux feuilles pointues, comme les yuccas et les palmiers, génèrent une atmosphère plus stimulante dans votre jardin, alors que les plantes aux grandes feuilles retombantes confèrent une sensation plus paisible. Choisissez vos plantes selon ce que vous ressentez dans le jardin.

• Si vous vivez près d'une route fréquentée, préservez votre intimité en plantant une haie ralentissant le chi et agissant comme une barrière pour le chi accéléré.

SERRES

AVANTAGE Se sentir plus proche de la nature.

L'atmosphère d'une serre est unique, car son chi est très naturel, vu qu'elle fait éprouver une forte connexion avec la nature, tout en étant protégé des éléments. À chaque fois que possible, utilisez des matières naturelles dans la serre et laissez beaucoup d'espace aux plantes. Quelques points sont à considérer lorsque vous concevez une serre.

À faire

1 Essayez d'avoir autant de soleil que possible. Si votre serre est ensoleillée pendant la majeure partie de la journée, vous pourrez l'utiliser durant des périodes prolongées. Toutefois, les serres risquent de devenir très chaudes – mettez des plantes grimpantes ou un arbre pour avoir de l'ombre en été. Installez aussi des stores intérieurs.

2 Les matières utilisées influencent l'atmosphère de votre serre. Si elle est orientée vers l'est, le sud-est ou le sud, utilisez le bois à chaque fois que possible. Le métal et la pierre conviennent mieux si la serre est orientée au sud-ouest ou à l'ouest.

3 Quand vous ajoutez une serre à votre maison, vous changez la forme de votre plan au sol. Le plan au sol idéal pour l'ensemble de la maison est aussi carré que possible, chacune des huit directions bien représentée. Certaines maisons ont un plan au sol dont les proportions sont telles que seulement quelques-unes des huit directions sont représentées – par exemple, une maison étroite ou en forme de L. Il est donc préférable que la serre ajoutée équilibre la forme de la maison ; essayez de ne pas l'ajouter d'une manière faisant empirer la situation.

Afin que votre serre soit parfaite, utilisez des matières naturelles pour la bâtir et remplissez-la de plantes, afin d'absorber en ce lieu le chi de la nature.

LE FENG SHUI ET VOTRE VIE SPIRITUELLE

ENTRETENIR VOTRE ÊTRE SPIRITUEL

Si votre maison renferme un chi approprié, vous entrerez plus facilement en contact avec votre chi spirituel le plus profond traversant vos chakras. En accédant à ce chi et en le projetant dans la maison, vous remplirez celle-ci du genre d'énergie qui favorisera un sentiment de spiritualité à chaque fois que vous rentrez.

La méditation et la prière confèrent naturellement ce type de chi à votre maison. L'ensemble du processus sera plus actif si vous pratiquez un exercice impliquant un mouvement et occupant plus d'espace dans la maison. Les exercices spirituels comme le “chi gong” (voir page 366) s'avèrent très efficaces.

Ce chapitre examine les moyens de créer un environnement plus spirituel à la maison.

- Commencez par créer l'espace permettent d'accéder facilement à votre chi spirituel. Ce chi doit être légèrement dispersé, lent mais libre de circuler, et avoir une composante verticale.
- Pour favoriser l'humeur appropriée, aménagez votre propre temple Feng shui, afin de mieux vous connecter à votre spiritualité.
- Étudiez les modes selon lesquels votre chi interne change, pour le faire émerger plus facilement.
- Trouvez des possibilités de faire rayonner ce chi spirituel dans l'espace qui vous entoure, en faisant appel aux techniques de respiration et de méditation.
- Libérez votre chi grâce aux exercices chi gong et laissez-le trouver son flux et son reflux naturels à l'intérieur de votre champ énergétique. Envoyez ce chi flotter dans la pièce pour favoriser la libération du chi ambiant.

Le sel tend à absorber le chi, ce qui le rend idéal pour vous débarrasser du chi usé et faire venir un chi frais.

- Employez les techniques de purification de l'espace pour disperser, rafraîchir et changer le chi de votre maison, afin que le processus de rechargement à travers votre énergie spirituelle soit facilité. Laissez les sons osciller dans votre maison, faisant vibrer le chi et conférant mouvement à toute énergie ancienne devenue stagnante.
- Projetez avec conscience des pensées positives dans la maison, pour contribuer à l'instauration d'une atmosphère plus heureuse en ces lieux.

CRÉER L'ESPACE SACRÉ POUR LA SPIRITUALITÉ

AVANTAGE Atteindre plus facilement la spiritualité.

Le chi spirituel, outre remplir votre corps, s'élargit pour charger en énergie le chi vous entourant. Ce chi externe interagit avec le chi de l'espace où vous réfléchissez – en conséquence, l'atmosphère ambiante facilite ou entrave votre spiritualité. Voici quelques idées à prendre en compte quand vous essayez de créer l'espace le plus approprié pour entrer en contact avec votre spiritualité.

À faire

1 Pour percevoir votre spiritualité et permettre à votre mental de prendre effectivement en compte toutes les possibilités, l'espace autour de votre tête doit être libre. Si la pièce est trop petite, encombrée de meubles, en désordre, la recherche d'une nouvelle inspiration spirituelle sera limitée, car le chi mental risque d'être contaminé par les forces extérieures.

2 Rappelez-vous que le chi qui vous entoure doit être propre. Évitez de rester dans un chi stagnant, susceptible d'étouffer votre spiritualité. Similairement, si le chi est usé et a été bloqué au même endroit, vous éprouverez plus difficilement le sentiment de pureté nécessaire pour rester en contact avec votre spiritualité.

3 Gardez à l'esprit que tout espace bien exposé à l'air et au soleil dispose d'un chi qui se rafraîchit et se renouvelle naturellement. Dans cet espace, vous accéderez plus facilement à votre énergie spirituelle.

4 N'oubliez pas que le moyen le

plus rapide et le plus efficace de purifier le chi d'un espace est de nettoyer à fond celui-ci. Le processus même du nettoyage purifiera le chi, favorisant cette impression de pureté.

5 En effectuant ce nettoyage, essayez de vous débarrasser de tout fouillis restreignant le mouvement du chi – sinon, celui-ci aura du mal à garder sa fraîcheur. Un espace ouvert plus large facilite la dispersion du chi et permet d'éviter la congestion.

Quotidiennement, laissez entrer le chi frais dans votre maison et faites sortir une partie du chi usé. Vous vous sentirez alors légèrement vidé, ce qui permettra d'atteindre votre aspect spirituel.

6 Utilisez des plantes de haute taille pour créer un courant plus vertical de chi, facilitant la connexion avec le ciel.

CRÉER VOTRE PROPRE TEMPLE FENG SHUI

AVANTAGE Accès à votre spiritualité.

Aménagez un endroit particulier dans la maison pour servir de temple Feng shui. Lorsque vous avez envie de vous focaliser sur vous-même et vous poser des questions sur la vie et sur votre direction, c'est là que vous irez, de même que pour éprouver une sensation de paix et de tranquillité. Pour devenir plus objectif, vous mettez là de l'espace entre vous et la vie quotidienne.

À faire

1 Réservez-vous une pièce de la maison, ou une partie d'une pièce. Aménagez l'espace pour faire face au nord – spiritualité accrue –, ou au nord-ouest – sagesse –, tout en regardant la table servant de socle à votre temple.

2 Placez dans cet espace toutes les choses qui vous tiennent à cœur et qui vous semblent définir votre personnalité et – encore plus important – ce que vous voulez être.

3 Disposez ces objets – photos de vos ancêtres, images, jouets, diplômes, vieux journaux intimes, vos livres, CD et DVD préférés – sur la table pour devenir conscient de la place occupée jusque-là dans le voyage de la vie.

4 Placez aussi sur la table toute affirmation concernant les changements que vous désirez faire en vous ou les objectifs à atteindre.

5 Mettez sur la table une bougie, un bol d'eau fraîche et un bol de sel de mer. Lorsque vous avez envie de réfléchir à votre vie, allumez la bougie et fixez sa flamme en essayant de faire le vide dans votre mental. Laissez le chi de votre temple Feng shui circuler à l'intérieur de votre champ énergétique pour que les pensées nouvelles, inconscientes, puissent émerger dans votre mental.

Rassemblez les objets et les images qui vous tiennent à cœur pour créer votre propre temple. Utilisez-les pour vous recharger en énergie.

CHANGER VOTRE CHI INTERNE

AVANTAGE Libère l'esprit enfermé en vous.

Cet exercice enseigne comment déplacer le chi grâce à votre mental. En focalisant votre mental sur des parties de votre corps et en utilisant une visualisation positive, vous envoyez un chi utile aux cellules qui en ont besoin.

À faire

1 Trouvez un espace où vous vous sentez à l'aise et qui, selon vous, dispose d'un bon chi naturel, car vous en absorberez plus durant l'exercice, ainsi qu'à sa fin. Mettez des vêtements larges en coton.

2 Allongez-vous confortablement sur le dos. Si nécessaire, placez des coussins ou des serviettes roulées sous le cou, le bas du dos et les genoux pour vous sentir à l'aise. Commencez à respirer lentement et profondément à partir de l'abdomen.

3 Imaginez que vous inspirez le chi dans votre abdomen. Faites mentalement le tour du corps, en posant des questions sur chaque zone, afin de le connaître parfaitement. Il est important de découvrir si chaque zone est détendue ou contractée, dynamique ou fatiguée, chaude ou froide, dure ou tendre, lourd ou légère. Plus vous arrivez à percevoir une zone particulière et à y concentrer votre attention, plus le chargement en chi de ces cellules sera considérable.

Assurez-vous d'être à l'aise et capable de vous relaxer complètement avant de commencer votre méditation.

4 Imaginez une paire imaginaire de mains pénétrant à l'intérieur de votre corps pour masser, apaiser et déplacer le chi. Vous pouvez inventer une couleur qui vous fait vous sentir vraiment bien. Par exemple, essayez une couleur chaude, dorée, orangée ou jaune. Au fur et à mesure que le mental tourne autour du corps, imprégnez chacune de ses parties de cette couleur particulière. Vos pouvoirs de visualisation se rapporteront à votre chi et affecteront toutes vos cellules.

5 Entraînez lentement votre mental à parcourir l'ensemble de votre corps. Prenez quelques secondes pour apprécier les sensations globales. Vous devez vous sentir plus léger et plus détendu, imprégné d'un sens général d'harmonie.

ÉMETTRE VOTRE CHI DANS L'ESPACE

AVANTAGE Votre chi spirituel remplit la pièce.

Cet exercice vise à développer en vous le genre de chi dont vous désirez remplir la maison, puis le projeter dans une pièce, pour créer ainsi une atmosphère plus spirituelle. Vous devez le faire régulièrement, car une partie du chi disparaît au fil du temps.

Si vous vous asseyez dos contre un tronc, votre champ chi s'amalgamera avec celui de l'arbre – votre chi sera incité à monter à la verticale à travers vos chakras.

À faire

1 Trouvez un endroit où vous pouvez charger votre champ chi du genre d'énergie favorisant votre spiritualité – un endroit sacré, un arbre, un parc, un jardin auront l'atmosphère appropriée. Lorsque vous êtes là, méditez sur votre respiration. Concentrez-vous sur l'inspiration, en imaginant que vous aspirez le chi environnant en remplissant vos poumons. Visualisez-vous inspirer une couleur, un son ou un sentiment. Inspirez votre couleur préférée et imaginez votre abdomen et votre poitrine se teindre de cette couleur.

2 Revenez à la maison et asseyez-vous, le dos droit, dans la pièce que vous souhaitez remplir de chi spirituel. Cette fois-ci, méditez plus intensément sur l'expiration. À chaque fois que vous expirez, imaginez votre chi remplir la pièce ou l'espace où vous vous tenez. Commencez par une petite zone autour de vous, s'élargissant de plus en plus.

3 Placez une bougie allumée devant vous et fixez sa flamme en méditant. Sur l'expiration, concentrez-vous sur la projection de votre chi à la base de la flamme. Le chi de la bougie aidera ainsi le rayonnement plus intense de votre chi dans le reste de la pièce.

RESPIRATION

AVANTAGE Connecte avec le chi environnant.

Chaque inspiration que vous prenez fait entrer du chi dans votre corps, et chaque expiration remet du chi dans l'atmosphère. L'acte de la respiration vous connecte profondément avec le chi environnant, car le chi externe accompagne l'oxygène dans le sang. La respiration est la principale forme d'intégration dans le monde qui vous entoure. Il instaure un flux et un reflux rythmique du chi de votre champ énergétique. Votre modèle de respiration dans la maison vous permettra de vous immerger davantage dans le chi de cet espace de vie.

La façon dont vous respirez définit le déroulement du processus de fusion avec le chi ambiant. La capacité de respirer à fond favorise l'échange plus actif entre votre chi et le chi environnant. Elle s'avère utile lorsque vous voulez absorber plus d'énergie d'un endroit particulier, par exemple de votre paysage préféré, ou trouver un immeuble public où vous vous sentez réellement heureux.

À faire

1 Pratiquez la respiration à fond en inspirant d'abord à partir de votre abdomen. Placez la main sur votre nombril et concentrez-vous à le pousser loin de vous lorsque vous inspirez. Contractez ensuite les muscles de votre estomac en expirant, pour évacuer l'air.

2 Lorsque vous êtes à l'aise en respirant depuis votre abdomen, continuez à respirer à partir de votre poitrine. Élargissez les épaules pour inspirer le maximum d'air possible.

3 Retenez votre respiration environ trois secondes avant d'expirer tout l'air de votre corps. Pour ce faire, il est utile de se pencher légèrement en avant et de contracter l'abdomen.

Remplir à fond vos poumons d'air au bord de la mer permet d'absorber le chi marin, vous connectant aux courants d'énergie globale. Vous pourrez ainsi penser à la vie en termes plus grands.

MÉDITATION

AVANTAGE La capacité de déplacer le chi.

Ces exercices enseignent comment changer mentalement votre champ énergétique. Pour contrôler votre chi, vous devez le faire descendre, monter, aller vers l'extérieur ou vers l'intérieur en combinant la respiration, le mouvement et la pensée lors des exercices de méditation.

À faire

• Faites descendre votre chi pour devenir plus pratique, réaliste et ancré ; c'est idéal si trop de pensées tournent dans votre tête et vous empêchant de trouver la paix de l'esprit. Expirez, laissez sortir l'air de votre poitrine, puis de votre abdomen. Retenez la dernière mesure d'air dans la partie inférieure de votre abdomen jusqu'à la fin. En expirant, accélérez pour faire descendre le chi inspiré dans les jambes et les pieds, le poussant même au-delà dans la terre.

• Pour trouver de nouvelles idées, de l'énergie créative et de l'inspiration, faites monter votre chi ; cela vous aidera à vous sentir positif et à atteindre vos objectifs. Tenez-vous debout, pieds écartés de la largeur des épaules, votre poids placé presque sur la pointe des pieds. Commencez par respirer à partir de la partie de plus profonde de votre abdomen, puis à partir de votre poitrine. Expirez en vidant votre abdomen, pour finir la dernière mesure d'air quittant la partie supérieure de votre poitrine. Imaginez que vous inspirez du chi des profondeurs de votre abdomen et le faites monter dans votre tête.

• Si vous désirez être remarqué ou impressionner, élargissez votre champ chi vers l'extérieur ; c'est idéal pour vous exprimer et vous débarrasser d'émotions variées. Accroupissez-vous, pieds écartés et bras croisés sur la poitrine, et inspirez. En expirant, levez-vous et ouvrez les bras, pour prendre la forme d'une étoile. Durant l'expiration, imaginez souffler votre chi vers le bout de vos doigts et de vos orteils.

• Tirez votre chi en vous pour en développer la force, en concentrant votre noyau le plus profond de chi et en facilitant la découverte du pouvoir intérieur ; essayez cet exercice quand vous vous sentez fatigué, fragile et frigorifié. Asseyez-vous ou agenouillez-vous et inspirez lentement. Commencez par aspirer le chi dans votre abdomen, puis dans votre poitrine. Dès que votre corps est plein, serrez l'anus, fermez la bouche et les narines, contractez et rentrez l'abdomen.

En gardant le dos droit, alignez les chakras pour faciliter la circulation du chi entre eux et chargez-les de chi du ciel et de la terre.

CHI GONG

AVANTAGE Relâche les émotions et le chi.

Le chi gong est l'art de déplacer le chi d'une manière mettant naturellement une harmonie l'ensemble de votre champ énergétique. Pour ce faire, votre corps est incité à effectuer ses propres mouvements spontanés pour redistribuer, éliminer ou absorber le chi. Votre subconscient sait de quoi vous avez réellement besoin – lorsqu'il prend les contrôles, vous devenez capable d'effectuer les adaptations appropriées. Lorsque vous pratiquez les exercices chi gong, votre champ énergétique élargi modifie le chi de la pièce. Si vous réussissez à harmoniser spontanément votre propre chi, vous réalignez simultanément de la même façon le chi de la pièce.

À faire

Vous devez préparer votre corps pour que les mouvements chi gong spontanés soient plus faciles. Les exercices initiaux visent à déplacer une partie de votre corps sans faire appel aux muscles. Cette pratique favorise la relaxation et l'ouverture permettant à des parties du corps de bouger sans que la conscience intervienne.

Exercice d'assouplissement

1 Secouez-vous comme un chien, les bras flasques. En vous tenant au dossier d'une chaise, par exemple, secouez tour à tour vos jambes. Allongez-vous ensuite sur le dos pour hâter les mouvements oscillants libres, en remuant les hanches pour que les bras et les jambes bougent sans recourir à leurs muscles.

Stimulez le champ chi externe

1 Pour bouger la périphérie de votre champ chi et jouer avec elle, faites courir vos mains autour de votre corps, en les maintenant à environ 30 cm de la peau.

2 Les jambes écartées, penchez-vous et tracez un cercle autour de vos pieds. Faites remonter vos mains le long des faces latérales des jambes et sur les côtés du torse, jusqu'aux aisselles. Tendez-les complètement. Tournez les paumes vers le haut et ramenez-les vers votre cou. Faites monter vos mains sur les côtés de la tête, avant de les faire descendre une fois de plus par la face antérieure du corps jusqu'aux pieds.

3 Faites monter vos mains sur la face postérieure des jambes et sur le dos. Quand vous arrivez au point où vos mains ne peuvent plus avancer, ramenez-les sur la poitrine, sous les aisselles, puis placez-les autour de la nuque. Faites-les descendre de nouveau sur les côtés du corps, jusqu'à vos pieds. Répétez en montant par la face antérieure du corps en commençant une nouvelle séquence et couvrez toutes ses parties.

4 Le modèle de base du mouvement maîtrisé, accélérez l'ensemble du processus, le transformant en exercice vigoureux. Ce faisant, vous stimulez votre chi superficiel, le mélangeant plus activement au chi environnant.

Trois exercices d'étreinte

Pour cet exercice, imaginez que vous vous tenez le front appuyé contre un grand arbre, vos bras entourant son tronc. Le but est de trouver une position dans laquelle rester ainsi autant que possible.

1 Tenez-vous debout, pieds écartés, genoux fléchis d'environ 15 degrés. Inclinez le bassin jusqu'à trouver une posture confortable. Relaxez les épaules et mettez vos mains dans la position "étreignez l'arbre". Rentrez le menton, pour que votre tête soit bien équilibrée au-dessus du cou. Lorsque vous vous tenez dans cette position, notez toute gêne et corrigez la posture jusqu'à vous trouver parfaitement à l'aise. Il est important de vous souvenir de cette position afin de pouvoir la prendre dès le départ la fois suivante. Tirez les leçons de l'exercice, pour accroître le savoir et l'habitude nécessaires pour rester pendant des heures dans cette position.

2 Votre chi peut circuler sans effort dans la position qui vous convient. En l'adoptant, vous devenez capable d'élargir votre champ chi et le laisser se rétablir plus harmonieusement. Il faut de la patience pour y parvenir. Il est préférable qu'une autre personne surveille votre posture – ou pratiquez devant un miroir.

Exercices de libération

Le plus important est de vous laisser aller aux mouvements chi gong spontanés. Pratiquez d'abord les exercices déjà utilisés pendant quelques semaines, afin que votre corps soit prêt pour l'étape suivante. En pratiquant, essayez de vous abandonner totalement.

Deux options spontanées sont à essayer – une debout, l'autre allongé – pour déterminer laquelle vous convient mieux. L'avantage de la pratique debout est la plus grande liberté de mouvement. Il se peut toutefois que vous trouviez plus facile de commencer en étant allongé, position favorisant la relaxation et l'abandon. Dans les deux cas, vous pouvez accentuer les mouvements en expirant et en émettant un son lorsque vous focalisez votre mental sur la partie du corps en mouvement. Pratiquez naturellement et laissez sortir spontanément tout son qui monte.

Au commencement, l'aide d'un maître de chi gong facilitera la pratique. Il vous surveillera lorsque vous laissez le subconscient prendre le contrôle. Il est important de trouver une personne de confiance, en présence de laquelle vous abandonner, en ayant la certitude d'être aidé.

Debout

1 À la fin de vos exercices chi gong, quand le moment semble propice, essayez d'induire des mouvements subconscients en vous tenant dans une posture détendue. Reculez, de sorte que le pied arrière repose seulement sur les orteils et presque sur la pointe du pied. Votre pied rebondit sur sa partie charnue pendant un moment, jusqu'à ce que le mouvement devienne naturel. Essayez de garder votre mental aussi vide que possible en vous focalisant sur votre respiration. Laissez votre pied bouger de lui-même.

2 Sans y penser, laissez le mouvement du pied s'étendre à d'autres zones de votre corps. Il induira toutes sortes de mouvements articulaires rythmiques. La difficulté est d'empêcher le mental de prendre le contrôle et de se mettre à décider consciemment des articulations à déplacer et de la façon d'y parvenir. Soyez ouvert à l'idée que ce n'est pas le bon moment – auquel cas ne forcez pas. Continuez à proposer des occasions à votre corps – le moment venu, le mouvement se produira naturellement. Changez éventuellement de pied et voyez si cela suscite une réaction.

Allongé

1 Allongez-vous sur le dos et commencez à remuer rythmiquement les hanches, puis faites-les tourner, se tordre, s'incliner, effectuer tout mouvement qui semble convenir sur le moment. Respirez profondément et concentrez-vous sur son souffle. Après un moment, vous constaterez que vos jambes, vos bras et votre cou commencent à bouger. Contentez-vous de vous focaliser sur votre respiration et résistez à la tentation de laisser le mental prendre les rênes. Une fois les mouvements spontanés commencés, vous n'avez pas à rester allongé sur le dos. Si vous avez envie, mettez-vous sur le côté ou changez complètement de position.

2 Après un moment, les mouvements s'estomperont. Relaxez-vous et restez immobile jusqu'à ce que vous vous sentiez de nouveau stable.

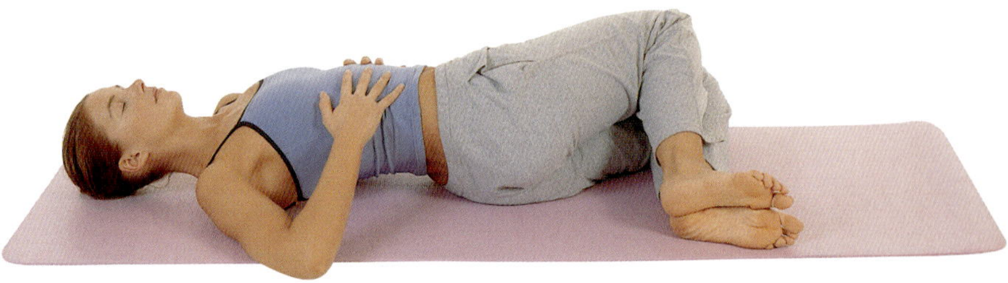

PURIFIER L'ESPACE AVEC DES SONS

AVANTAGE Fait venir du chi frais.

Pour purifier le chi d'un espace, utilisez les sons. Les ondes sonores vibrent à travers les airs, en remuant le chi. Si le chi usé est libre de bouger, une partie quittera la pièce, faisant de la place au chi frais.

Pour y parvenir, vous pouvez psalmodier, faire sonner des cloches, taper dans les mains. La psalmodie est une option puissante, car vous projetez votre chi profond dans la pièce. Il est souvent utile de parsemer du sel de mer après la purification d'un espace avec des sons, en vue d'éliminer toute trace subsistante de chi.

D'autres sons – de la musique, un gong, ou même la voix des gens en train de discuter – stimulent aussi le chi. En utilisant les méthodes suivantes vous pourrez concentrer les sons dans une zone spécifique et, dans le cas de la psalmodie, y faire entrer votre chi personnel.

À faire

1 Préparez la pièce que vous désirez purifier en ouvrant toutes les fenêtres et les portes, en la nettoyant et la rangeant. Essayez d'en éliminer autant de poussière que possible. Mettez des vêtements larges en coton.

2 Lorsque vous psalmodiez, il est important de garder votre dos droit, pour que tous vos chakras soient alignés, facilitant la circulation verticale du chi. Tirez en arrière vos côtes flottantes, en gardant les épaules dans la même position, afin de redresser le bas du dos. Rentrez le menton et levez le sommet de la tête, comme s'il était tiré vers le ciel.

3 Respirez profondément pour pouvoir émettre de forts sons prolongés et projetez la vibration dans la pièce. Pour stimuler l'ensemble du chi d'une pièce, essayez d'émettre toute une gamme de sons. Il est plus facile de commencer par un son bas, puis monter dans les aigus sur une longue expiration. Commencez par le son le plus bas “aah”, puis passez à un son plus aigu “aah”, pratiquez toute la série des sons “ooo” et finissez par le son “mmm” – le tout sur une seule respiration. Pratiquez plusieurs fois pour purifier la pièce. Vous pouvez utiliser tout son, même psalmodier. Toutefois, il est utile de combiner le son avec une longue expiration profonde et de vous concentrer sur l'arrivée de votre chi dans la pièce.

4 Les clochettes stimulent aussi le chi stagnant. Si vous pensez que votre pièce a un chi stagnant, prenez une clochette et faites-la sonner dans tous les coins et les recoins – partout où la poussière s'accumule. Les ondes sonores aideront à remettre en mouvement le chi et inciteront l'énergie fraîche à pénétrer dans ces zones.

Les bols chantants émettent un son utilisable pour stimuler le chi d'une pièce et éliminer l'énergie usée stagnante.

5 Vous pouvez aussi taper dans vos mains en expirant puissamment et rapidement, pour accélérer le chi. Combinez avec la psalmodie.

6 Purifiez par la suite l'énergie chi d'un espace en parsemant du sel de mer sur le plancher. Le lendemain matin, passez l'aspirateur ou balayez le sel, puis sortez-le de la maison pour vous débarrasser de l'énergie négative. Répétez plusieurs fois, jusqu'à ce que vous sentiez que le chi a été renouvelé.

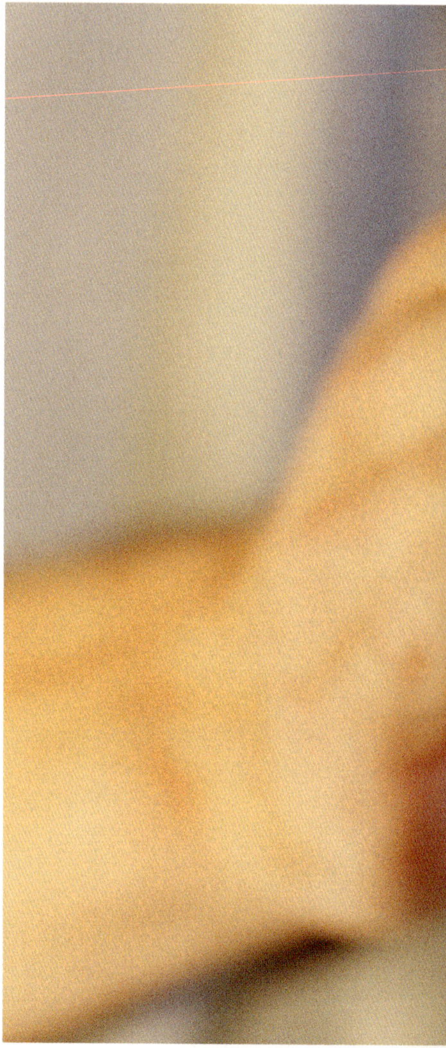

Taper dans vos mains produit un son, qui de plus véhicule votre chi, surtout s'il est combiné avec une profonde expiration.

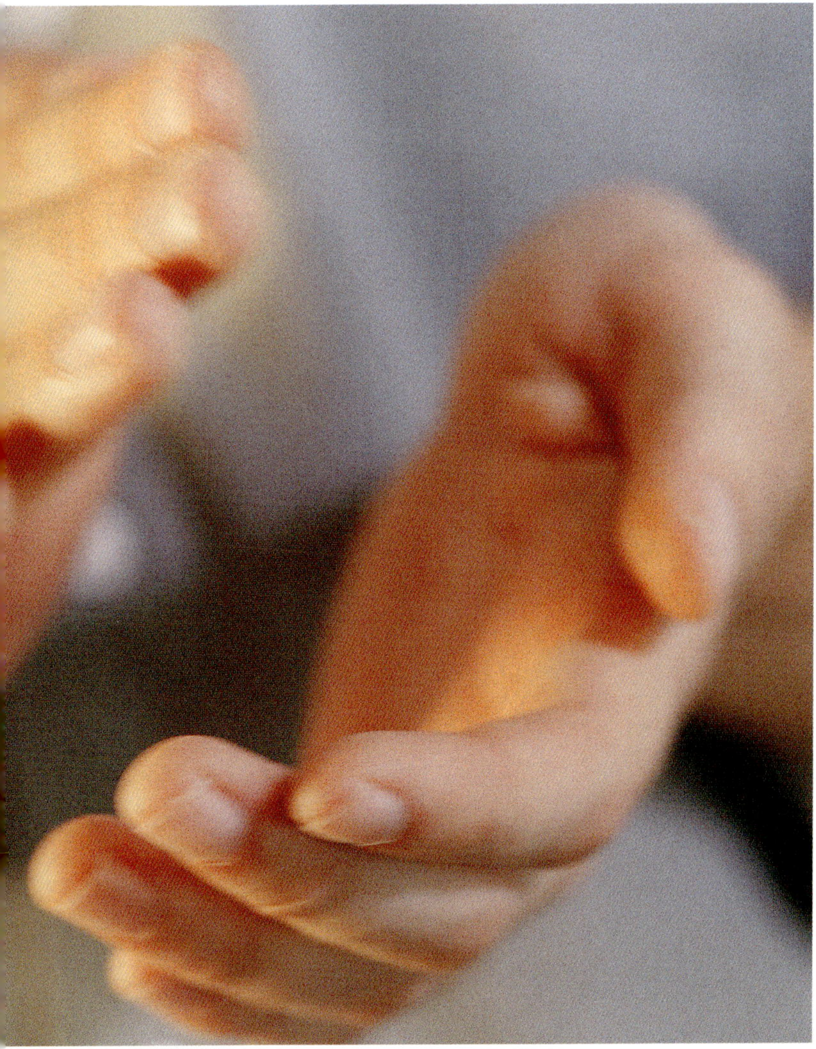

INDUIRE LE BONHEUR

AVANTAGE Se sentir heureux à la maison.

Plus vous faites d'expériences heureuses à la maison, plus celle-ci deviendra un lieu de bonheur. À mesure que le chi du rire, de la joie et du contentement se déverse dans les pièces, il s'intègre dans l'atmosphère. Cet effet est cumulatif : plus vous êtes heureux, plus cette influence s'accroît et devient permanente.

Vous pouvez reinstaurer cette ambiance si vous êtes sérieusement déprimé et stressé à la maison ou si vous éprouvez des ressentiments entre ses murs, car ce chi risque de rester là, empêchant d'éprouver de nouveau un sentiment positif. Après une perturbation émotionnelle il est conseillé de faire appel à des techniques de purification de l'espace (voir pages 372 à 375).

Il est important de mettre dans votre maison des objets qui vous rendent heureux. Les photographies, les tableaux et les sculptures doivent être choisis à cet effet. Servez-vous de la musique, de la comédie, de la couleur pour apporter plus de rire et de joie dans un espace.

D'autres personnes font entrer leur chi dans votre maison et, si elles se sentent heureuses, ce chi positif s'intégrera au chi de votre maison ou de votre appartement. C'est particulièrement valable pour les enfants. Lorsqu'ils sont très joyeux, ils projettent leur chi fortement et activement dans l'espace qui les entoure. Un animal de compagnie satisfait aura le même effet positif sur l'ambiance de votre maison.

Au fil du temps, vous atteindrez un état où votre moral s'élève simplement en rentrant à la maison. Vous vous sentez plus heureux dès que vous passez le seuil.

Les personnes heureuses envoient du chi de bonheur dans l'atmosphère, laissant une impression de bonheur dans la pièce.

À faire

• Le rire est une excellente manière de faire entrer un chi plus joyeux et heureux dans votre maison. Regardez des films qui vous font éclater de rire, lisez des livres qui vous amusent. Les blagues, les jeux divertissants, tout ce qui vous fait vous esclaffer, améliore l'atmosphère de votre maison.

• Invitez des gens avec lesquels vous vous amusez. Recevez régulièrement vos amis proches, jouez à des jeux qui remplissent la maison de chi plus sociable, vibrant.

• Si vous avez des enfants, jouez avec eux et encouragez-les à trouver des choses amusantes, qui font rire. Invitez leurs amis et laissez-les se déchaîner, si vous avez assez d'espace. Mangez ensemble en famille et partagez les moments drôles de la vie. Si vous vivez seul, un petit animal de compagnie fera entrer des émotions positives dans une maison dont l'environnement lui est favorable.

• Mettez des fleurs pour apporter couleur et vie dans la maison, lui conférant un chi plus éclatant,

ascendant. Disposez de grands arrangements floraux, très colorés, pour que votre maison s'épanouisse dans leur énergie. Plantez plusieurs plantes à fleurs différentes dans un grand pot, pour que la pièce soit baignée de couleur et de chi animé.

• Examinez votre maison pour voir si les tableaux et les œuvres d'art suscitent une réaction positive. Essayez d'en trouver de nouveaux qui vous feront sourire un peu plus que ceux que vous avez. Remplacez tout ce qui est trop foncé ou trop sombre, ou qui vous rappelle des moments malheureux.

• Faites jouer souvent de la musique pour que les ondes sonores mélodieuses remplissent votre maison. Choisissez une musique qui élève votre moral et qui vous aide à vous sentir plus heureux.

• Essayez de trouver chaque jour quelque chose qui offre ce moment spécial – que vous pouvez attendre comme une friandise de choix.

• Pensez à des hobbies amusants susceptibles d'être effectués à la maison.

Les fleurs projettent un chi coloré et heureux dans la maison. Coupez les tiges et changez l'eau tous les jours pour entretenir leur fraîcheur.

INTÉGRER LE FENG SHUI DANS VOTRE VIE

AVANTAGE Entretenez votre pratique du Feng shui.

Après avoir lu ce livre, commencez à utiliser régulièrement le Feng shui. Essayez d'employer ces nouveaux concepts – chi, yin et yang, les cinq éléments et les huit directions – comme des moyens inédits de regarder le monde qui vous entoure. Plus vous arrivez à intégrer le Feng shui dans votre vie quotidienne, plus il participera naturellement à tout ce que vous faites. En dernière analyse, le Feng shui doit faire intuitivement partie de vous, plutôt que de rester un concept abstrait. Vous devez le rendre vôtre.

À faire

1 Travaillez sur votre chi en utilisant la méditation et l'exercice et en consommant des aliments complets, "vivants".

2 Regardez toutes les choses en termes de yin et de yang, et essayez d'établir des connexions entre votre bien-être et les innombrables influences extérieures jouant sur vous.

3 Quand vous visitez des amis, voyez si vous arrivez à établir des connexions entre des aspects de leur caractère et de leur vie et le Feng shui de leur maison.

4 Si vous voulez avancer, pensez à un cours de Feng shui.

5 Trouvez la date de naissance des gens et calculez leurs nombres astrologiques Feng shui, puis établissez des associations entre ces trois nombres et leur caractère.

6 Utilisez l'astrologie Feng shui sur différentes personnes de votre connaissance, en dressant un thème

En vous asseyant à cette table, vous deviendrez capable d'absorber et percevoir le chi éclatant et coloré, ainsi que les sentiments qu'il suscite en vous.

comparant leurs nombres de l'année, du mois et de l'axe.

7 Utilisez l'astrologie Feng shui pour déterminer les différentes phases par lesquelles sont passés des amis ou des membres de votre famille. Voyez si vos prédictions s'accordent à leur réelle expérience de vie.

8 Essayez quelques remèdes Feng shui dans votre maison puis, si vos amis l'acceptent, gagnez de l'expérience en appliquant le Feng shui à leur vie et à leur maison.

TOUT METTRE EN PERSPECTIVE

AVANTAGE Plus grande harmonie.

Rappelez-vous que ce livre est basé sur des concepts et non pas sur une réalité rigide. En appliquant ces concepts à votre vie, vous constaterez que les résultats sont étonnants. Il est important de voir le Feng shui comme une pièce du puzzle de la vie, car bien d'autres concepts sont à explorer et à mettre à l'épreuve.

Essayez de garder le Feng shui en perspective, pour qu'il apporte un plus à d'autres aspects de votre vie, tout en vous fournissant une abondance de nou-

velles idées pour votre maison. Utilisez-le pour faire plus de choix en connaissance de cause. En dernière analyse, le Feng shui est juste un autre outil contribuant à l'enrichissement du voyage de votre vie. Vous aurez de l'aide dans les moments difficiles, bien que le Feng shui n'offre pas des solutions miracle infaillibles. C'est un savoir-faire permettant de réaliser davantage avec moins d'effort. Et on peut espérer qu'il conduit à une vie plus satisfaisante.

À faire

1 Essayez de ne pas laisser ce sujet (ni nul autre) limiter votre vie, mais utilisez-le pour vous charger en pouvoir. Vous serez ainsi aux contrôles et vivrez la vie que vous désirez tout en vous servant du Feng shui pour l'améliorer.

2 Faites l'effort de tout comprendre, pour savoir ce que vous faites. Ne vous laissez pas aveugler – partez d'une position forte.

3 Effectuez les changements un à un, pour pouvoir suivre les résultats. Si vous vous précipitez et procédez à des changements globaux, vous ne saurez pas ce qui marche ou non.

4 Pratiquez et accumulez autant d'expérience que possible pour tester chaque aspect du Feng shui et consolider tout ce que vous avez appris dans ce livre grâce à l'expérience de la vie réelle.

Gardez des notes ou un journal pour mettre en rapport vos sentiments avec les espaces où vous passez du temps. Rétrospectivement, ce sera une ressource personnelle de valeur.

GLOSSAIRE

Aura : Champ énergétique entourant le corps humain. Peut être photographié grâce à un procédé appelé "photographie Kirlian" – il apparaît sous la forme d'un halo multicolore. Avec de la pratique, on peut voir l'aura ou la percevoir avec les mains.

Ba goua : *Voir* carré magique.

Carré magique : Arrangement des chiffres de 1 à 9 sur une grille, de sorte que la somme de toute ligne formée par trois nombres, horizontale, verticale ou diagonale, est toujours 15. Chaque nombre est soit plus yin, soit plus yang que son voisin. Un trigramme et un élément lui sont associés. La grille est disposée sur le plan au sol de la maison pour déterminer la circulation d'énergie en ces lieux. Le Feng shui se base sur le carré magique de Fuxi (appelé aussi ba goua). Appliqué à une maison, le carré magique se présente sous sa forme classique, avec le 5 au centre (voir page 42).

Chakras : Sept centres d'activité où le chi est particulièrement actif, situés le long du corps : le sommet de la tête, la zone entre les sourcils, la gorge, la zone entre les mamelons, l'estomac, juste en dessous du nombril et la base de la colonne vertébrale. Les chakras sont souvent utilisés dans la guérison pour créer un courant plus sain de chi autour du corps.

Champ chi : L'énergie formant votre chi personnel. Il est en vous, mais aussi dans la zone qui vous entoure, allant de quelques centimètres à 1 m de votre peau, selon la force avec laquelle vous projetez votre chi au moment respectif.

Chi : Énergie électromagnétique subtile traversant tout ce qui existe, véhiculant des informations d'une entité à une autre, dans une sorte de réseau invisible, si bien que vous influencez tout ce que vous connaissez – et êtes influencé à votre tour. Dans le corps humain, le chi véhicule les pensées, les idées, les émotions. Cette énergie s'étend au-delà du corps, l'enveloppant d'un champ énergétique qui lui est propre. Le chi est visible sur les photographies Kirlian. Il est facile de modifier le chi grâce à l'atmosphère de votre habitation – voilà pourquoi vous vous sentez différemment à des endroits distincts.

Chi gong : Exercices spirituels libérant le chi et lui permettant de trouver son propre flux et reflux naturel à l'intérieur de votre champ énergétique

Cinq animaux: Représentent votre champ énergétique extérieur. Ils sont positionnés autour de votre corps, occupant toujours les mêmes emplacements. L'énergie devant vous est représentée par le phénix, celle à votre droite, par le tigre, celle derrière vous, par la tortue, celle de votre gauche, par le dragon, celle du centre, par le serpent.

Cinq éléments: Les cinq types différents d'énergie émotionnelle représentés par les éléments bois, feu, terre, métal et eau. Chaque énergie est associée à un moment de la journée et à une saison : bois = aube et printemps, feu = midi et été, terre = après-midi et fin de l'été, métal = crépuscule et automne, eau = minuit et hiver. L'aspect le plus important des cinq éléments est leur relation mutuelle. L'analyse des problèmes survenant dans la maison et de la manière de les régler se base sur cette relation.

Feng shui: Littéralement, "vent et eau". La façon dont ces éléments se déplacent autour de la planète est similaire à la circulation de l'énergie du Feng shui – les deux établissent une connexion avec le monde extérieur et avec votre corps. L'être humain est constitué à 70 % d'eau, constamment renouvelée par l'eau venant de l'extérieur, tout comme l'oxygène est pris de l'air. Le vent et l'eau sont vos liens les plus vitaux avec l'environnement – sans l'un ou l'autre, vous ne vivrez pas longtemps. Le Feng shui s'appuie sur la même idée, mais se concentre sur une énergie qui véhicule des informations vous concernant et qui les met constamment à jour en se mélangeant à l'énergie du monde.

Huit directions : Huit points cardinaux utilisés pour établir les caractéristiques des différents types d'énergie trouvée dans chacune de ces directions. Par exemple, l'énergie de l'est se rapporte à l'aube, au matin et au printemps et convient à votre champ énergétique. L'énergie de l'ouest est associée à l'automne, à la récolte et à la fin du jour; elle convient mieux pour la réalisation ou pour récolter les récompenses de votre travail assidu. Lorsque vous savez ce que peut offrir chaque direction, utilisez le Feng shui pour faire entrer en vous davantage de son énergie particulière.

Méridiens : Voies transportant le chi autour du corps. Ils se ramifient jusqu'à ce que le chi touche chaque cellule du corps. Autrement dit, chaque pensée ou émotion touche l'ensemble des cellules, ce qui à long terme peut affecter le corps physique – réfléchissez bien avant de vous mettre en colère ou de vous laisser aller à la dépression. Le contraire est aussi vrai : l'état de vos cellules et la façon donc vous utilisez votre corps modifient la circulation de l'énergie, ainsi que la façon dont vous pensez et ressentez. Vous avez dû remarquer qu'il est difficile de rester en colère en respirant lentement et en vous étirant, ou se sentir déprimé au milieu d'un exercice vigoureux.

Neuf ki, système : Système basé sur le carré magique, où chacun des neuf nombres décrit un type de chi. Les nombres peuvent être disposés de neuf manières différentes sur le carré magique, pour créer neuf cycles applicables aux années, aux mois et aux jours. Celui-ci peut être utilisé pour déterminer le chi présent au moment d'une naissance, ainsi que les meilleures directions et phases pour chaque année et chaque mois.

Nombre de l'année, nombre du mois et nombre de l'axe : Trois nombres, de 1 à 9, représentent votre chi en se basant sur l'année et le mois de votre naissance. Le nombre de l'axe est une combinaison de vos nombres de l'année et du mois (pour le trouver, regardez le carré magique qui a votre nombre du mois au centre, puis déterminez votre nombre de l'année et sa direction; le nombre normalement associé à celle-ci – lorsque le 5 est au centre du carré magique – est votre nombre de l'axe). Chaque nombre décrit un type particulier de chi et permet ainsi d'analyser votre personnalité et vos relations.

En outre, votre nombre de l'année peut servir à déterminer la phase de votre vie dans laquelle vous êtes chaque année et chaque mois, ainsi que les meilleures directions pour vous.

Purification de l'espace : Techniques utilisées pour disperser l'ancien chi stagnant d'un espace– du nettoyage aux rangements, en passant par le tintement des cloches, la psalmodie, le claquement des mains, la méditation.

Trigrammes: Série de trois lignes parallèles, soit continues, soit interrompues. Les lignes interrompues sont plus yin, les lignes continues, plus yang. Il y a huit arrangements différents de ces lignes, chacun lié à l'une des huit directions.

Yin et yang: Termes opposés et complémentaires, susceptibles d'être utilisé pour décrire tout ce qui existe. Littéralement, le yin est le flanc ombragé de la montagne, le yang, son flanc ensoleillé. Généralement, le yang se réfère à tout ce qui rend actif, dynamique, rapide, alerte, concentré, précis, agressif, assuré ou tendu. Le yin décrit tout ce qui aide la relaxation, le ralentissement, l'ouverture d'esprit, la créativité, l'imagination, la complaisance, la vision globale, la réceptivité. Une chose est toujours plus yin ou plus yang qu'une autre. Par exemple, pratiquer le karaté vous rend plus yang que l'étirement, cependant celui-ci est plus yang qu'une sieste. Vous pouvez donc décider si vous vous sentez mieux en étant plus yin ou plus yang, puis adapter en conséquence votre mode de vie. Le yin et le yang peuvent être appliqués à la décoration de la maison, à la nourriture consommée, aux vêtements, à toutes vos activités.

INDEX

A

B

C

D

G

H

I

J

O

P

T

V

Y

À PROPOS DE L'AUTEUR

Simon Brown, ingénieur concepteur, a breveté deux inventions. Il a commencé à étudier la médecine orientale en 1981 et est devenu thérapeute shiatsu et consultant en macrobiotique. Lorsqu'il apprenait ces arts de guérison, il a étudié le Feng shui avec des maîtres japonais aux États-Unis. Il a été le directeur de la London's Community Health Foundation pendant sept ans et a dirigé une diversité de formations sur les arts de guérison orientaux. Au cours de cette période, il a organisé les premières formations sérieuses au Feng shui du Royaume-Uni. Depuis 1993, Simon Brown se consacre à plein temps au Feng shui. Il compte parmi ses clients des célébrités comme Boy George et de grandes entreprises, dont Body Shop et British Airways. Il est membre de la Feng Shui Society.

Consultations de Simon G. Brown

Simon Brown donne des consultations, soit par visite du site, soit par e-mail ou par la poste. Les consultations incluent un plan au sol avec des conseils Feng shui, une analyse incluant la vérification du site, l'explication des conseils, informations astrologiques pour l'année en cours et les trois années suivantes, les meilleures directions du demandeur pour l'année en cours et les dates les plus propices pour mettre en pratique les recommandations.Les conseils par téléphone ou e-mail sont inclus.

Stages de formation de Simon G. Brown

Simon Brown propose diverses formations, depuis des cours introductifs d'une journée à une formation dilplomante, comprenant travaux pratiques et examen.

Simon G. Brown, PO Box 10453, London, NW3 4WD

Tel +44 (0) 20 7431 9897 Fax +44 (0) 20 7431 9897

E-mail : simon@chienergy.co.uk Site web : www.chienergy.co.uk

Livres de Simon G. Brown

L'essentiel du Feng Shui (2000, Hachette), paru aussi sous le titre *Découvrir le Feng shui* (2001, Marabout)

Votre avenir sous bonne influence grâce au Feng shui (2000, Paris, Hachette)

Votre maison sous bonne infleunce grâce au Feng shui (1999, Paris, Hachette)

Votre cuisine sous bonne influence grâce au Feng shui (2000, Paris, Hachette)

Un projet Feng shui pour chaque week-end (2002, Paris, Guy Trédaniel Éditeur)

Manuel pratique de morphopsychologie : le visage, expression du caractère (2001, Paris, Le Courier du livre)

Astrology by Nombres (Carroll & Brown)

Practical Feng Shui (Cassell & Co.)

LIVRES DE FENG SHUI CHEZ LE MÊME ÉDITEUR

Lillian Too

Feng shui pratique. Les symboles du bonheur
Feng shui pratique. Formules pour la réussite
168 façons d'organiser votre maison
Bons plans Feng shui
L'essentiel du Feng shui
Créez l'abondance avec le Feng shui
Feng shui sans peine pour l'amour
Le Feng shui sans peine
Le Feng shui de l'étoile volante
Guide illustré du Feng shui
Collection "Initiation au Feng shui"

Chao-Hsui Chen

Le Feng shui pour le corps
Feng shui. Comment vivre heureux et en bonne santé dans sa maison et son jardin
Feng shui pour la beauté et le bien-être

C.M. Bradler et J.A.P. Scheiner

Les symboles occidentaux du Feng shui
Les symboles orientaux du Feng shui

H. Weber et M.A. Garcia Bour - *Feng shui questions – réponses*

REMERCIEMENTS

Merci à Brenda pour m'avoir commandé la *Bible du Feng shui* et à Alison – c'est merveilleux de travailler de nouveau avec vous. Je dois beaucoup à mon épouse, à mes enfants et à ma mère pour leur amour et soutien pendant l'écriture de cet ouvrage. Je remercie tous ceux qui ont acheté mes précédents livres – j'ai été en contact avec certains au fil du temps. Bien entendu, merci à vous, qui lisez ce livre.

AKG, London/Bibliothèque Nationale 11. **Corbis UK Ltd.**/34, 49, 72, 87, 90 principal, 93,.101, 102, 104, 105, 345 Andrew Brookes 109; /Araldo de Luca 169, 187, 192, 198; /Bettmann 204/Bill Ross 106; /Carmen Redondo 86; /Charles Gupton 175/Christie's Images 209; /Craig Aurness 58; /Danny Lehman 185; /David Turnley 203; /Francis G Mayer 179; /Geoffrey Clements 174; /Herrmann/Starke 80; /Hubert Stadler 216; /James L. Amos 71 main; /Jose Luis Pelaez 61; /Joseph Sohm/ChromoSohm Inc. 121; /Leland Bobbe 39; /Martin Harvey/Gallo Images 118; /Matthias Kulka 12; /Mike Zens 70; /Randy Faris 98 principal; /Richard Cummins 46; /Richard Hamilton Smith 122; /Roger Ressmeyer 8; /Roy Botterell 243; /Tim Page; /Bettmann 181; /Tim Wright 113; /William Whitehurst 157. **Creatas**/341/Image Source 15, 319. **Eyewire Images**/253. **Getty Images**/29, 63, 66. 95, 160, 163, 199, 247, 249, 255, 259; /Philippe Poulet/Mission 88. **Octopus Publishing Group Limited**/30, 32, 40, 44, 48, 50 top, 64 haut droite, 64 bas gauche, 71 bas droite, 73, 78, 82, 90 bas droite, 92, 98, 103, 156, 166, 173, 205, 211, 263; /Mark Bolton/ Design: Yvonne Mathews & Don Appleby, RHS Chelsea Flower Show 2001 37; /Colin Bowling 94; /Jean Cazals 335; /Steve Hathaway 339; /Alistair Hughes 85, 119, 331; /David Jordan 81; /Andy Komorowski 55 bas, 111; /David Loftus 114; /Peter Myers 42, 215; /Ian Parsons 65, 180, 323; /Peter Pugh-Cook 245, 325, 337; /William Reavell 45, 69, 241, 261; /Russell Sadur 167; /Debi Treloar 47; /Ian Wallace 74; /Paul White 50 bas. **Nasa**/152, 172, 178, 184, 190, 196, 202, 208. **Rubberball Productions**/ Dreamscapes 79, 161. **Science Photo Library**/Rev. Ronald Royer 384.

Directeur exécutif Brenda Rosen
Directeur général Clare Churly
Directeur artistique exécutif Sally Bond
Maquettiste Patrick McLeavey
Illustrateur Ruth Hope, Trevor Bounford, Sally Bond
Iconographe Jennifer Veall
Directeur de production Louise Hall